D1673659

MARTIN·**K**IEREN

Oswald Mathias Ungers

Artemis

Zürich · München · London

English Translation: Pamela Johnston
Gestaltung/Design: Peter Rüfenacht

© 1994 Artemis Verlags-AG, Zürich
Printed in Germany

ISBN 3-7608-8144-0 (Zürich)
ISBN 1-874056-97-8 (London)

Inhalt

Contents

Anhang

Appendix

Architektur als existentielles Problem

Das Phänomen Oswald Mathias Ungers

Architecture as an Existential Problem

The Phenomenon of Oswald Mathias Ungers

Prolog:
Strömungslehre – Die Idee der Architektur

Nähert man sich dem mittlerweile sehr umfangreichen Werk von Oswald Mathias Ungers, so wird man sehr bald feststellen müssen, daß man von seiner eigenen Erfahrung, die Architekturbetrachtung betreffend, aber auch von möglichen Stil-Kategorisierungen völlig abstrahieren muß. Man wird nicht umhin können, ernsthaft über Ideen zu sprechen: über Ideen in der Architektur und zur Architektur. Zuletzt wird man über die Idee der Architektur sprechen müssen. Man wird zudem bei der weiteren Beschäftigung eine Bestätigung dafür finden, daß Ungers' Œuvre, seine Bauten, seine nur Projekt gebliebenen Entwürfe und deren theoretische Fundamentierungen in Form von Schriften, Essays und Büchern nur als Einheit zu begreifen sind. Man wird sehen, daß man es bei diesem Werk mit dem Versuch zu tun hat, der Architektur als Disziplin wieder zu einem Recht zu verhelfen, welches ihr in den letzten hundert Jahren immer mehr abhanden gekommen zu sein scheint, ihr streitig gemacht und zudem von Vertretern der eigenen Zunft zur Disposition gestellt wurde. Es geht um das Recht auf Selbstbehauptung der Architektur respektive der Baukunst als kulturelles Phänomen und auf eine Neu-Konstituierung ihrer selbst durch die ihr ureigenen Mittel. Um das Recht zudem, sich freizumachen von der Vereinnahmung durch andere Disziplinen und von dem Versuch, sie zu technisieren, zu funktionalisieren und zu technokratisieren. Ungers ging es schon sehr früh darum, die Endprodukte des architektonischen Prozesses zu befreien aus ihrer Rolle, nur noch Ergebnis diverser, eben nichtarchitektonischer, sondern zufälliger Umstände auf irgendwelchen Restflächen zu sein. An dem eigentlichen Schaffensprozeß hat er sich früh beteiligt, dabei aber immer versucht, eine «geistige Auseinandersetzung mit der Tradition» zu führen, frei und kreativ im Sinne des ‹Künstlers› zu agieren, die «Freiheit für die Entfaltung des schöpferischen Geistes zu hüten» und durch seine Arbeit einen metaphysischen Aspekt der Architektur zu retten, nämlich den, «Erfüllung und Vertiefung des Individuums» zu sein. 1960, also gleich zu Beginn seiner Karriere, steht dieses Bekenntnis in doppelter Manier: Gebaut als eigenes Wohnhaus in Köln und geschrieben = gedruckt als Mani-

Prologue:
a stream of thought – the idea of architecture

The work of O. M. Ungers is extensive, but it defies stylistic categorization. When we look closely at it, we realize that we have no choice but to put aside our personal experience of observing architecture and talk in earnest about ideas – ideas in architecture and about architecture. Ultimately, we have to speak of the very idea of architecture. Delving deeper, we find confirmation that Ungers' oeuvre – the buildings, the unexecuted projects and the texts which set out their theoretical foundations – can be understood only as a totality. We discover that his work represents an attempt to reclaim for architecture a position which has been progressively eroded over the last hundred years, as architects have abdicated their responsibilities and made their profession the subject of dispute. At stake is the right of architecture, or more precisely the art of building, to both assert itself as a cultural phenomenon and evolve within the confines of its own methods and systems of belief. Also at stake is architecture's right to develop free from the control of other disciplines; from attempts to define it as purely technical, functional, or technocratic. From the very beginning, Ungers has been concerned to reaffirm the architectonic process; to make building more than the end-product of various arbitrary, even non-architectural circumstances. He has addressed the practical realities of the building process while attempting to come to terms with tradition on an intellectual level. He has sought to maintain an artistic independence which allows 'freedom for the creative spirit to unfold', and to preserve the metaphysical aspect of architecture, namely the 'fulfilment and enrichment of the individual'. Early in his career, in 1960, he made this position clear with a double manifesto against the prevailing architectural culture of the time – a declaration both built and written, in the form of his own house in Cologne and a text published with Reinhard Gieselmann.

Like literature and painting, which in the 1960s had to fend off the premature announcements of their deaths, architecture underwent a catharsis and emerged with a new self-consciousness, a new formal, physical and geo-

fest, gemeinsam mit Reinhard Gieselmann, gegen die herrschende Baukultur seiner Zeit.

So, wie sich die Literatur und die Malerei gegen ihre Nachrufe der 60er Jahre zur Wehr setzen mußten, nachdem ihr jeweiliger Tod verkündet worden war, so mußte auch die Architektur durch diese Katharsis hindurch – hin wieder zu einer Besinnung auf sich selbst. Hin zu ihrer formalen, körperlichen und geometrischen Präsenz. Hin zum Bild, zum Ausdruck, zur Gestalt und zur Idee. Hin zu einem ethisch begründeten Arbeitsprogramm, das aus eigenen Beständen schöpft und Architektur dort wieder ernstnimmt, wo nur sie selbst, mit ihren Mitteln, über ihre Belange entscheiden kann. Hin zu dem also, was sie jahrhundertelang, jahrtausendelang geprägt und was sie erst zur Kunst erhoben hat: der Wille einzelner Architekten, *auszudrücken*. Denn wenn Architektur mehr sein will und soll als ein weiteres beliebiges Handwerk zur Erfüllung von Zwecken oder zur Befriedigung so definierter ‹elementarer Bedürfnisse›, will sie wie die anderen Künste frei sein von Zwängen und Abhängigkeiten, so muß sie sich ihrer Geschichte annehmen und sich auf diese besinnen.

Ungers klagte immer wieder mit Vehemenz «das Recht der Architektur auf eine autonome Sprache» ein: «Über den konstruktiven Gesetzen, den Forderungen nach den menschlichen Bedürfnissen und dem Nutzeffekt steht die zwingende Forderung nach der Gestaltung, und hierin liegt die geistige Verantwortung des Architekten.(...) Architektur aber ist nicht die Technik des Bauens, es ist die Kunst des Bauens.» Oder: «Mit dem Mittel der formalen Sprache werden Funktion und Konstruktion künstlerisch umgesetzt, so wie Töne zu Musik und Worte in Literatur verwandelt werden.» Zuletzt: «Die formale Sprache der Architektur ist nicht, wie allgemein angenommen wird, eine Funktion von empirischen, wie auch immer gearteten Bedingungen, sondern sie drückt den ästhetischen Wert der Architektur als Eigenwert aus. Sie hat ihre eigene ratio und nur so ist auch der Begriff der rationalen Architektur zu verstehen. Die Mittel der formalen Sprache sind die Kompositionsgesetze von Körper und Raum. Es ist diejenige Sprache der Architektur, die das Gefühl der Liebe hervorruft. Es ist die Ausdrucksweise der Architektur, die das Nützliche in den Bereich des Spielerischen, in den Bereich der Kunst also, transformiert.»[1]

Bei der Betrachtung *und* beim Gebrauch, also bei der körperlich-haptischen und der sozialen Aneigung der Ergebnisse eines architektonischen Schaffensprozesses, haben wir es bei uns selbst mit einem Wechselspiel von Gefühl und Intellekt und mit dem von Reflexion und Projektion zu tun. Dieser Prozeß – von flüchtiger Wahrnehmung bis hin zur bewußten interaktiven Inanspruchnahme von Architektur – zwingt gerade dann zu einer theoretischen Begründung, wenn man an der Arbeit beteiligt ist, die bau-

Die Verwandlung der Säule, von Gabriel Krammer, 1600. / Transformation of columns, by Gabriel Krammer, 1600.

lich-räumlichen Voraussetzungen für diesen Prozeß zu schaffen. Denn wir werden mit Bildern konfrontiert und mit körperlicher Präsenz, mit der Umsetzung von Ideen in ästhetische Prinzipien und in materielle Substanz und wir werden derart herausgefordert, einen Abgleich mit Erinnerungen, mit erinnerten Bildern und Erfahrungen anzustellen. So aber, wir wir uns selbst also unserer eigenen kurzen Erfahrungs-Geschichte von hinsehen, aufnehmen, abspeichern und erinnern bedienen, solcherart arbeitet auch der Architekt. Wenn dieser sich aber zugleich der Geschichte und den Traditionen seiner Disziplin zuwendet und diese verarbeitet, so bedient er auch uns mit Vorbildern, Abbildern und mit deren Nachformung, Transformation und Veränderung. So trägt er bei zu unserer Konditionierung und zu dem, was wir mit ‹Geschichte› bezeichnen und mit deren Bedeutungschiffren und Symbolen wir ständig konfrontiert werden. Es geht dabei aber nicht um Imitation, «denn das würde bedeuten» – so Ungers – «daß man die Geschichte nicht als existentielles Problem betrachtet, sondern nur als eine Folge von Episoden.»[2]

Sich dieses Prozesses, dieser ‹Geschichte›, als «existentielles Problem» des Architekten aber bewußt zu sein und diesen für sich selbst neu zu gewinnen und gleichzeitig kreativ interpretierend verfügbar zu machen – zur Behauptung der Existenz als Künstler und Architekt und zur Legitimierung seiner selbst als Denker und Baumeister –, in diesem zutiefst menschlichen Sinne ist Oswald Mathias Ungers angetreten. So, wie er die Ideen- und Baugeschichte zum dauernden Gegenstand seiner Arbeit macht, so ist er doch selbst schon Teil der herausragenden Momente dieser Geschichte. Es kann mittlerweile gar keine Frage mehr sein, daß wir es mit einer Ausnahmeerscheinung innnerhalb der Architektenschaft der zweiten Hälfte des 20. Jahrhunderts zu tun haben und daß wir, in Anbetracht des disparaten und doch auch mit *einer* ruhigen, starken Strömung daherkommenden Werkes, vom *Phänomen Ungers* sprechen müssen.

Ich denke weiter, daß es legitim ist, davon zu sprechen, daß wir es mit *dem Phänomen* in der deutschen Nachkriegsarchitektur überhaupt zu tun haben – denn von keinem anderen Architekten gingen so viele Anregungen, Methoden, Konzeptansätze und Provokationen aus. Niemand sonst führte derart überraschend aber zwingend, konsequent und aus der Disziplin argumentierend, wieder archetypische Bilder, tektonische Momente und maßstabsetzende Werte zur Rückgewinnung des Architektur-Gedankens in die Debatte ein. Keinem Architekten gelang es, seine Entwürfe und Projekte derart mit ‹Konzept›, mit Inhalt geradezu aufzuladen, zu verdichten, wie Ungers. Seine diesbezüglichen Entwürfe sind Legion. Einige sind so legendär, daß man in Fachkreisen bald andächtig, bald

metric presence. It moved towards the image, the expression, the form and the idea; towards an ethically based methodology, drawing upon its own resources in order to determine its own fate. Architecture returned to what had characterized it for hundreds, even thousands of years, and had first elevated it to the level of art: the desire of the individual architect for *self-expression*. For it became clear that if architecture strove to be more than a craft-based attempt to fulfil a specific function or satisfy a recognized basic need – if it wanted to be free of constraints and dependencies, like the other arts – it had to both accept and reflect upon its own unique history. Ungers has on many occasions invoked architecture's right to an autonomous language: 'More compelling than the laws of construction, the requirements of the users, or the functional effect, is the need for form, and this is where the architect's spiritual responsibility lies… Architecture is not the technique of building, but the art of building.' And: 'By the means of formal language, function and construction are translated into art, in the same way that notes are transformed into music and words into literature.' Or, finally: 'The formal language of architecture is not, as is generally supposed, a function of arbitrary empirical conditions, but rather the intrinsic expression of the aesthetic value of architecture. It has its own rational logic, which is also how the concept of 'rational' architecture should be understood. The tools of formal language are the compositional rules of mass and space. It is the language of architecture which elicits the feeling of love. It is the means of expression which transform the useful in to the ludic realm, into the realm of art.'[1]

An architectural work involves us – through perception *and* use, through physical contact and social appropriation – in an interplay of feeling and intellect, reflection and projection. When we move from casual perception to consciously interactive use, we feel compelled to formulate a theoretical foundation for the physical and spatial processes of the architecture. Confronted with both images and physical presence, with the translation of ideas into aesthetic principles and material substance, we are challenged to measure perception against memory – against the images and experiences of our past. The architect operates in much the same way, drawing on his or her own limited experience of perception, appropriation, recollection. But at the same time he refers to the history and traditions of the discipline, formulating models, which he then transforms and modifies. In this way he contributes to the environment that conditions us, to the barrage of ciphers and symbols of what we call 'history'. This is not a question of imitation, for 'that would mean', according to Ungers, 'that one consider[ed] history not as an existential problem, but as a series of episodes.'[2]

bewundernd, mal aber auch ablehnend-schroff von diesen im wahrsten Sinne des Wortes wegweisenden Projekten spricht. Es bleibt bei dieser Gelegenheit auch festzustellen, daß eine nicht unbedeutende Zahl von Architekten, die in der Gegenwart Furore machen und extrem konzeptionelle Ansätze als aktuelle Beiträge in die Debatte einbringen, bei oder mit Ungers gearbeitet haben. Die Namen Hans Kollhoff und Rem Koolhaas z.B. werden als Mitarbeiter von außergewöhnlichen und programmatischen Projekten in dieser langen Liste geführt. Und zuletzt: Kein anderer Architekt seiner Generation schaffte es, soviele Bewunderer wie Kritiker zugleich mit seinem Werk zu betören, zu verstören und aufzuschrecken. Niemand schaffte es aber auch, soviele Rätsel aufzugeben. Staunen löste er allemal aus – bei diesen wie bei jenen. Aber im besten Falle macht Staunen nachdenklich, fordert heraus und gibt Anlaß, näher hinzusehen und zu fragen, was denn eigentlich hier *gemeint sei*.

Der anfängliche Hinweis auf das gleichzeitige Auftreten von Idee und Bau, oder besser dieser in jenem, wird bei dieser Fragestellung, vor diesem Werk, zu einem zentralen Moment. Geht es doch zuletzt darum, wie rein sich eine Idee zeigen, wie kristallin sie sich in einem Bauwerk verwirklichen lassen kann. Ständig an der Reinheit dieser Idee zu arbeiten, nachdem sie zuvor in vielen Schritten feinjustiert und in Bau übersetzt wurde; dies bedeutet ein ständiges Ringen mit den die Architektur beeinflussenden Größen, zumal den pragmatischen der Bau-Wirklichkeit. Und hier auch zeigt sich erst, wie weit eine Gesellschaft gewillt und in der Lage ist, sich der Herausforderung des Baues von Ideen zu stellen und jenseits aller Konventionen anzunehmen bereit ist.

Von seinen ersten Bauten zu Beginn der fünfziger Jahre bis hin zu seiner immensen Architekturproduktion der Gegenwart vollziehen sich zwar subtile Wandlungen, Veränderungen, Verschiebungen – aber sie bleiben doch immer originäres Programm dieses Architekten. Und sie bleiben ausnahmslos der einen Suche nach der reinen (platonischen) Idee, verkörpert in Architektur (zumindest als Konzept), verpflichtet. Die hauptsächlichen und entscheidenden Marksteine, die steinernen oder auch bloß Papier gebliebenen Zeugnisse dieses Wandels wären zwar schnell benannt. Doch bleibt diesen immer das Stigma des Ungenauen, der Grobschlächtigkeit eingeschrieben. Denn je mehr man sich den dazwischenliegenden Streckenabschnitten in Form gebauter, gezeichneter oder skriptivprojektierter Gebilde nähert, desto mehr erstaunt auch in diesen die Fülle, die sie einzeln reich macht, sie alle gleichwertig als zu einem Denkkörper gehörig kennzeichnet. Wie man bei einem großen Strom erst durch hervorspringendes Gestein, durch herausragende Baumstümpfe oder sonstige Unebenheiten der Wasseroberfläche dieses Was-

Ungers' mission has been to reclaim this process of history as an 'existential problem' of architecture and interpret it creatively in order to both assert his own existence as an artist and architect and legitimize his theory and practice. And, in making the history of ideas and of architecture the constant subject of his work, he has himself become part of this history. He is, without question, one of the outstanding architects of the second half of the 20th century. Indeed, in view of the varied yet *continuous* steady flow of ideas, we should really talk of the *Ungers phenomenon – the* phenomenon in German postwar architecture.

I believe it is legitimate to say that no other architect has produced so many stimulating, provocative projects or concepts. No one else has introduced so many surprising, consistently compelling images, so many archetypal tectonic elements and values, in an attempt to reinject thought into the architectural debate. No other architect has managed to pack so much 'concept', or content, into his designs. A number of Ungers' projects are legendary – so truly pioneering that they provoke extreme reactions within the profession, inspiring something close to reverence in some, outright rejection in others. It seems apt to mention at this point that some of the architects who are currently causing a furore with their highly conceptual interventions have worked with or for Ungers. Hans Kollhoff and Rem Koolhaas, for example, were both collaborators on extraordinary, functionally analytical projects. Finally, no other architect of his generation has managed to pose so many puzzles – to captivate and disturb admirers and detractors alike, to astonish everyone. But at its best astonishment prompts us to reflect. It causes us to look more closely, to try to discover what the work really *means*.

Our earlier perception of the simultaneous appearance of idea and building, or rather the incorporation of one within the other, should therefore be taken as a central element of our investigation of his work. Ultimately, we are concerned to see how purely an idea can be manifested in a building, how crystalline it can remain. Ungers focuses on the pure idea, fine-tuning it over and over as he *translates it into building*. As a consequence, he is constantly having to struggle with the realities of the building process. The results of his endeavours show to what extent a society is willing to take up the challenge of building ideas when it means adopting a truly unconventional position.

In the progression from Ungers' first buildings of the early 1950s to his present, prodigious output, there have been subtle changes, adjustments, shifts – yet the architect's original programme remains intact. Without exception he remains committed to the search for the pure (platonic) idea, embodied (at least conceptually) in architecture.

ser als solches wahrnimmt und erst hier, beim Kieseln, Gurgeln oder Plätschern des Wassers die einzelnen Tropfen zu vernehmen meint und man sich klarmachen kann, daß die Einzelnen das Ganze bilden, daß dieses Eine ohne jene Vielen also nicht denkbar ist – so auch verhält es sich mit diesem Œuvre. Die Marksteine kennzeichnen in diesem Sinne zwar eine Richtungsänderung, sie machen deutlich, irritieren kurz – aber nur in dem Maße, wie das Fluß-Bett, in dem der Denk-Strom weiterfließt, den ganz und gar natürlichen Gegebenheiten folgt. Und hier erst, in den breit fließenden Streckenabschnitten, entfaltet ein jeder Strom seine eigentliche Kraft. Dieser hier zeichnet sich aus durch Massivität und Gravität.

Das Bild ist nicht umsonst gewählt. Es geht genau um diese unmerkliche, aber doch ungeheure Kraft, die dem Gesamt-Werk innewohnt und von ihm ausgeht und deren Wirkungen und Nachwirkungen gar nicht hoch genug eingeschätzt werden können. Ein Gedanke Pascals, eines Autors, den Ungers zeitlebens schätzte, möge hier als Beistand für das oben gewählte Bild stehen: «Vielfalt, die nicht auf Einheit gründet, ist Verneinung. Einheit, die nicht auf Mannigfaltigkeit beruht, ist Tyrannei.» Dieser Gedanke, der das Werk des Architekten beinahe aus der Ferne definiert, zieht zugleich aber auch die Trennungslinie zwischen seinem und dem Werk vieler seiner Zeitgenossen. Wenn man die Architekturproduktion der (westlichen) Welt der letzten vier Jahrzehnte insgesamt überblickt, fällt schnell eine unangenehme Vielfalt auf, die sich eben nicht auf Einheit gründet, sondern sich dem abstrusen Wechsel modischer Strömungen verdankt – und die zu ordnen kaum die Mühe lohnt. Angesichts der Langatmigkeit, der Permanenz und der vorhandenen Erinnerungswerte der Architektur- und Baugeschichte wird die Schnellig- und Beliebigkeit der Wechsel gar fratzenhaft: dort nämlich, wo sich jemand der topoi der Geschichte der eigenen Disziplin bedient, meinen die selbsternannten Avantgardisten gleich Reaktionäres auszumachen: «le dernier cri» ist immer schon auf ihrer Seite – und sei es nur für den verschwindend kleinen Moment zwischen dem *cut* zweier Filmbilder.

In dem Maße aber, wie diese Nulldimension der Zeit als Wechsel des ‹Styling› vollzogen wird, in dem gleichen Maße wird auch der Verlust deutlich, der damit einhergeht: der Verlust an ‹Erinnerung›. Es ist einer der topoi der Geschichte der Disziplin, den Ungers wieder einzuklagen versucht: «Die Architektur erstarrte immer mehr in der Banalität und einer völligen Negierung von Ort und Zeit. Die Konsequenz aus dieser Einstellung hat sich mit aller Deutlichkeit in der gedankenlosen Zerstörung von Orten, Plätzen, historischen Gegebenheiten und damit vorhandenen Werten gezeigt. Die Erinnerung als Träger kultureller und historischer Werte wurde von dem Neuen Bauen bewußt

There are a small number of distinctive milestones in this career – built or paper witnesses of change, some inexact, some crude. The stages that lie between, however, are extraordinarily rich and complete, joining together in a single body of thought.

In the same way that we first recognize a great stream by a jutting rock, a projecting tree stump or some other disruption of the surface of the water – just as we first distinguish the individual drops when we hear the sound of the water cascading, bubbling over the pebbles – so we have to realize, with this work, that it is the individual elements which make up the whole; the totality is inconceivable without its many parts. In this respect the milestones mark a shift of direction, to be sure. They clarify or disturb, yet the stream of thought continues to follow its natural course. And in the wide-flowing channels, the river unfolds its true strength, becoming solemn, massive. This metaphor has not been chosen at random, for it reflects exactly the imperceptible but immense power which emanates from Ungers' work as a whole, and its incalculable impact. A quotation from Pascal, whose writings Ungers has always admired, serves to explain the above image: 'Variety not based on unity is negation. Unity not based on diversity is tyranny.' This thought is an apt summation of the principle behind Ungers' work. It also shows us what sets him apart from many of his contemporaries. Surveying the past four decades of architectural production in the (Western) world as a whole, we can discern an unpalatable variety, based not on unity but on an absurdly rapid succession of trends. In face of the longevity, permanence and now-lost common values of architectural history, the speed and arbitrary nature of these changes appear grotesque. Any architect making use of the historical givens of the discipline is denounced as reactionary by the self-appointed avant-garde. The 'latest fashion' is always on their side – even if only for the ever-diminishing moment between scene changes.

It is clear, however, that this fashionable impulse to deny the dimension of time entails a clear loss – the loss of 'memory'. This is one of the common values that Ungers is attempting to reclaim: 'Architecture is becoming more and more dogmatic in its banality and its complete negation of time and place. The consequence of this approach can be seen with absolute clarity in the thoughtless destruction of places, urban spaces and historical elements and, concomitantly, the destruction of existing values. The *Neues Bauen* deliberately negated and neglected memory, the bearer of cultural and historical values. In place of collective memory, it gave us the anonymity of an environment based upon functional organization. Evolved places and distinctive historical characteristics were sacrificed on the altar of the utilitarian constraints of

negiert und vernachlässigt. An die Stelle der kollektiven Erinnerung trat die Anonymität der funktionsgerechten Organisation der Umwelt. Gewachsene Orte, geschichtliche Besonderheiten wurden auf dem Altar der funktionalen Zwänge des Zweckrationalismus geopfert. Nicht nur die Architektur blieb dabei auf der Strecke, sondern ganze Städte, Dörfer, *Orte.*»[3]

Dieses Fazit ist dem Architektur-Geschehen und der Bau-Wirklichkeit abgeschaut: Man jagt die Chimären des Medienzeitalters wie und wo sie sich zeigen. Die Permanenz und Präsenz, die die Architektur vor allen anderen Künsten auszeichnet, will man vielerorts ersetzen durch ‹fliegende› und ‹explodierende› Bauten, ein andermal durch Mikrochip-Charaktere und dann wieder durch high-tech-begründetes Nomadentum der Gebäude. Allein, die Präsenz, die Gebundenheit an einen Ort, an den ‹loci› (meist fernab dessen genius), verhindert dies: deshalb die oft erbärmliche Grimassenschneiderei. Einige andere Architekten wieder wollen diese angeblich ‹modernen› Gebäude überziehen mit einer transluziden, aufgeregten Haut, deren Idee sich einzig dem aggressiven Flackern des Fernsehschirms und dem Zucken der ‹Kauf-mich›-Werbung verdankt. Zwischendurch pflegte man die Applikations- und Spolienkultur, huldigte dem Hau-Ruck-Verfahren der Fertigteile oder man mimte die betuliche Sumpf-Bauten-Idylle einer falsch verstandenen Ökologie-Debatte. Das so entstandene Bestiarium der Baukultur liest sich wie ein Groschenroman, ein Comic oder wie der Billigstanbieter-Katalog, der sich entfaltet, wenn man die Texturen unserer Städte zu lesen versteht.

In dem Moment, wo das Postulat des «anything goes» an allen Orten der Welt gleichzeitig zu gelten scheint, wo also eine totale Entfesselung von allen Traditionen und Stilen, von allen architektonischen Werten und Mustern und von allen Konventionen, sowohl technisch-konstruktiv als auch geistig-ideell, stattfindet – in diesem Moment versucht Ungers Reste von dem zu retten, was zu retten ist. Reste dessen, was seit Jahrhunderten die Architektur an den Menschen bindet: Die Möglichkeit, mit der eigenen Arbeit an dieser ‹Erinnerung› zu arbeiten, Bilder zur Weitertransformation zu schaffen und die dem ‹Lauf der Dinge› überantwortete Architektur zurückzugewinnen, um den ‹Stand der Dinge› zu konstatieren. In der Zwanghaftigkeit des Hinterherrennens hinter die neuesten Innovationen des Kunst-, Bilder-, Design- und Baumarktes nämlich – und das weiß Ungers – ist zugleich die Lähmung angelegt: die durch den Überfluß hervorgerufene Krankheit des Verschluckens und der Paralyse. Das «anything goes» ist nämlich längst umgeschlagen in ein «rien ne va plus». Denn wenn alles geht, hat nichts mehr wirklich Wert.

Ungers reagiert auf diese Wirklichkeit sachlich kühl, aber

Functionalism. In the process it was not only architecture that fell by the wayside, but whole towns, villages, *places.*'[3]

If we look at current architecture, we see a frenzied pursuit of the chimera of the media age. Today 'giddy-up' – tomorrow 'whoa'. Many architects seem to want to replace the permanence and presence which distinguishes architecture from all other arts with 'flying' or even 'exploding' buildings, with microchip characters or high-tech 'nomadic' structures. But they face an obstacle, in the form of the presence of the place (the 'loci', mostly far removed from its 'genius') – hence the often pathetic, masquerading results. Other architects want to cover their allegedly 'modern' buildings with a translucent, hyper-sensitive skin, a concept derived solely from the aggressive flicker of the television screen and hard-sell advertisements. Architects have cultivated the culture of consumption and despoilation, they have paid tribute to the astringent process of prefabrication, and they have attempted to attune themselves to an unhurried primordial (i.e. misunderstood) ecological idyll. The result? A Bestiary of Architecture which, if you know how to read the textures of our cities, comes across like a dime store novel, a comic, or a discount retailer's catalogue.

At a time when the maxim of 'anything goes' appears to be valid all over the world, when we are experiencing a total break from tradition and styles, from all architectural values and models, from all conventions, both technical and conceptual, Ungers is attempting to rescue what he can, to salvage the remains of what has tied architecture to mankind for centuries – the possibility of adding to the collective 'memory' with one's own work, of creating images capable of further transformation. He is striving to reclaim an architecture that has been allowed to run out of control. Ungers knows that when you chase all the time after the latest innovations in art, design, graphics and the construction industry, you can easily go lame. When you consume too much, you run the risk of choking – or getting gout. 'Anything goes' long ago came to mean 'rien ne va plus'. For when anything goes, nothing has true value any more.

Ungers reacts to this situation with objective coolness and the necessary toughness: 'All attempts this century to redefine the standing of the profession of architecture have been merely the expression of a crisis of identity and are consequently worthless. Naturally I see myself as an architect – what else? – or as a craftsman as opposed to a "designer". Design is about fashion and styling, whereas architecture is about building, concepts, space. Design has an excessive influence on architecture today. Packaging, consumption and attitude are replacing the real and the conceptual. What we are left with is ersatz-architecture.'[4]

mit der gebotenen Schärfe – er will das Existentielle, das Bleibende retten: «Alle Versuche einer Neudefinition des Berufsbildes des Architekten in diesem Jahrhundert waren nichts anderes als Ausdruck von Identitätskrisen und deshalb nutzlos. Natürlich sehe ich mich als Architekt, was sonst, vielleicht besser noch als Handwerker. Einen Widerspruch zum Designer gibt es schon. Design ist Mode und Styling. Architektur hat mit Bauen, mit Konzept, mit Raum zu tun. Design hat heute einen viel zu großen Einfluß auf die Architektur. Die Verpackung, die Applikation, die Attitüde ersetzt das Eigentliche, das Konzeptionelle. Was bleibt, ist Ersatzarchitektur.»[4]

Natürlich gab und gibt es auch Bemühungen und Ergebnisse eines ernsthaften Architektur-Diskurses, allein, die wechselnden Modismen des Marktes sind auffälliger, lauter, weil auf dem ‹Jahrmarkt der Eitelkeiten› durchsetzungsfähiger. Hinzu kommt, daß es gerade in Deutschland – im Gegensatz z.B. zu Italien – nie eine ernstzunehmende, fundierte architekturtheoretische Debatte gab. Sie wurde meist ersetzt durch den Streit zwischen den Disziplinen der Bau-Leute (zu dem sich die Architekten zumeist selbst degradierten), der Soziologen, Pädagogen und Philosophen.

In diesem abenteuerlichen Gewässer ist Ungers allerdings nie mitgeschwommen. Durch die Anlage seines Denkens und vor allem die seines Intellekts wurde sein Strom derart angereichert, daß die von ihm hinterlassene Spur mühelos bleibendere Erinnerungen schafft.

Wie eine Quelle, in der das träge, breite und kraftvolle Treiben des späteren Stromes aber schon angelegt ist, so auch verhält sich die Folgerichtigkeit, mit der das Eine aus dem Anderen in Ungers' Werk hervorgeht. Und nur deshalb ist es an dieser Stelle dann doch wieder legitim, einige der diesen Weg markierenden Projekte zu benennen. Gleich Manifestationen, die das hinter ihnen Liegende zusammenfassen und in die Zukunft weisen, geben diese gebündelt Auskunft über das Anliegen, das sich hinter dem Denken und Schaffen verbirgt. Das Anschwellen beginnt bei einem ersten Wohnhausprojekt in der Hültzstraße in Köln (1951). Der Weg führt über das eigene Wohnhaus in der Belvederestraße ebendort (1958/59), den Entwurf für das Studentenheim in Enschede/Holland (1964), die Deutsche Botschaft beim Heiligen Stuhl in Rom (1965) und den Wettbewerbsentwurf für Roosevelt Island in New York (1975). Die Dichte wird erhöht: Wettbewerbsentwurf Hotel Berlin (1977), Deutsches Architekturmuseum und Messehaus/Galleria in Frankfurt am Main (1980), Messeturm (1984) ebendort, eigenes Wohnhaus Glashütte/Eifel (1987). Die gegenwärtig auszumachende Breite und Kraft schließlich wird erreicht mit dem ‹Kubus›-Haus in Köln (1989/90), den Friedrichstadtpassagen in Berlin (1992–95), dem ‹Johannishaus› in Köln (1991–94) – und vor

In the vanity fair that is the current architectural scene, any attempt to establish a serious architectural discourse stands little chance against the brasher market trends. In Germany, in contrast to Italy for example, the problem has been made worse by the lack of debate on architectural theory. In its place, we have had a bickering between the various branches of the construction industry – which seems to be what architects reduce themselves to nowadays – and sociologists, academics and philosophers. Ungers has never swum in these turbulent waters. He has instead consolidated an intellectual course of such effortless and enduring influence that others appear in comparison to be little more than rivulets.

Ungers' research feeds his work as a whole, like the spring-fed source which gives rise to the slow-moving, powerful flow of the broad stream. Within this consistent, continuous body of work, certain 'milestone' projects give concentrated evidence of the thought which lies behind the creative process, bringing together all the previous experience and pointing towards the future. The groundswell began with Ungers' first apartment building in Hültzstraße, Cologne (1951). The course continued through the architect's own house in Belvederestraße, also in Cologne (1958/59), the projects for a student residence in Enschede, Holland (1964) and German Embassy in the Holy See (1965), and the competition entry for Roosevelt Island, New York (1975). The volume then increased, with the competition design for the Hotel Berlin (1977), the Frankfurt buildings – the German Architecture Museum and Trade Fair Hall, Galleria (1980) and Tower (1984) – and the architect's own house in Glashütte, Eifel (1987). The present range and power were achieved with the 'cube house' in Cologne (1989/90), Friedrichstadt Passages in Berlin (1992–95), and 'Johannishaus' administrative building in Cologne (1991–94). These projects give an indication of the unrestrained creative power of the architect, though the full impact of the work currently being realized under the direction of O. M. Ungers – the full tumult of the stream – has still to be felt.

An alternative way of approaching the work would be to look at what lies between these milestones, to take soundings in a channel that courses over 45 years, in order to discover the concerns and intellectual concepts which hold it all together. Continuing our crude process of distinction, we can define the following periods. The 1950s were the 'New Brutalist' years, marked by a search for a response to the material and conceptual constraints posed by the rebuilding of West Germany. In the 1960s, Ungers broke new ground within Rationalism, refining its spatial and physical possibilities. The 1970s were the years of 'functional concepts' enriched by contextual elements, above all in urban planning projects. The 1980s saw attempts at

allem durch die ungebändigte Schaffenskraft und -lust des Architekten. Der Nachhall des gegenwärtigen Baugeschehens unter der Regie des Oswald Mathias Ungers ist noch nicht, das Rauschen des Stromes aber weiter zu vernehmen.

Das umgekehrte Verfahren zur Benennung dessen, wodurch sich das Flußbett auszeichnet, welches die 45 Jahre während Produktion durchlief, wäre die Auslotung der zwischen diesen Marksteinen liegenden Überlegungen und geistigen Konzeptionen. Denn um solche handelt es sich allemal. Die Grobheit hier weiterführend, könnte man eine Einteilung wie folgt vornehmen: 1950er Jahre ‹New Brutalism› – als Suche nach einer Haltung gegenüber den Sach- und Denkzwängen, die sich aus dem Wiederaufbauprogramm der Bundesrepublik ergaben. 1960er Jahre ‹Rationalismus› – mit einer Verfeinerung seiner noch unentdeckten raumkörperlichen Möglichkeiten. 1970er Jahre ‹Funktionelle Konzepte› – mit einer Bereicherung durch kontextuelle Dimensionen vor allem in städtebaulichen Projekten. 1980er Jahre ‹Abstraktionsversuche› – zur Begründung eines kontemplativen Verständnisses der Architektur und zur Findung von Ordnungsfaktoren in der Stadt. Und nun, in den 1990er Jahren, der Weg hin zur ‹reinen Form› – zur vorläufigen Vollendung einer Idee, die sich sich selbst verdankt und deshalb an der Wirklichkeit scheitern muß und das auch will. Das ist zugleich ihre Lust – und ihre List. Hier scheint eine Ungerssche Utopie auf; denn Ideen sind immer subversiv, schon weil sie, einmal geäußert, nicht mehr aus der Welt zu schaffen sind, die sie derart aber auch bereichern und lange noch nach ihrem ersten Aufscheinen in Unruhe zu versetzen in der Lage sind.

Die leise Pathetik der vorstehenden Zeilen ist nicht ungewollt; und auch die Reaktion darauf ist miteinkalkuliert – eben wegen der vielen Unkenrufe, die derlei Betrachtung über Ungers schon immer hervorgerufen hat. Unkenntnis, Unverständnis oder das Nicht-Bemühen um das Vordringen in die Komplexität des von Ungers vorgetragenen oder in Bau übersetzten Denkansatzes sind die Regel. Diesem Tatbestand gilt es zu begegnen. Es kann also, nach einer intensiven Beschäftigung mit diesem Architekten und seinem Gesamtwerk – diesem in Deutschland einmaligen Diskurs aus Bau, Wort und Bild –, gar nicht darum gehen, so zu schreiben, als sei vom Handel mit Kartoffeln oder Baustoffen die Rede. Der Vorgang des Wechselspiels von Praxis und Kritik ist nicht mimetischer Natur. Er konstituiert beide Disziplinen jeweils neu. Kritik wertet dabei immer subjektiv und sie ist somit angreifbar wie das Objekt ihrer Begierde: objektive Wertungskategorien, auch Wahrheit genannt – sie sind nicht in Reichweite.

Mit Worten, vor allem mit Adjektiven, wirklich Architektur zu beschreiben gleicht dem Versuch, ein Gedicht mit

'abstraction', undertaken in an effort to establish a contemplative understanding of architecture and define ordering elements within the city. And now, in the 1990s, we see Ungers move down the path towards 'pure form' – towards the provisional completion of an idea which is so autonomous, so absolute, that it is bound to fail when set against reality. This element of utopia is what is so deceiving, yet simultaneously pleasing, about Ungers' work, for ideas are always subversive – once they have been voiced, they can never be silenced: long after their first appearance, they retain the power to enrich the world, to cause unrest.

The element of pathos in the above lines is not unintentional. I can predict also the reaction to them: assessments of Ungers' work bring out the doomsayers in droves. As a rule, critics seem to show a certain lack of knowledge or understanding. Alternatively, they fail to make the effort to delve into the complexity of the conceptual interventions which Ungers presents either through words or through buildings. Yet it is essential to come to terms with this body of evidence. An intensive investigation into Ungers' life and work reveals a discourse through buildings, words and images that is unique in Germany. You cannot write about it in the same way as you would about developments in building materials … or the potato trade. The interrelated process which links architectural practice and criticism is not, by its nature, mimetic. It transforms both disciplines. The judgments of critics are always subjective and therefore just as questionable as the objects of their desire. Objective categories of evaluation – in other words, truth – remain elusive.

However trying to describe architecture, the act of building, adequately with words is like trying to interpret a poem by means of scientific or technical tools. The means of poetry are autonomous and independent of those of other written art forms. The poem is self-contained. You either write prose – or you build a form out of words and abandon yourself to its sound. You either interpret the contributions of others to the reality of the world – or you make your own contribution. 'Make things, artists, don't talk!', was the maxim of the architect Rudolf Schwarz (1897–1961), a valued early friend and role-model for Ungers. Contradicting this rule only partly, Ungers does both. His immense written body of work proves his ability to make seminal contributions to both disciplines, enriching the world of architecture with artefacts while building a conceptual world out of words. The foundations for both lie in the world of ideas. In this respect Ungers is like Plato, who, in a quest for a more secure basis for thought, opposed the world of the Sophists, which was *perceived purely through the senses*, with the *world of ideas*. Yet the architect's true concern remains explanation. To reit-

den Mitteln wissenschaftlich-technischer Werkzeuge zu interpretieren. Dichtung aber ruht in sich selbst, ihre Mittel sind autonom und unabhängig von den Mitteln anderer Schreib-Disziplinen. Es gilt: Man malt oder man schreibt. Man baut ein Formgebilde aus Worten, deren Klang man sich aussetzt, oder man schreibt Prosa. Entweder trägt man zur Wirklichkeit der Welt etwas bei oder man interpretiert andere Beiträge zu dieser. «Bilde Künstler, rede nicht!» – dies credo von Rudolf Schwarz (1897–1961), einem von Ungers geschätzten Architekten, einem frühen Freund und Vorbild (was die Haltung betrifft), es gilt auch vor dem Phänomen Ungers – und auch für dieses. Daß Ungers selbst ein bald unübersehbares schriftliches Werk geschaffen hat, steht nur in bedingtem Widerspruch dazu. Es dient vielmehr als Beweis für seine Fähigkeit, beide Disziplinen um grundlegende Beiträge bereichern zu können. So, wie er die Welt der Architektur bereichert um seine der Disziplin abgerungenen Artefakte, so baut er auch aus Wörtern eine Welt: ein Gedankengebäude, das zumindest in Deutschland seinesgleichen sucht. Das Fundament für diese beiden Gebäudetypen glaubt Ungers in der Welt der Ideen gefunden zu haben – darin Platon gleich, der der reinen *Erscheinungswelt* der Sophisten die *Welt der Ideen* gegenüberstellte und so zu einer sichereren Grundlage unseres Denkens vorzudringen meinte.

Darzulegen bleibt aber das eigentliche Anliegen des Architekten. Wenn zum wiederholten Mal darauf verwiesen wird, daß alle Werke und Projekte sich auf ein konzeptionelles Programm stützen, wenn feststellbar bleibt, daß ausnahmslos alle diese Werke sich einer *Idee*, einem «Thema» wie Ungers selbst es nennt, verpflichten, so ist dieses Konzeptionelle bzw. dieses Thema herauszuarbeiten. Im folgenden also wird es darum gehen, den Intentionen Ungers' jeweils dort zu begegnen, wo sie sich am deutlichsten und ‹reinsten› zeigen.

In den einzelnen Projektbeschreibungen wird dieser Versuch je konkret unternommen. Hier geht es um die Offenlegung und um das langsame Herausschälen der Verfeinerungstendenzen, denen das Gesamtwerk unterliegt. Es geht um den Versuch der Rekonstruktion der Suche nach diesem Ideal der Architektur, das Ungers anstrebt. Es geht um die Entdeckungen, die er während seiner entwerfenden Praxis gemacht hat, und um die ‹Feststellungen›, die er mit der Abfassung und Offenlegung seiner Schriften während der letzten Jahrzehnte gemacht hat. Die ‹Feststellungen› sind dabei durchaus im Sinne jener ‹Précisions› zu verstehen, die ein anderer seiner Kollegen in der ersten Jahrhunderthälfte für die Disziplin Architektur geleistet hat. Beiden gemeinsam ist sowohl die Ernsthaftigkeit ihres je eigenen Anliegens und vor allem das in der Person und ihrer Konstitution begründete ‹Nur-so-können›. Aber auch

erate, all his works and projects follow a conceptual programme: all, without exception, represent the development of an idea, or a 'theme' as Ungers himself would call it. I will therefore attempt in this essay to illustrate the architect's intentions by means of the clearest or 'purest' examples. While the project descriptions in the latter part of this book are deliberately concrete, the issue here is to uncover the refining tendencies which underlie the work as a whole; to reconstruct Ungers' search for the ideal of architecture. I will focus on the development of his design work and the discoveries he has made. I will make reference to the 'statements of position' emerging from his writings of the last four decades. These 'statements of position' should be understood in the same sense as the '*précisions*' made by another architect in the first half of this century. The two men have a number of elements in common: their absolute dedication, their uncompromising natures, and their enormous influence on the profession through their work with, in both cases, its unconditional linking of text and image.

As Ungers' most important book – a condensation of his work and thought – is entitled 'The Thematicization of Architecture' (*Die Thematisierung der Architektur*, Italy 1982, Germany 1983), an appropriate starting point is to sketch out the themes which define the intellectual basis of the work. These 'themes' have become synonymous with Ungers' architecture, acting as a binding agent to bring about the 'unity of variety' mentioned above. Yet over the past 20 years they have often been submerged by Ungers' rigorous, uncompromising application of the geometric figure of the square. All too often this means that people are quick to dismiss individual projects – and the work as a whole – because they think they have seen it all before. This is a bit like having a bag of peas. If you take them altogether, all you see are the green, repeated forms of natural mass-production. But if you drop them into a large enough amount of bubbling water, they become distinguishable as individual forms. Ungers' built projects could be said to stand out against the endlessly varied froth of forms in the perceived world in exactly the same way. None the less, there are times when the square still doesn't seem to be the appropriate solution – although only history will say for sure.

The work as idea

1. The search for truth

Oswald Mathias Ungers was born on the 12th of July 1926 in Kaisersesch in the region of Eifel. From 1932 to 1947 he attended school in Mayen. In 1945 he joined up and became a prisoner of war. He began his architectural studies in the autumn of 1947, enrolling in the Polytechnic of Karlsruhe at the same time that Egon Eiermann became

die immense Wirkung, die ihr Werk durch Wort und Bild – und deren unbedingtes Zusammengehören – unübersehbar ausübt.

Da sein wichtigstes Buch – eine kondensierte Zusammenfassung seiner Arbeit und seines Denkens – mit «Die Thematisierung der Architektur» (italienisch 1982, deutsch 1983) überschrieben ist, soll hier der biographische Vorgang (und Fortgang) als eine Art begleitende und das Theoriegebäude ergründende Grundmelodie der «Themen» entworfen werden. Diese «Thematisierung», eine Art Bindemittel für die o.a. ‹Einheit der Vielfalt›, wurde schnell zu einem Synonym für die Ungerssche Architektur. Der rigorose, kompromißlose Einsatz der geometrischen Figur des Quadrates, der sich Ungers seit nun bald 20 Jahren verschrieben hat, hat diese Themen oftmals verschüttet. Oder besser: man hat sich zu häufig zu schnell vom Einzel- wie vom Gesamtwerk abgewendet, weil man es zu kennen glaubte. Es verhält sich hier wie mit der Tüte Erbsen, die als Ansammlung eben nur Wiederholungen einer grünen Idee der Natur sind. Auf zuviel Wasser verteilt aber, freut es einen doch, wenn man einer von ihnen begegnet. Diese Begegnung setzt sie in ihr Recht. Mit der Begegnung eines von Ungers gebauten Projektes verhält es sich angesichts der unermeßlichen Vielfalt der Erscheinungswelt, auch der der Architektur, genau so. Und groß genug ist diese Welt allemal, daß auch das Quadrat in ihr Unrecht haben kann. Aber darüber entscheidet zuletzt die ‹Geschichte›.

Das Werk als Idee des O. M. Ungers

1.Die Suche nach Wahrheit

Oswald Mathias Ungers wird am 12. Juli 1926 in Kaisersesch in der Eifel geboren und besucht 1932–47 die Volksschule und das Realgymnasium in Mayen/Eifel. 1945 noch leistet er Militärdienst und gerät in Kriegsgefangenschaft. Im Herbst 1947 beginnt er ein Architekturstudium an der Technischen Hochschule in Karlsruhe, wo gleichzeitig Egon Eiermann eine Berufung auf einen Lehrstuhl für Architektur angenommen hat. Sein Diplom macht er 1950. Wenn Ungers in diesem einfachen Sinne, nämlich daß er als Student und auch später in Kontakt mit Eiermann stand, als dessen ‹Schüler› bezeichnet wird, so ist an der grundsätzlichen Verschiedenheit schon im Anfang kein Zweifel.

Eiermanns Vorliebe galt zu jener Zeit dem Stahl. Ungers favorisierte von jeher und bis heute die Wärme und die Materialität, die Sprödheit und die Struktur des Steins in seiner unterschiedlichsten Erscheinung. Die eigenen Wohnhäuser dieser beiden Architekten, beide in den Jahren 1958/59 gebaut (Eiermann: Baden-Baden, Krippenhof 16–18; Ungers: Köln, Belvederestraße 60), sind so grundverschieden, ja gegensätzlich in Haltung, Erschei-

Professor of Architecture there. He gained his diploma in 1950. While Ungers could be described as a 'pupil' of Eiermann in the simple sense that he was in contact with him both as a student and in subsequent years, the fundamental differences between them are clear, even from the outset.

Eiermann's preference at that time was for steel. Ungers favoured – then, as now – the warmth and rough materiality of stone in all its various guises. The two architects' own houses, both built in 1958/59 (Eiermann's at Krippenhof 16–18, Baden-Baden, Ungers' at Belvederestraße 60, Cologne) are as different, indeed opposed, in attitude, appearance and form, as can be imagined.

Eiermann's house conveys the impression of brightness, openness. A thin membrane-like skin is stretched over most of the brickwork. The roofs, of corrugated asbestos sheet with widely projecting eaves, are supported on concrete beams and wood rafters. There are large expanses of glass designed to capture the light and draw in the exterior, and solar protection elements contained within a supporting steel frame. Everything is exact, noble, elegant. In contrast, Ungers has an unbelievably compact, densely constructed approach to conceptual space and plastic form. A visually rough materiality and purist, expressive power is manifested through the use of bare brick and concrete and powerful cubic forms. In defining a sense of closure, of introspection in relation to the outside world, a spatial organism is created within – a world both broad and narrow, closed and open. The house is evidence of a true 'will to form' which leaves nothing to chance.

In the early days of his studies, around the new year of 1948, Ungers stayed for several weeks at Maria Laach, a Benedictine monastery founded in 1093 and completed in 1235. This building is both the final and the greatest example of Romanesque monastic architecture in the Rhineland. It is famous mainly on account of its unique and striking organization of formal elements, with groupings of towers in the west and east, and its innovative vaulting system, which represented an advance on the simple vaulting of earlier churches. But another distinctive feature is the way in which the different geometric forms are grouped and positioned in a clear attempt to incorporate all the various parts of the complex within an overall formal concept. The absolute purity and clarity of the architecture – which in many places is lost through frivolity and overpainting – is here preserved with a simple device: the ordering of all wall surfaces, both interior and exterior, with a monochromatic interplay of filigree panelling and blind arches. The effect is of a loosely meshed fishing net drawn equally over all parts of the monastery. The uncompromising ordering technique and the strong system of Romanesque ecclesiastical construction create a unity

nung und Gestalt, wie es nur denkbar ist: Hier die vor-
gebliche Heiterkeit, Offenheit, Filigranität der zweiten
Haut, die das Ziegelmauerwerk zum Teil flächig überzieht;
die Dächer aus Well-Asbestzement-Platten mit davorge-
setzten, weit überstehenden Traufdächern, die auf Be-
tonpfetten und Holzsparren aufliegen; die das Licht und
das Außen einfangenden großen Glasflächen mit Son-
nenschutzelementen in einem Stahlgestänge. Alles exakt,
nobel, elegant. Dagegen Ungers mit einem unglaublich
kompakten, dichtgefügten Programm aus räumlicher Konzeption, plastischer Durchformung, spröder Materialsich-
tigkeit und puristischer Aussagekraft: Ziegelstein und Beton pur, kräftige Kubaturen, Abgeschlossenheit signali-
sierend der äußeren Welt gegenüber – und innen dieser
räumliche Organismus, diese Welt aus Enge und Weite,
Geschlossenheit und Offenheit als Ergebnis eines Ge-
staltwillens, der nichts dem Zufall überlassen will.

In den zeitlichen Beginn des Studiums, also in den Jah-
reswechsel 1947/48, gehört ein mehrwöchiger Aufenthalt
im Kloster Maria Laach/Eifel, einer Benediktinerabtei, deren Gründung in das Jahr 1093 fällt, deren Bau aber erst
1235 fertiggestellt wurde. Das Gebäudeensemble gilt als
reinromanische Schöpfung und gleichzeitig als Endpunkt
und Hauptwerk dieser Entwicklung am Rhein. Eine be-
merkenswerte und einmalige Anordnung der Kubaturen,
die Wechselstellung von Gebäude- und Turmgruppen im
Westen und Osten und eine neuartige Gewölbetechnik
(eine, die sich vom bisher üblichen quadratischen Kreuz-
gewölbe befreit hat), haben diese Anlage berühmt gemacht. Doch eine andere Auffälligkeit ist bei dieser Klo-
steranlage mit der Gruppierung und Zueinanderstellung
der unterschiedlichsten geometrischen Körper festzuhal-
ten: Der Versuch nämlich, alle Teile in ein Gestaltungskonzept einzubinden. Die pure Architektur, die andernorts
oft zugunsten einer diese *Reinheit* übertünchenden Spie-
lerei und Malerei verloren ist, tritt hier durch einen Kunstgriff tatsächlich noch rein zutage. Alle Mauer- und Wand-
flächen werden nämlich durch ein gleichfarbiges Wechselspiel von filigranen Lisenen und Blendbögen gegliedert.
Ganz so, als ob ein grobmaschiges Fischernetz, das gleichsam über alle Teile des Klosters, die jeweils aus *brut* ge-
mauerter Wand bestehen, geworfen worden sei. Einzig
dieses feine Muster gliedert das *Gewand*, die Haut. Geometrie und Stofflichkeit der Mauerflächen werden somit
in ihrer Reinheit betont. Die Vielfalt der Körperformen und
der Reichtum an räumlichen Wechselwirkungen – sie werden durch die kompromißlos-durchgängige Anwendung
dieser Gliederung zudem der Notwendigkeit bzw. dem System der (klösterlichen) Strenge unterworfen (Die Vielfalt
in der Einheit).

Einem vom Prinzip her ähnlichen Versuch – reich *und* rein,
streng *und* frei zu sein – werden wir bei Ungers' wieder-

Klosterkirche Maria Laach, 1120–1235. / Maria Laach abbey
church, 1120–1235.

holtem Durchkonjugieren seiner Themen, z.B. «Die Stadt im Kleinen», wiederbegegnen. Die zwingende Logik und den Beweis dafür, daß dies mit rein architektonischen bzw. ‹autonomen› Mitteln (der Architektur) gelingen kann, findet Ungers hier. Es ist seine erste haptisch-optische und intellektuelle Erfahrung mit diesem der Architektur immanenten Kunstgriff, die er, wie alle anderen Phänomene auf die er stößt, durch spätere historische Studien bestätigt finden und sich dienstbar machen wird. Das intuitive Finden, das ‹Sich-verlassen-können› auf die eigenen Bestände, dies im tiefsten Sinne ‹künstlerische› Vermögen – hier nimmt es seinen Anfang.

An diesen Anfang gehört auch die seither andauernde intensive Beschäftigung mit architekturtheoretischen Themen und Fragen. Ohne Zweifel ist Ungers einer der gebildetsten und intellektuellsten Köpfe unter der Architektenschaft der letzten 40 Jahre. Seine Privatbibliothek mit den Erstausgaben der Architektur- und Baugeschichte ist legendär und kann als eine der bedeutendsten der Welt angesehen werden. Die geistige, intellektuelle Durchdringung der Welt der Architektur war seit jeher sein Anliegen – daher sein hoher Anspruch an sich selbst und das zeitweilige Scheitern seiner Bau-Konzepte an der materialen, der pragmatischen Welt. Von seiner Belesenheit und seinen Fähigkeiten in dieser Hinsicht legt die Bibliografie seiner Essays und Bücher beredtes Zeugnis ab.

In einem der grundlegendsten Essays, betitelt «Das Recht der Architektur auf eine autonome Sprache» (1980), versucht er einmal mehr darzulegen, worum es ihm geht. Darum nämlich, die Architektur aus den Fängen derer zu befreien, die in ihr – Kant folgend – eine ‹pulchritudo adhaerens› sehen, also eine gebundene Kunst, die sie als solche verherrlichen. Ungers aber ist daran gelegen, der Architektur wieder den Status einer ‹pulchritudo vaga›, also den der freien Kunst zurückzugeben. Er zeigt hier anhand der philosophischen und architekturtheoretischen Diskurse gerade in Deutschland (von Kant über Semper und Perret bis zum Bauhaus), wie sich das reine Zweckdenken bis hin zur doktrinären Ausschließlichkeit (unter dem Begriff des «Funktionalismus») durchgesetzt zu haben scheint. Er führt dann das theoretische Rüstzeug (er nennt es süffisant «intellektuelles Durchschnittsgepäck») dieser Funktionalisten vor: « (1) Ein Gebäude ist nur dann schön, wenn es seine Funktion optimal erfüllt. (2) Ein Gebäude, das seine Funktion erfüllt, ist auch schön. (3) Ein Kunstgegenstand bezieht die Form aus der Funktion.» Gegen den von Gropius formulierten Ausspruch, «Der Ansatz für irgendeine Art von Entwurf, sei es ein Stuhl, ein Gebäude, eine Stadt oder ein Regionalplan, sollte prinzipiell identisch sein», führt Ungers an, daß sich jede ernstzunehmende und zusammenfassende Architekturtheorie mit den Vitruvschen Prinzipien firmitas, utilitas und venu-

which embraces the formal variety and rich spatial interaction.

Ungers' repeated conjugation of themes such as 'the city in miniature' observes the same principles, striving to be both rich *and* pure, powerful *and* free. In Maria Laach, Ungers discovered proof of the compelling logic of pure architectural forms. Through this first physical and intellectual encounter with a building that relied solely on the autonomous means of architecture he began to experience the power of intuitive discovery, the sense of being able to rely on his own artistic reserves. He would later reinforce this experience –and others– through his study of architectural history and make good use of it in his work. Ungers' continuous concern with the themes and issues of architectural history has undoubtedly made him one of the most informed and intellectually motivated architects of the past 40 years. The bibliography of his essays and books bears eloquent witness to the breadth of his reading and his abilities in this regard. In addition, his legendary private library containing first edition volumes of architectural and building history is one of the most important of its kind in the world. Ungers' continuous intellectual investigations also explain not only the high standards that he sets himself, but the occasional failure of his building concepts in face of the material, pragmatic world. One of Ungers' seminal essays, 'The Right of Architecture to an Autonomous Language' ('Das Recht der Architektur auf eine autonome Sprache', 1980), sets out the primary concerns of his work. It speaks of his desire to free architecture from the clutches of those who – following Kant – glorify it is a *pulchritudo adhaerens*, an art of limitations, and restore it to its status of a *pulchritudo vaga*, a free art. Basing his argument on the line of German aesthetic debate which runs from Kant via Semper and Perret to the Bauhaus, he demonstrates how purely utilitarian thought appears to have established itself as an exclusionary doctrine (under the name of 'Functionalism'). He then enumerates the theoretical methodology of the Functionalists (which he describes smugly as 'average intellectual baggage'). 1. A building is only beautiful if it fulfils its function as efficiently as possible. 2. A building which fulfils its function is also beautiful. 3. An art object derives its form from function.' In opposition to Gropius, who said that the 'starting point for any kind of design, whether for a chair, a building, a city or a regional plan, should in principle be identical', Ungers suggests that any serious, comprehensive architectural theory has to embrace the Vitruvian principles of *firmitas, utilitas* and *venustas*, or firmness, utility and delight: in other words, it should be structurally stable, spatially appropriate and of attractive appearance.

Ungers' study of architectural history has convinced him

stas zu befassen habe. Festigkeit, Zweckmäßigkeit und Anmut – also konstruktive Stabilität, angemessene Räumlichkeit und attraktive Erscheinung.

Die Architekturgeschichte überblickend, ist Ungers der festen Überzeugung, daß sich die drei Kategorien Konstruktion, Raum und Form als die eigentlichen Grundelemente der architektonischen, mithin einer ‹autonomen› Sprache wiedergewinnen lassen müssen. Aber in welcher Reihenfolge, welcher gebührt das Primat? Seine Untersuchung dieser drei Elemente beginnt er bezeichnenderweise mit der *Form*, wobei für ihn außer Zweifel steht, daß sie ihr Vokabular aus der Eigengesetzlichkeit der formalen Bezüge bezieht und unabhängig von äußeren Einflüssen ist. Seine Überlegungen zum *Raum* führen dorthin, wo festzustellen ist, daß verschiedene Gebäudetypen in der Geschichte auch von den unterschiedlichsten Funktionen ausgefüllt werden können, daß es also gar nicht darum gehen kann, eine optimale, endgültige Raumfolge für eine bestimmte Funktion festzulegen. «Die Architekturgeschichte ist voll von Beispielen für das Entstehen sozialer und religiöser Institutionen aus bereits vorhandenen Räumen. (...) Es lassen sich viele Beispiele dafür anführen, daß andere als die ursprünglich geplanten Funktionen in bereits vorhandene Räume eingeplant wurden und die einmal vorgegebene Form adaptierten. Die Gültigkeit bestimmter Raumfolgen hängt also nicht allein von den Funktionen ab. Der Typus des Gebäudes hat offensichtlich den Vorrang vor der Funktion. Funktionen passen sich dem Bautyp an (...) Die Funktion ist – wenn es um die Sprache der Architektur geht – sekundär und lediglich Mittel zum Zweck und nicht der Zweck selbst. Architektur ist, extrem formuliert, zweckfrei, d.h. nicht, daß sie deshalb nicht benutzbar ist, wohl aber, daß sich ihre eigentliche Dimension frei von äußeren Zwängen manifestiert.»[5]

Als drittes Element geht Ungers der Geschichte der Diskussion über die *Konstruktion* und ihren Stellenwert im 18. und 19 Jahrhundert nach. Er kommt dabei an die historische Schnittstelle, an der die Begriffe «Ehrlichkeit, Klarheit, Sauberkeit und Echtheit» als die einzig gültigen Prinzipien anerkannt werden und die von nun an vorgeblich allein das Verhältnis zwischen Konstruktion und Erscheinung regeln dürfen. Daß die moderne Architektur von Semper über Perret bis in die 60er Jahre unseres Jahrhunderts von dieser bald dogmatischen Feststellung beseelt war, steht für Ungers außer Zweifel. Für ihn aber fällt der Konstruktion eine dienende Funktion zu. Sie dient eben der firmitas. Für Ungers ist nicht nur dann eine Gebäude «wahr, wenn seine strukturelle Form und seine materielle Erscheinung eindeutig mit dem konstruktiven Konzept und der materialgerechten Verwendung der Baustoffe korrespondiert». Diesen offensichtlichen Trugschluß

of the necessity to reclaim the three categories of construction, space and form as the fundamental elements of an autonomous architectonic language. But in what order? Which one deserves to be put first? He examines each, beginning characteristically with *form*. The vocabulary of form, he states, is derived from the inherent laws which govern formal relationships, independently of other influences. With regard to the second category, *space*, he writes that throughout history the many different building typologies have effectively contained the most varied functions, therefore architecture can not be simply a matter of trying to establish an optimum spatial sequence for a specified function: 'Architectural history is full of examples of social and religious institutions being established in existing spaces … [and] of functions other than those originally planned … adapting to the predetermined form. The validity of a spatial sequence therefore does not depend solely on its function. The type of building obviously takes precedence over the function. Functions adapt to the building type … Function is – in terms of the language of architecture – of secondary importance; it is merely a means to an end and not the end itself. Architecture is highly formulated; it does not have a specified function, which does not mean that it is use-less, but rather that it manifests its true dimension free of external constraints.'[5]

Ungers investigates the third element with reference to the historical debate on *construction* and its standing in the 18th and 19th centuries. He defines the critical point in history when the principles of 'honesty, clarity, purity and authenticity' came to be recognized as the only valid determinants of the relationship between construction and appearance, pinpointing the establishment of an effectively dogmatic conception which, in his view, has motivated modern architecture from Semper through Perret up to the 1960s. For Ungers, however, construction has a subservient function: it serves *firmitas*. For him, a building is not just 'true when its structural form and material manifestation correspond clearly with the concept of construction and the appropriate use of building materials'. He leaves that particular fallacy to the 'dogmatically dominated' 'Functionalists'.

In contrast, Ungers insists that architecture can be the 'bearer of spiritual values', that it 'possesses, like any other art, emotional expressiveness', and therefore should be 'accepted once more as art'. 'Architecture, like all the other arts, has the ability to free our environment and existence from the everyday and the banal, from the trivial nature of reality, and to overcome material constraints by artistic means. In so doing, architecture not only makes a significant contribution to the shaping of the human environment, but assumes once more its humanistic responsibilities.'[6]

überläßt er den «Funktionalisten» und deren «dogmatischer Dominanz».

Er besteht dagegen auf der Feststellung, daß die Architektur «Träger geistiger Werte» sein kann, daß sie «wie jede andere Kunst emotionale Aussagekraft besitzt» und daß sie mithin auch «wieder als Kunst zu akzeptieren» sei. «Architektur hat die Fähigkeit wie alle anderen Künste, die menschliche Umwelt und Existenz aus dem Alltäglichen und Banalen, aus der Trivialität des Realen zu befreien und die materiellen Zwänge künstlerisch zu überhöhen. Damit leistet die Architektur nicht nur einen wesentlichen Beitrag zur Gestaltung der menschlichen Umwelt, sondern sie übernimmt auch wieder die ihr zukommende humanistische Verantwortung.»[6]

Dieser Punkt aber bestimmt seit Ende des 19. Jahrhunderts die eigentliche Debatte in der Architektur. Die zumeist völlig falsch verstandene, aber folgenreiche Formel von Louis Henry Sullivan, «form follows function», berührt genau dieses Problem der Freiheit der Form der Fassade und der Gestalt eines Gebäudes gegenüber der Konstruktion. Mißverständlich Sullivan interpretierend, lief das modernistisch-funktionalistische Konzept zumeist darauf hinaus, zu versuchen, ein Gebäude so aussehen zu lassen, daß sich die Konstruktion und die Funktion irgendwie äußerlich «ehrlich» oder «wahrhaftig» widerspiegelt. Die Einheit von Konstruktion und Fassade – ein strukturelles Gebot der ‹Tektonik› im eigentlichen Sinne –, deren konstruktiver und formaler Problematik sich schon Semper annahm, war aber gerade durch die neuartigen Konstruktionsweisen obsolet geworden. In dem Moment nämlich, wo diese völlig unabhängig voneinander gedacht, konstruiert, ausgebildet und durchformt werden konnten, war es möglich, daß sie auch jeweils einen ästhetischen Eigenwert entwickelten. Wenn also die Fassade statisch und technisch nicht mehr von der eigentlichen Konstruktion abhängig ist, also selbst nicht mehr trägt als sich selbst, wie z.B. die reine Vorhangfassade, braucht sie den tektonischen Aufbau auch nicht mehr auszudrücken. In diesen, sich dadurch ergebenden Interpretationsspielraum stieß Sullivan mit seiner Formel ‹form follows function›. «Damit ist gemeint, daß er nicht gegen, sondern aufgrund der Autonomie von Konstruktion und Dekoration ein Gesetz zu formulieren versuchte, wonach die verschiedenen architektonischen Systeme aufeinander Bezug nehmen können. Es ist also nicht zufällig, daß mit dem Durchbruch des Eisenskeletts ein Durchbruch in der Ornamentierung festzustellen ist.»[7]

Dieser einsetzende Ornamentierungswahn, der bei Sullivan und anderen (z.B. im europäischen Jugendstil) bis hin zu «Tätowierungen» von Fassaden führte – aber als Dekorierungswollen natürlich auch Sinn machte und legitimiert war –, kam in Europa durch die Injektionsspritze von

Since the late 19th century the real architectural debate has revolved around precisely this issue of the relation between the construction technique and the form of the facade and the building as a whole. Gottfried Semper identified the technical and formal problems involved in establishing a direct link between the two. And Louis Sullivan put forward his position succinctly with his largely misunderstood, but none the less influential dictum: 'form follows function'. Misinterpreting Sullivan, the Modernist-Functionalist approach has mostly been to let the external appearance of the building somehow reflect in an 'honest' or 'truthful' manner its construction and function. In reality, however, this structural precept was rendered obsolete long ago by the new materials of construction. From the moment that construction and form could be conceived, constructed and formed independently of each other, it became possible for each to develop its own intrinsic aesthetic value. The facade was technically and structurally no longer dependent on the construction itself. Like the pure curtainwall, it no longer carried anything but itself and therefore no longer needed to express the tectonic construction behind it. It was this new scope for interpretation that Sullivan seized on with his formula of 'form follows function': This means that he attempted to formulate not a proscriptive law, but one based on the autonomy of construction and decoration, which would still allow the different architectural systems to relate to each other. It is no coincidence that the breakthroughs in the development of the skeletal iron frame were accompanied by breakthroughs in ornament...[7] In the work of Sullivan and in European Art Nouveau, this incipient mania for ornament extended even to the 'tattooing' of facades. It made sense as a 'decorative approach', but it fell abruptly into disrepute with the publication of Adolf Loos' 'Ornament and Crime' in 1908. The essay had the effect of a surgical lancet, ending with the words: 'Freedom from ornament is a sign of spiritual strength. Modern man uses the ornaments of earlier or alien cultures as he sees fit. He concentrates his own inventiveness on other things.'[8]

2. Invention: Idea – Theme – Concept

Ungers' own 'inventive' contribution has been to introduce themes from outside the realms of 'utility', consistency of materials and logic of construction. He believes that functional methods alone do not result in a 'building, but at best a technical work', and do 'not automatically [lead] to a architectonic form'. In Ungers' words, 'functional principles contain no form-giving elements'.

His search for an interplay between fundamental architectural elements is evident even in his very first works. The apartment building in Hültzstraße, Cologne (1951),

Adolf Loos' Aufsatz «Ornament und Verbrechen» schlagartig in Verruf. Es muß an dieser Stelle genügen, auf diese spannende Reihe der «Bekleidungstheoretiker» von Semper über Sullivan zu Loos zu verweisen um auf Ungers zurückzukommen. – Loos' Aufsatz endete mit den Worten: «Ornamentlosigkeit ist ein zeichen geistiger kraft. Der moderne mensch verwendet die ornamente früherer und fremder kulturen nach seinem gutdünken. Seine eigene erfindung konzentriert er auf andere dinge.»[8]

2. Das Auffinden: Idee – Thema – Konzept
Ungers ‹Erfindung› ist die Einführung von Themen, die jenseits der Zweckmäßigkeit, der konsequenten Materialbehandlung und der logischen Konstruktion zu finden sind, weil aus diesen allein «kein Bauwerk, bestenfalls ein Werk der Technik (entsteht)», bzw. deren Befolgung «nicht automatisch auch zu einer architektonischen Form (führt)». «Die Zweckgesinnung» – so Ungers – «enthält keine Gestaltungselemente.»

Haus Hültzstraße, 1951. / Hültzstraße housing, 1951.

Bereits mit seinen allerersten Bauten beginnt die Suche nach dem Zusammenspiel der grundlegenden Architekturelemente, wobei gleich das erste Mehrfamilienhaus in der Hültzstraße (Köln 1951) eine programmatische Rolle einnimmt – schon weil Ungers mit der wiederholten Publikation einer ganz bestimmten Fotografie dieses Hauses eine Absicht zu verfolgen scheint. Er will etwas zeigen. Der einfache Zweispänner, mit dem mittig gelegenen Treppenhaus, stellt sich als Lochfassade dar. Das Treppenhaus hat dabei die gleichen Fensteröffnungen wie die der Räume in den Wohnungen. Die Fassade, als geputzte, weiß gestrichene und wie ein Tuch gespannte Haut, bildet annähernd eine quadratische Figur mit darinliegenden quadratischen Löchern. Zum Zwecke der Aufnahme dieser Fotografie wurden alle Fenster (bis auf das kleinere Kellerfenster) geöffnet, so daß fast nur noch dieses Spiel der Öffnungen in der weißen Fläche zu sehen bleibt. Und dieses Spiel erweist sich als eines von Ordnung *und* Störung, Symmetrie *und* Verrücken, Strenge *und* Freiheit. Alle Öffnungen sind scharfkantig eingeschnitten und auf merkwürdige Weise gegeneinander verschoben. Die Leere und das schwarze, hinter den Fensterrahmen sich auftuende Loch erinnern an de Chiricos Bildwelten, vermitteln einen surrealistischen Effekt und machen so das Haus zu einer *Idee*, die es jenseits seiner wirklichen und materialen Existenz als bewohnbares Gebäude eben auch noch ist. In diesem Sinne verweist schon dieses Frühwerk (zumindest auf der Fotografie) auf sich selbst bzw. seine Autonomie.
Die nächsten, also die in den 50er Jahren gebauten Häuser dagegen zeichnen sich fast ausnahmslos dadurch aus, daß ihre Materialien, Ziegel und Beton, auch materialsichtig eingesetzt werden. Sie bleiben rauh und unver-

Haus Belvederestraße, 1958/59. / Belvederestraße house, 1958/59.

putzt. Dabei folgen die Gebäudeformen oftmals unmittelbar einem Konzept, das mit der Idee von offenen und geschlossenen Räumen spielt, mit einem rhythmischen Wechsel von positiven und negativen Figuren und mit der äußeren plastischen Durchformung der sich aus den Innen-Räumen ergebenden Kubaturen. Sie sind bald bis an die Grenze spröde, bald wieder expressiv. Sie zeichnet eine gewisse Askese aus, die sich der konsequenten Auffassung verdankt, daß die plastische Gestaltung ein Wesensmerkmal der Architektur ist. Wenn die Staffelung oder das Ineinanderschieben von Kubaturen der Logik der inneren Raumorganisation (also des Grundrisses) folgt, dann wird dieses ‹Zeigen› aber gleich künstlerisch und plastisch überhöht: Ungers inszeniert förmlich die Fläche oder das Spiel der Fenster in dieser; er komponiert mit dem rauhen roten Ziegelstein eine wie hart gewebt wirkende Struktur; er kontrastiert diesen Stein mit dem schalungssichtigen *béton brut* und mit schmalen, zum Teil über Eck gestellten weißen Fensterprofilen; er spekuliert mit der Direktheit der Materialwirkung; er führt die Häuser – auch wenn das paradox klingt – zu einer eleganten Ruppigkeit; er schafft wahre Artefakte, die mit poetischer Kraft, aber auch mit dem «noli me tangere» der autonomen Form daherkommen.

Diesen frühen Bauten ist das Fremdsein in ihrer Zeit so eigen, wie das Selbstverständlichsein an dem Ort, an dem sie stehen. Sie sind direkt und kräftig, wachsen steinern empor und folgen nur ihrem ihnen innewohnenden Duktus. Es sind in sich ruhende Solitäre oder geduckte Figuren, gestaffelte Reihen oder sich körperlich komplementär ergänzende Figurengruppen.

Die Einordnung dieser frühen Ungers-Bauten in den ‹New Brutalism›, die Rainer Banham 1966 vornahm, verbindet sich nicht zuletzt mit der synthetischen Verdichtung aller in den 50er Jahren erprobten Kompositionsgesetze in Ungers' eigenem Wohnhaus in der Belvederestraße in Köln, gebaut 1958/59. Dieses mittlerweile als Inkunabel der deutschen Nachkriegsarchitektur geltende und von Banham als Manifest bezeichnete Gebäude (-ensemble), das in den 80er Jahren um das ‹Kubus›-Haus und andere Teile ergänzt wurde, wendet sich vehement gegen die zeitgenössisch vorherrschenden Architekturtendenzen. Gleich einer revoltierenden Geste, vertritt es eine Architekturauffassung, die kompromißlos den Kompositionsgesetzen und der zwingenden, intuitiven Kraft des Architekten folgt. Und dieser arbeitet mit Volumen und Material und deren unmittelbarer Präsenz. Diese Intuition aber bindet sich an die Intellektualität dessen, der um die Kraft und die Geschichte der Bilder weiß, die mit Architektur produziert werden. Und er vertraut diesem von ihm geschaffenen Bild, das sich zum Außenraum abweisend verhält, dem aber im Innern eine räumliche und beinah inti-

has played a key role in his rhetoric, largely through the device of selective presentation. Ungers has only ever published one photograph – a view showing the simple, symmetrically planned building as a punctured facade, with the same window openings on both the central staircase and the apartments. The facade, a rendered white skin stretched taut like a canvas, appears as a square figure containing square holes. For the purposes of photographing the finished building, all the windows (excluding the smaller one into the basement) were opened fully inwards. The effect is of a striking play of openings over the white surfaces, a play of order *and* disruption, symmetry *and* asymmetry, strength *and* freedom. All openings are sharply defined and juxtaposed in a remarkable way. The emptiness and blackness behind of the windows evoke the paintings of De Chirico – a Surrealist effect which turns the house into an *idea*, setting it apart from its real, material existence as an inhabitable building. In this sense, this early work already refers (at least in the photograph) to both its unique self and its conceptual other.

In contrast, the next projects that Ungers built during the 1950s are distinguished almost without exception by the expression of their materials, brick and concrete. They remain raw and unrendered: the built forms often play directly with the ideas of open and closed spaces, with a rhythmic alternation of positive and negative forms and an external sculptural forming of the cubes resulting from the internal spaces. These buildings are in some aspects almost forbidding, in others quite expressive. They demonstrate a certain asceticism, which arises from Ungers' consistent belief in the importance of the plastic form. The stacking or interpenetration of the cubes follows the logic of the internal spatial organization (that is, the ground plan), although the 'gesture' is accentuated both artistically and sculpturally. Ungers formally establishes the play of windows across the wall surfaces; he composes a tightly woven structure of rough red brick and contrasts it with bare-faced concrete and narrow window sections, often carried around corners. He speculates with an overt material effect which gives the buildings – paradoxical as this might sound – an elegant gruffness. He creates true artefacts which have poetic power, but also the sense of 'untouchability' that comes with the autonomous form.

Set against other buildings of the time, these early works appear idiosyncratic. Yet they fit into their surroundings with absolute ease. They are direct, powerful, solid forms which reflect only their unique, inherent style. Some are self-contained solitary figures, others are low-lying forms, set-back rows, or groupings of complementary massing. In 1966 Reyner Banham categorized these early Ungers buildings as 'New Brutalist' – an attribution no doubt

me Vielfalt entspricht. Es ist die freieste, selbständigste und komplexeste Komposition in diesen Jahren, eine Kompression zudem der hier erstmals in dieser Konsequenz vorgeführten Themen «Die Stadt im Kleinen» und der «Morphologie» bzw. «Transformation».

Ungers heiratet 1956 Liselotte Ungers, geb. Gabler, mit der er drei Kinder hat. In der Folge – bis heute – bleibt sie eine seiner intensivsten Gesprächspartnerinnen («Kondensator und Vermittler meiner Ideen»), mit der er gemeinsam Bücher publiziert und die selbst eigene Forschungen betreibt und veröffentlicht. 1963 wird Ungers als Ordinarius an den Fachbereich Architektur an die Technische Universität Berlin berufen. Sein Werkverzeichnis umfaßt bis zu diesem Zeitpunkt bald 30 Projekte, darunter 23 realisierte Gebäude bzw. Gebäudegruppen. Ein Jahr darauf gründet er ein Büro in Berlin. 1965 und 1967 ist er «visiting critic» an der Cornell University in den USA, 1965–67 Dekan der Architekturfakultät an der TU Berlin. 1968 gibt er seinen Lehrstuhl für Entwerfen auf und zieht mit seiner Familie in die USA. 1969–75 ist er ‹Chairman of the Department of Architecture› und ab 1975 ‹Full Professor of Architecture› an der Cornell University/USA. Seit 1970 ist er ‹Licensed Architect in New York State›, wo er von diesem Zeitpunkt an bis zu seinem Weggang Mitte der 70er Jahre ein eigenes Büro unterhält.

Auffallend bleibt, daß er vom Zeitpunkt seiner Berufung nach Berlin im Jahre 1963 bis zu seiner Rückkehr aus den USA, genauer bis 1978, kein Projekt mehr realisiert, sein heute unbestreitbar internationaler Ruhm aber genau während dieser Zeit fundamentiert wird. Gleich einer Katharsis betreibt Ungers nun ein rein intellektuelles, konzeptionelles, programmatisches Architektur-Geschäft.

Nicht, daß er nicht an Realisierungswettbewerben teilnimmt, gewinnen und bauen möchte – aber seine Projekte liegen im Zeitgeschehen quer. Sie stoßen durchweg, jedenfalls bei den Auslobern und den Jurys, auf Ablehnung. Oftmals werden sie als Zumutung, als Provokation empfunden.

Zwei Katalysatoren sind für seinen nun aber gerade hieraus erwachsenen Ruhm und seine seither andauernde internationale Reputation auszumachen. Zum einen ist es die Tätigkeit an der TU Berlin, die auf einer stark programmatischen Lehre beruht und deren Rezeption weit über Berlin hinausreicht. In einer Phase der zunehmenden Politisierung der Disziplin hält Ungers an seinen architekturtheoretisch begründeten Programmen fest und fordert, zum Teil gegen den Widerstand eines Großteils der Studentenschaft, eine rigorose Entwurfsmethodik. Tektonische, theoretische, methodische und vor allem thematische Aufgabenstellungen bilden das Gerüst dieser Lehre, die über die mittlerweile legendären Veröffentlichungen des Ungers-Lehrstuhls und über einige Schüler eine wei-

largely prompted by the architect's own house in Belvederestraße in Cologne (1958/59), which synthesized and intensified all the compositional principles that he had been developing throughout the decade. This house, now a landmark of German postwar architecture, was described by Banham as a built 'manifesto'. It represented a conception of architecture based uncompromisingly on the laws of composition and the compelling intuitive power of the architect and, as such, was in vehement opposition to the prevailing architectural culture. Here Ungers worked with the direct, real presence of volumes and material, creating intuitively, but also with a full awareness of the power and history of the images created by architecture. The result was a confident composition, deflecting on the outside, but containing a rich variety of intimate spaces within. It is the freest and most independent, most complex work of that period – a compression of the themes of the 'city in miniature' and 'transformational morphology', which are here carried for the first time to their logical conclusions.

In 1956 Ungers married Liselotte Gabler, with whom he has had three children. Through all these years she has been his closest collaborator, ('the condensor and communicator of my ideas'), publishing books with him while also pursuing and publishing her own work. In 1963 Ungers joined the Faculty of Architecture of the Technische Universität (TU), Berlin. By that time, he had undertaken almost 30 projects, and built 23 of them. One year later he set up his own office in Berlin. From 1965 to 1968 he was Dean of the Faculty of Architecture at the TU, acting also as a visiting critic at Cornell University in Ithaca, New York in 1965 and 1967. In 1968 he moved with his family to the United States. From 1969 to 1975 he was Chairman of the Department of Architecture at Cornell, and from 1975 Full Professor of Architecture. He also maintained his own practice from 1970, the year he gained his New York State Licence, until his departure in the mid-1970s.

It is striking that from the time he started teaching in Berlin in 1963 until the time he returned from the United States, or 1978 to be exact, Ungers built nothing. Yet this was precisely the period when the foundations of his present international fame were laid, as he began a cathartic pursuit of a purely intellectual, conceptual, programmatic architecture. Though he entered a number of competitions, undoubtedly hoping to win and build the project, he seemed to be out of sync with the times. His work met with universal rejection – at least amongst the prize committees and juries – often being perceived as offensive and provocative.

There were two catalysts for his subsequent fame and enduring international reputation. One was his strongly

te Verbreitung, auch über Deutschlands Grenzen hinaus, finden.

Zum anderen sind es die Wettbewerbe und Projekte, die Ungers während der 60er und 70er Jahre entwickelt, die seinen Ruhm begründen helfen. Diese Entwürfe sind allesamt derart mit Programm, Idee, Thema und Konzept aufgeladen und angereichert, daß sie einfach provozieren oder begeistern müssen. Der Orientierungslosigkeit und den modischen Tageskapriolen der Zunft, vor allem der «Scharoun-Schule» Berlins, stellt er intellektuelle und in Bau, in Architektur oder Stadt übersetzte Entwürfe von absoluter Schärfe entgegen. Seine Rigorosität fasziniert oder stößt ab – aber niemand kommt an ihnen vorbei, da sie die Wirklichkeit mit Ideen der Architektur konfrontierten. Die Gegenüberstellung des 2. Preises und des Entwurfes von Ungers für die Bebauung des «Ruhwald»-Geländes in Berlin-Charlottenburg mag die seinerzeitige Kontroverse und die kompromißlose Formulierung seiner Ideen illustrieren helfen.

Die frühen Wettbewerbsbeiträge dieser Zeit, *Grünzug-Süd* (Köln 1962), *Studentenheim Enschede* (Holland 1964), *Museum Preußischer Kulturbesitz* (Berlin 1965) und *Deutsche Botschaft beim Heiligen Stuhl* (Rom 1965) bergen dabei schon fast alle Ungersschen Themen, vor allem die der «Morphologie» bzw. «Transformation» und der «Assemblage». Ungers treibt mit diesen Projekten die Rationalismusdebatte weit voran und er entwickelt anhand ihrer Inhalte auch eine erste Systematik seiner *Themen*, die er in der Folgezeit variieren und interpretieren bzw. ‹auslegen› kann.

In den 70er Jahren schließlich, in den USA, entwickelt Ungers seine funktionalen Konzepte für die moderne Großstadt, bei denen es um operative Eingriffe in bestehende Strukturen geht. Die Selbstverständlichkeit und die Inflation, mit der heute der Begriff des «Kontextualismus» benutzt wird, verschüttet dabei oftmals sein Herkommen aus genau dieser *operativen Logik*. Der Begriff wird in diesen Jahren von Ungers mitbegründet und erst durch seine Arbeit konstitutionalisiert; er wird von ihm speziell bei den Wettbewerbsbeiträgen für das *Landwehrkanal-Tiergartenviertel* (Berlin 1973), dem für *Roosevelt-Island* (New York/USA 1975), bei der Planung *Schloßpark* (Braunschweig 1976) und vor allem im Projekt *«Stadt in der Stadt – Berlin das grüne Stadtarchipel»* (1977) auf die Spitze getrieben. An der Konzeption und Bearbeitung dieser Projekte sind als Mitarbeiter nicht zufällig u.a. Hans Kollhoff und Rem Koolhaas beteiligt.

Was aber zeichnet sie aus? Am Anfang wird der Kontext des explizit Städtischen, des Urbanen erst einmal dechiffrierbar gemacht, um ihn dann zu ergänzen; die Dichte, die Vielfalt und die baulich-räumlichen Elemente der Großstadt – sie werden mithin herausgefiltert, analysiert, the-

Wettbewerbsbeiträge von Spengelin und von Ungers für das Ruhwald-Gelände in Berlin, 1965. / Spengelin's and Ungers' different approaches to the Ruhwald competition in Berlin, 1965.

matisiert, transformiert und als neu in Architektur oder Struktur übertragene visionäre Bilder, vergleichbar dem Vorgang einer Operation, der Stadt zurückgegeben. Die Stadt als gewachsenes kulturelles Gebilde und ihre vorgefundenen typologischen Formen und Strukturen werden dabei nie in Frage gestellt – man sucht eher nach den Krebsgeschwüren, in die man kaltblütig die Skalpelle senkt. Analyse, Diagnose, Operation – mehr nicht, aber auch nicht weniger. Diese Eingriffe erscheinen mal poetisch, mal monumental, realistisch oder dann visionär im Sinne einer Utopie. Allemal sind sie aber, angesichts des *Kontextes der Diskussion* dieser Wettbewerbs-Themen, lesbar und unverrückbar kompromißlos wie Manifeste.

1976 kehrt Ungers aus den USA nach Deutschland zurück. Anhand einiger Wettbewerbe verfeinert er in den kommenden Jahren seine Strategien und seine Themen. In diese Übergangsphase aber fällt noch eine wichtige Entdeckung, die sich wohl der intensiven konzeptionell-intuitiven Arbeitsmethode der letzten 10 Jahre verdankt: eine Art «operatives Sehen». Ungers nimmt teil an der Ausstellung «Man transForms», die vom Cooper-Hewitt Museum organisiert wird. Sein Beitrag besteht dabei hauptsächlich in der Gegenüberstellung von «natürlichen» und «artifiziellen» *images*, von organischen Strukturen/Körpern und städtebaulichen Anlagen/Strukturen. Als Programm entwickelt und variiert er hier seine Theorie vom «Designing and Thinking in Images, Metaphors and Analogies.»

Dieses «morphologische Konzept», dieses «Entwerfen mit Vorstellungsbildern, Metaphern und Analogien» exemplifiziert er 1977 anhand seiner beiden Entwürfe für den Schloßpark Braunschweig und die Ritterstraße in Marburg. 1982 erscheinen diese Überlegungen in einem separaten Buch der Buchhandlung Walther König in Köln: «O.M. Ungers – Morphologie – City Metaphors». Dieses Buch ziert nicht zufällig ein Auge. Ungers liest mit diesem seinem Auge die Stadtlandschaften eben wie Metaphernlandschaften: sie breiten sich vor ihm aus, wie er sie vor uns ausbreitet. Daß alles von den Menschen Gemachte an das Sehen gebunden bleibt – vor allem aber die von Kunst und Architektur produzierten *Bilder* – dies vor allem lehrt diese Fokussierung auf die *images*. Es ist das «innere Auge», in das man schaut, wenn man ein Auge ansieht bzw. etwas ‹vor seinem Auge sieht›. Daß diese Art zu ‹sehen› schon immer die Kunst des Ingenieurs wie die des Künstlers und des Philosophen begleitet hat, steht nicht nur für Ungers außer Zweifel.

Ausgehend von Kant, der sagt, daß der Intellekt unfähig ist zu sehen und sich irgendetwas vorzustellen, und daß die Sinne nicht denken können, breitet Ungers seine Theorie aus. Sie besagt, verkürzt, daß (er folgt hier Hermann Friedmann) «der visuelle Sinn, die Vision, und der Tast-

programmatic teaching at the TU, Berlin. During a period when architecture was becoming increasingly politicized, Ungers adhered firmly to a programme based on architectural theory and demanded a rigorous design method – in face of opposition from a large part of the student body. Tectonic, theoretical, methodical and above all thematic principles formed the framework of his teaching, which had a far-reaching impact, even outside Germany, through Ungers' promotion of the school's now legendary publications and the reputation of a number of ex-students.

The second catalyst for Ungers' fame can be found in the competitions and projects which he developed during the 1960s and 1970s – designs so loaded with programmes, ideas, themes and concepts that they inevitably provoked a reaction (one way or another). In contrast to the aimless and ephemeral activities of the profession in general and the Berlin 'Scharoun School' in particular, Ungers proposed designs of absolute intellectual rigour, for individual buildings as well as for the city. His projects either fascinated or repelled – but they could not be ignored, because they confronted reality with ideas of architecture. A comparison of Ungers' entry and the scheme that won the second prize in the competition for the development of the 'Ruhwald' site in Berlin-Charlottenburg gives some idea of the controversy that he caused at the time with his uncompromisingly formulated ideas.

The early competition entries of this period, the South Greenbelt development (Cologne 1962), Enschede student residence (Holland 1964), Museum of Prussian Cultural Heritage (Berlin 1965) and German Embassy in the Holy See (Rome 1965), contain almost every Ungers theme, most notably 'morphology' and/or 'transformation' and 'assemblage'. On the basis of these projects, Ungers not only advanced the debate on Rationalism but developed a systematic approach to the varied interpretation and application of his themes.

Finally, during his stay in the United States in the 1970s, Ungers developed his functional concepts for ordering the modern metropolis through operative interventions in existing structures – a concept known casually today as 'contextualism'. The present over-use of the term tends to obscure its origins in precisely this kind of *operative logic*, this ordered method of organization. Ungers applied his own particular brand of contextualism to his competition entries for the Landwehrkanal-Tiergarten quarter (Berlin 1973), Roosevelt Island (New York 1975), Schloßpark Planning (Braunschweig 1976), and pushed it to its limit in the project 'The City within the City: Berlin, the Green Urban Archipelago' (1977). Notable collaborators at the concept and development stages of these projects were Hans Kollhoff and Rem Koolhaas. The method of approach

sinn, die Haptik, zwei miteinander streitende Polaritäten sind und daß alle intellektuellen Aktivitäten sich im optischen und haptischen Bereich abspielen. Friedmann argumentiert, daß der Tastsinn nicht produktiv ist. Er mißt, ist geometrisch und handelt in Kongruenzen. Das Sehen jedoch ist produktiv. Es interpoliert, integriert und handelt in Gleichnissen. Der visuelle Sinn stimuliert spontan das *Erinnerungsvermögen*. Er ist lebendiger und weitreichender als der Tastsinn. Die Haptik geht vom Spezifischen zum Allgemeinen, die Vision vom Allgemeinen zum Spezifischen.» Ungers kommt dann auf sein eigentliches Anliegen: «In jedem menschlichen Wesen steckt ein starkes *metaphysisches* Bedürfnis eine Realität zu schaffen, die durch Vorstellungen strukturiert ist und in welcher die Objekte ihre Bedeutung durch Visionen erhalten. (...) Denken...ist nicht nur ein abstrakter Prozeß, sondern ein visuelles und sinnenhaftes Ereignis. (...) Die Bedeutung des Denkens und Entwerfens in Bildern, Metaphern, Modellen, Analogien, Symbolen und Allegorien ist nichts anderes als der Übergang von rein pragmatischen Denkansätzen zu einer mehr kreativeren Methode des Denkens. Es bedeutet einen Prozeß des Denkens in qualitativen Werten statt in quantitativen Daten, einen Prozeß, der mehr auf Synthese als auf der Analyse basiert – nicht so verstanden, daß analytische Methoden abgelehnt werden, sondern mehr in der Richtung, daß Anyalyse und *Synthese* alternieren, so wie das Einatmen und Ausatmen, wie Goethe es ausgedrückt hat. Es ist als ein Übergang der Denkprozesse vom metrischen Raum zum visionären Raum kohärenter Systeme zu verstehen, von Konzepten gleicher Beschaffenheit zu Konzepten der *Gestaltfindung*.»[9] (Hervorhebungen M.K.)

3. Die Exegese:
Erinnerungen / Gestaltfindungen / Synthetisierungen
Für Ungers ist also die Auseinandersetzung mit der Geschichte zentrales Thema. Geschichte in dem Sinne, als in ihr ‹Erinnerungen› aufgehoben sind. So ist denn auch das 1982 erschienene Buch «Die Thematisierung der Architektur» eine ständige Besinnung auf historische ‹Gestaltfindungen› bzw. in der Geschichte zu findende Analogien. Wenn er hier versucht, seine bisherige Arbeit zu ordnen, um sie besser überblicken zu können und sich selbst Rechenschaft abzulegen, so können wir hier auch die Themen auffinden, die ihn über diese Zeit hinaus bis heute beschäftigen.
Transformation oder die Morphologie der Gestalt : Dieses Thema wird u.a. an den eigenen Entwürfen für das Studentenheim in Enschede und das Schloß Morsbroich in Leverkusen (siehe Seiten 72, 94) vorgeführt. Ausgehend von der Überlegung, daß alle Geschehnisse mehr oder weniger den Gesetzen der Transformation, also der Verän-

was first to decipher the explicitly urban context in order to provide a framework for its extension: the density, variety and architectural-spatial elements of the big city were filtered out, analysed, thematicized, transformed and then reinstated as visionary images translated anew into architecture or structure, in a process comparable to that of a surgical operation. Ungers never questioned the viability of the city as a living cultural artefact; nor did he undermine its pre-existing typological forms and structures. Rather, he searched out the cancerous tumours and cold-bloodedly excised them. Analysis, diagnosis, operation – no more, but also no less. These interventions appear sometimes poetic, sometimes monumental, sometimes realistic, sometimes visionary, utopian. But they can all be read, within the *context of the discussion* provoked by these competitions, as absolutely uncompromising manifestos.

In 1976 Ungers left the United States and returned to Germany. Over the following years he was to refine his strategies and themes by means of competition entries. During this transitional phase his intensive conceptual and intuitive working method led him to an important discovery; a kind of 'operative seeing'. Ungers took part in the 'Man transForms' exhibition organized by the Cooper-Hewitt Museum in New York. His contribution consisted mainly of contrasting 'natural' and 'artificial' images, of organic forms and urban planning structures. It was here that he developed and began to vary his theory of 'designing and thinking in images, metaphors and analogies' as a programme.

This 'morphological concept' was exemplified in his projects for Schloßpark Braunschweig and the Ritterstraße in Marburg in 1977 and reiterated in a book published in 1982 by Walther König in Cologne: *O. M. Ungers – Morphologie – City Metaphors*. Through this book, Ungers opens our eyes to his way of seeing: the urban landscape becomes a metaphorical landscape. And what we learn by focusing on the images put before us is that everything made by man – but especially the *images* produced by art and architecture – remain in the visual realm. For Ungers, this way of 'seeing' is as integral a part of the art of the engineer as it is that of the artist or philosopher.

The book puts forward Ungers' theory, starting from Kant's assertion that the intellect is incapable of directly seeing or imagining something and that the visual sense is incapable of thought. Adopting the argument of Hermann Friedmann, Ungers says – in short – that 'the visual sense, sight, and the haptic sense, touch, are two polarities in conflict with each other. All intellectual activities are played out in these two realms. Friedmann argues that the sense of touch is not productive. It measures, is geometrical, and deals in congruities. Sight, on the other hand,

derung eines Zustandes in einen anderen unterliegen, zeigt er, daß dieser Prozeß auch als Gestaltungsmittel für die Architektur nutzbar gemacht werden kann. Das vorhandene Formenvokabular wird z.B. manipuliert durch Brechung, Beugung, Teilung, Umkehrung, Verdoppelung, Spiegelung und Reihung. Formation und Transformation bedingen sich ständig wie These und Antithese. Ihm ist dieser Prozeß Garant dafür, Gegensätze wie Natur und Kunst gestalterisch zu einer Einheit verbinden und auch den Genius Loci jeweils herausarbeiten und überhöhen zu können. Als Gestaltungsprinzip eignet es sich auch dafür, divergierende Elemente zu einer Gesamtheit zu ordnen. Wenn man das Bauen als kontinuierlichen Prozeß versteht, so Ungers, heißt das eben auch, daß die Geschichte an ihm ebenso beteiligt ist wie die Antizipation der Geschichte. (Dies ist ihm das «Janus-Gesicht der Architektur».) Dadurch erhält es zugleich seinen enzyklopädischen Charakter. Als historische Beispiele zitiert er Ledoux' Plan für die Ville de Chaux, den Diokletian-Palast in Split sowie Trajans Kiosk auf der Insel Philae in Ägypten.

Assemblage oder der Zusammenfall der Gegensätze: Dieses Thema wird u.a. an den eigenen Entwürfen für das Museum Preußischer Kulturbesitz in Berlin, das Wallraf-Richartz-Museum in Köln und für das Kammergericht in Berlin (siehe Seiten 78, 88, 108) vorgeführt. Hiermit spricht Ungers den Tatbestand an, daß es nichts Einheitliches gibt, sondern daß sich z.B. in der Stadt alles aus Elementen aus verschiedenen Epochen, Stilen und Ideen zusammensetzt bzw. überlagert. Die Auffassung, daß historisch gewachsene Städte einheitlich seien, entlarvt er als Mythos. Er besteht auf dem Recht der einzelnen Veränderungen, Ergänzungen, Erweiterungen, Verkleinerungen und Vervollkommnungen. Mit dieser Erkenntnis und seinem Versuch, an diesen Veränderungen mitzutun, sie im Zweifelsfalle also zum Ausgangspunkt seiner Entwurfsarbeit zu machen und zu überhöhen, bringt er einen Begriff in die Städtebaudiskussion, die heute unter dem gängigen Terminus der «Fragmentarisierung» bekannt ist. Ihm geht es dabei um die Poesie von Vielschichtigkeit und Komplexität und darum, die unaufgelösten Widersprüche in einem übergeordneten Konzept zu versöhnen, zu vereinigen. Ausgangspunkt ist der «Zusammenfall der Gegensätze», die «coincidentia oppositorum» von Nikolaus von Kues. Geistige Konzeption ist also nicht Überwindung, sondern Versöhnung dieser Gegensätze. Die Arbeit heißt also hier: an der ‹Collage› weiterzuarbeiten, an der die Generationen zuvor auch schon beteiligt waren. Es ist mithin der Versuch, «den Raum des Denkens und Handelns als ein morphologisches Ganzes der vielfältigen Bezüge zu erfassen und allen geistigen Möglichkeiten einen Ort der Entfaltung zuzugestehen.» Als historische Beispiele

is productive. It interpolates, integrates, and deals in allegories. Seeing spontaneously stimulates the *capacity to remember*. It is more potent than the sense of touch. Touch goes from the specific to the general, sight from the general to the specific.' Ungers then comes to his own real concern: 'Each one of us has the strong metaphysical need to create a reality which is structured through ideas, and in which objects obtain their meaning through vision ... Thinking ... is not only an abstract process, but a visual and sensory event ... The significance of thinking and designing in images, metaphors, models, analogies, symbols and allegories is simply that it represents a transition from a purely pragmatic conceptual approach to a more creative way of thinking. It represents a process of thinking in qualitative rather than quantitative terms – a process based more on *synthesis* than on analysis. This does not mean that analytical methods are rejected, but rather that analysis and synthesis alternate, like breathing in and breathing out, as Goethe put it. It is a transition within the thought process from metric space to the visionary space of coherent systems, from concepts of equal composition to concepts which seek *new formal expression*.'[9]

3. The exegesis: memories / form-finding / synthesizing
Coming to terms with 'history' is correspondingly a central theme for Ungers. *The Thematicization of Architecture* (1982) is a reflection on the analogies or formal discoveries to be found in history, an attempt to give order to, and explain, his previous work and in the process gain an overview of his accomplishments. To this end, the book sets out the themes which have preoccupied him, both past and present.

Transformation or formal morphology This theme was demonstrated, amongst other places, by Ungers' designs for the student residence in Enschede and Schloß Morsbroich in Leverkusen (see pp. 72, 94). Ungers shows how the process of transformation – the natural laws which govern the change of all conditions to one degree or another – can also be employed as a means of generating form in architecture. For example, existing formal vocabularies can be manipulated by breaking, bending, dividing, reversing, doubling, mirroring and aligning. Formation and transformation are seen as mutually dependent, like thesis and antithesis. For Ungers, this process is a means of binding together opposites such as nature and art and of drawing out the genius loci. Form-making is in principle the act of ordering elements into a unified whole. Ungers says that if we understand architecture as a process of continuity, we have to take into account not only the past but the anticipated future. (This is what he likes to call the 'Janus face of architecture'.) Hence the encyclopedic nature of building. As historical precedents he cites

zitiert er den Dom von Trier und Persius' Teufelsbrücke im Schloßpark Glienicke/Berlin.

Inkorporation oder «Die Puppe in der Puppe»: Dieses Thema wird u.a. an den eigenen Entwürfen für das Architekturmuseum in Frankfurt und das Hotel Berlin ebendort (siehe Seiten 114, 104) vorgeführt. Es ist eine Ergänzung des Themas «Transformation». Hier wie dort geht es um Variationen, um Veränderungen, die in der Zeit und am Objekt stattfinden können. Das Bild des russischen Ostereies bzw. der Puppe, die beim Öffnen immer wieder eine neue Puppe zum Vorschein bringt, bildet den Ausgangspunkt. Ungers fasziniert die Vorstellung, daß dieses Prinzip theoretisch eine unendliche Reihe beinhalten kann, die zuletzt logisch nicht mehr erfaßbar ist. Das Bild der mittelalterlichen Stadt steht Ungers Pate: Landschaftsgürtel, Stadtmauer, Stadt, Zentrum, Haus, Räume – es sind ‹Objekte im Objekt im Objekt›. Dieses Thema ist eines, das zur Phantasietätigkeit anregen und Räume zu differenzieren lehren kann. Als Prinzip birgt es hohe spielerische Möglichkeiten zur Findung von räumlichen Bezügen und Überlagerungen. Als historisches Beispiel bzw. als Prototyp zitiert er die St. Severinskirche in Köln, bei der fünf verschiedene Grundrisse aus fünf zeitlich nacheinander entstandenen Kirchen noch vorhanden und ablesbar sind.

Assimilation oder die Einpassung in den «Genius Loci»: Dieses Thema wird u.a. an den eigenen Entwürfen für die Ritterstraße in Marburg, die Badische Landesbibliothek in Karlsruhe und den Schloßpark in Braunschweig (siehe Seiten 90, 128, 98) vorgeführt. Es wird als Grundtenor schon im eingangs zitierten Manifest von 1960 hörbar, in dem Ungers, gemeinsam mit Reinhard Gieselmann, die «Erinnerung als Träger kultureller und historischer Werte» vor deren Negierung durch das Neue Bauen warnt: «Die Architektur erstarrte immer mehr in der Banalität und einer völligen Negierung von Ort und Zeit. Die Konsequenz aus dieser Einstellung hat sich mit aller Deutlichkeit in der gedankenlosen Zerstörung von Orten, Plätzen, historischen Gegebenheiten...gezeigt.»[10] Ihm ist daran gelegen, daß der Architekt mit Form, Sprache und Vokabular auf die kontextuellen Bezüge des Ortes eingeht, für den er plant. Genau hier sieht sich der Architekt aber immer einer vorhandenen, einer historisch gewachsenen Struktur und Textur gegenüber, einer Tradition, die er zu steigern und der er einen neuen, ‹künstlerischen› Ausdruck zu geben hat. Als historische Fundstücke dienen ihm in seinen o.a. Projekten unter anderem die mittelalterliche Stadt Marburg mit ihren typologischen Vorgaben der Häuser und in Karlsruhe die Bauten von Friedrich Weinbrenner.

Imagination oder «die Welt als Vorstellung»: Dieses Thema wird u.a. an dem eigenen Entwurf für Roosevelt Island (siehe Seite 84) vorgeführt. Hier breitet Ungers noch einmal seine Gedanken zu der Problematik aus, die er in «De-

Ledoux's plans for the town of Chaux, the Palace of Diocletian in Split and the kiosk built in the time of Trajan on the island of Philae in Egypt.

Assemblage or the coincidence of opposites This theme is demonstrated by the designs for the Wallraf Richartz Museum in Cologne and the Law Courts in Berlin, amongst others (see pp. 88, 108). Here, Ungers addresses the fact that the city does not consist of a unified whole, but of a range of elements from all different eras – of styles and ideas assembled and overlaid. He exposes as a myth the notion that the historically evolved city is a singular entity and insists on the architect's right to make individual changes, additions, extensions, reductions or completions, which in his view contribute to the evolutionary process. To emphasize these characteristics of change, he employs a concept that is popularly known today, in the urban planning debate, as 'fragmentation'. His concern is to draw out the poetic nature of the multi-layered, complex urban landscape and to resolve contradictions by means of a unifying, primary concept. His starting point is the coincidence of opposites; the *coincidentia oppositorum* of Nikolaus von Kues. His intellectual goal is not to overcome, but to reconcile these opposites. The task, therefore, is to continue to work on the 'collage' built up by previous generations; to 'grasp the operative and intellectual space as a characteristically varied morphological whole and allow the full spiritual possibilities of a place to unfold'. As historical precedents, Ungers cites Trier Cathedral and Ludwig Persius' Teufelsbrücke in Schloßpark Glienicke/Berlin.

Incorporation or 'Russian dolls' This theme is illustrated by the designs for the Architecture Museum in Frankfurt and the Hotel Berlin (see pp 114, 104). It expands the theme of 'transformation', investigating the variations or alterations that take place in an object over time. Ungers' point of departure is the image of the Russian Easter egg or doll, which opens to reveal another doll, and another, and so on. He is fascinated with the idea that this principle could in theory be extended infinitely, surpassing the bounds of logical comprehension. His model in this instance is the image of the medieval city. A band of countryside, city wall, city, centre, house, rooms – these are the 'objects within an object within an object'. This theme demonstrates the process of spatial differentiation – and fires the imagination, containing numerous possibilities for inventive spatial connections and overlays. Ungers' cited historical precedent and prototype is St Severin's in Cologne, in which the five different plans of five successive churches can still be read.

Assimilation or fitting into the 'genius loci' This theme is illustrated by designs such as the Ritterstraße in Marburg, the Baden Regional Library, and the Schloßpark in Braunschweig (see pp. 90, 128, 98), although it was already the

signing and Thinking in Images, Metaphors and Analogies» 1977 schon einmal vorstellte. Nun aber kommen Überlegungen hinzu, die Arthur Schopenhauer in «Die Welt als Wille und Vorstellung» in Beziehung auf das wahrnehmende Subjekt und die wahrnehmbare Welt angestellt hat. ‹Die Welt als Vorstellung› meint – verkürzt –, «daß es kein Objekt an sich gibt, sondern nur ein Subjekt, das das Objekt sieht und wahrnimmt. Die Welt ist also nur Objekt in Beziehung auf das Subjekt, Anschauung des Anschauenden oder... Vorstellung.» Für den Entwurfsprozeß geht es Ungers darum, Vorstellungsbilder zu entwickeln, die in der Lage sind, das Ganze zu ordnen, gleichzeitig aber so aufgefaßt werden können, daß sich innerhalb dieser Vorstellungs- und Bilderwelt der ganze Reichtum der Phantasie entfalten kann. Als historische Beispiele für diesen Entwurfsprozeß zitiert er z.B. Le Corbusier, der ein Gebäude mit einer Maschine und Alvar Aalto, der einen Theaterentwurf für die Stadt Essen mit einem abgeschnittenen Baumstumpf verglich.

Mit diesen Themen wird ein großer Raum in Ungers' Universum der Architektur ausgeleuchet. Zum Zeitpunkt des Erscheinens des Buches 1982 hat er aber schon eine Reihe großer Bauobjekte in Angriff genommen – sei es infolge eines Wettbewerbes oder eines Direktauftrages. Die Rasanz, mit der von diesem Zeitpunkt an (Ende der 70er Jahre) relativ umfangreiche Ungers-Projekte realisiert werden, ist enorm und ohne Beispiel. Innerhalb der Internationalen Bauausstellung (IBA) in Berlin baut er sein Wohnhausprojekt am Lützowplatz und das in der Köthener Straße. In Frankfurt baut er die Galleria und das Turmhaus auf dem Messegelände, in Bremerhaven das Alfred-Wegener Institut für Polarforschung, in Karlsruhe die Landesbibliothek, in Trier gestaltet er den Konstantinsplatz um und in Düsseldorf eine Bank. Es folgen Privat- und Galeriehäuser und die Messe und das Familiengericht in Berlin.

Diese Projekte folgen fast ausnahmslos den hier kurz skizzierten Themen, manchmal überlagern oder verbinden sich auch die eine oder andere Idee in einem Projekt miteinander. Gegenüber den realisierten Bauten in den 60er und den entwickelten, meist nur Papier gebliebenen in den 70er Jahren ist allen jedoch ein sehr viel höherer Abstraktionsgrad eigen. Das betrifft sowohl die architektonische Gestalt und die Form, als auch die Übersetzung der ursprünglichen Idee in Bau. Entscheidend vor allem gegenüber den konzeptionellen Arbeiten der 70er Jahre ist, daß sie sich nun der Wirklichkeit stellen müssen. Und genau das ist der Punkt, an dem die Diskussion über Ungers abermals entflammt: Es sind die Kompromisse, die er eingehen muß, angesichts der pragmatischen Welt der Realisierung. Es ist das ‹Sich-Reiben› an der Wirklichkeit, der Versuch, die Flucht aus der Utopie anzutreten und zu be-

keynote of the manifesto that Ungers wrote in 1960 with Reinhard Gieselmann, which warned of Functionalism's negation of 'memory as the bearer of cultural and historic values': 'Architecture has become more and more fixed in banality and the total negation of time and place. The consequences of this attitude can be seen all too clearly in the thoughtless destruction of places, squares and historical elements...'[10] Ungers is concerned that architects should explore the contextual relations of the site, its language, vocabulary and forms; that they should recover the existing, historically evolved structure and fabric and give it new 'artistic' expression. Historical, found components of the above projects included the house typologies of the medieval town of Marburg and the buildings of Friedrich Weinbrenner in Karlsruhe.

Imagination or the 'world as idea' An example of this theme is the competition design for Roosevelt Island (see pp. 84). Here Ungers develops an issue first raised in 'Designing and Thinking in Images, Metaphors and Analogies' in 1977, incorporating the ideas on the perceiving subject and the perceivable world expressed in Schopenhauer's *The World as Will and Idea*. 'The world as idea' means – in essence – 'that there is no object *per se*, but only a subject that sees and perceives the object. The world is therefore only an object in relation to the subject, the view of the viewer or ... idea.' Translating this idea to the design process, Ungers seeks to develop images which are capable of ordering the whole but at the same time have the potential to reflect all the richness of the imagination. As historical examples of this design process, he names Le Corbusier, who likened the building to a machine, and Alvar Aalto, who compared his theatre design for the city of Essen to a sawn-off tree trunk.

These themes shed light on a large part of Ungers' universe of architecture. By the time of the publication of *The Thematicization of Architecture* in 1982, he had already tackled a series of large building schemes – either within the context of a competition or as a direct commission. Subsequently he has taken on projects at an unparalleled rate. For the International Building Exhibition (IBA) in Berlin he realized housing schemes in Lützowplatz and Köthener Straße. In Frankfurt he built the Trade Fair Galleria and Tower, in Bremerhaven the Alfred Wegener Institute for Polar Exploration, in Karlsruhe the Regional Library, in Trier the Konstantinsplatz and in Düsseldorf a bank. These commissions were followed by private houses and galleries and the Berlin Trade Fair and Family Court. Almost without exception, these works were based on the themes sketched out above: sometimes a number of ideas were overlaid or combined within a single project. In comparison with the realized buildings of the 1960s and the developed but for the most part unrealized projects of the

weisen, daß sich Ideen auch in ‹Sprödes›, ‹Hartes›, ‹Festes› und ‹künstlerisch Gestaltetes› übersetzen lassen.

Beispielhaft mag eine Diskussion sein, die Ungers bei einer Zusammenkunft von international renommierten Architekten im November 1983 in Charlotteville/USA mit Kollegen führte. Das Programm der zweitägigen Zusammenkunft sah vor, daß ein Architekt jeweils ein aktuelles Projekt vorstellt, anhand dessen diskutiert und vor allem kritisiert und gestritten wird. Ungers betritt mit seinem Messehochhaus für Frankfurt die Bühne des ‹postmodernen Salons› (so der Buchtitel der Dokumentation). Das Projekt stößt fast durchweg auf Ablehnung – und das gerade wegen der in diesem Kreis behaupteten Unmöglichkeit, ein abstraktes Ideen-Programm mit dem Thema «Torhaus» in diese Größenordnung von Gebäude zu übersetzen. Die «Fenster-» und die «Tor-» Idee, so der einhellige Tenor, sei in diesem Maßstab nicht mehr nachvollziehbar, ja, das Gebäude wirke gerade deshalb nur noch obszön, es sei gar – so Leon Krier – «hard kitsch».

Ungers antwortet, so verzeichnet es das Protokoll, auf diesen Vorwurf «sichtlich erregt!»: «(...) Was glaubst du, was der Kölner Dom ursprünglich war? Eine Markthalle. Glaubst du, damals wäre jemand aufgestanden und hätte gesagt ‹Ich sage euch, wenn ihr diesen Dom in Köln baut, dann werdet ihr in der Hölle braten!›? Man hat den Dom damals gebaut, weil man eine große Kirche und einen Markt haben wollte. (...) Und warum hast Du etwas dagegen, wenn die Leute in Frankfurt heute ein Messegelände haben, um ihre Produkte zu zeigen? (...) Sollte ich vielleicht sagen : ‹Nein, ich bin Künstler, ich will mir nicht die Finger schmutzig machen.›? Und warum sollte ich mir nicht die Finger schmutzig machen? Ich habe zehn Jahre lang theoretisch gearbeitet, und von dieser Arbeit haben viele Leute profitiert, (...). Aber weißt du was? Ich habe mich entschlossen, in die Praxis zu gehen, mir die Finger schmutzig zu machen und mich mit diesen großen Bauträgern einzulassen.»[11]

Diese Antwort dokumentiert einmal mehr Ungers' kompromißlose Haltung und auch die Aufgabe, die er sich selbst stellt. Es geht ihm darum, seine Ideen zu bauen, seine Themen in Bau übersetzt zu sehen, diese mithin zu verdinglichen. Die Wirklichkeit ist ihm wohl doch zuletzt die einzig mögliche Bühne, auf der er seine Charaktere und Gestalten, seine Konzepte und Formen auftreten lassen will – eben um ihren Dialog mit dieser Wirklichkeit, mit dem Kontext ermöglichen zu können. Dabei bleiben diese strengen Figuren und Kubaturen aber weiterhin ihren Ideen verpflichtet, doch nicht im Sinne einer narrativen Methode oder einer ‹architecture parlante›. Sie geben sich ganz selbstverständlich als Gebäude *und* als Ideen und als gebrauchsfähige und der Nutzung übergebene Gestaltfindungen *und* als synthetische Verdichtun-

1970s, this recent work is characterized by a high degree of abstraction, not only within the design and resulting form, but in the translation of the original concept into building. Unlike the conceptual projects of the 1970s, these built works had to accommodate reality. This brings us to another aspect of Ungers' work which provokes heated debate – the necessary compromises involved in rubbing up against reality, in attempting to quit the realm of utopia and prove that his ideas could be translated into something rough, material and 'artistically formed'.

This reaction is perfectly illustrated by a discussion which Ungers had with colleagues at meeting of internationally known architects in November 1983 in Charlotteville, USA. The programme of the two-day conference called for each architect to make a presentation of a current project, which was then followed by a discussion – or rather, a crit session. Ungers stepped onto the stage of the 'postmodern Salon' (to borrow the title of the accompanying publication) with his high-rise for the Frankfurt Trade Fair. The project met with almost universal rejection from the presiding clique, which maintained that it was impossible to translate the abstract conceptual idea of a 'gatehouse' into such a large building. To attempt to do so was to create an effect which was only obscene but – in the opinion of Leon Krier – 'hard kitsch'.

The transcript of the proceedings notes that Ungers responded to this criticism with 'visible agitation': 'What do you think that Cologne Cathedral originally was? A market hall. Do you think that someone would have stood up then and said: "Let me tell you, if you build this cathedral in Cologne, you're going to burn in hell?" ...What do you have against the people of Frankfurt having a trade fair so that they can show off their products? ...Should I have said: "No, I am an artist, I don't want to get my fingers dirty"? And why shouldn't I get my fingers dirty? For ten years I worked on theory and a lot of people profited from my work ...But do you know what? I decided to go into practice to get my fingers dirty and to get involved with these large building projects.'[11]

Ungers' response is yet another illustration of his uncompromising attitude, of his perception of his own role. He wishes to build his ideas, to see his themes translated into building, reified. Ultimately, reality is the only stage onto which he is willing to place his characters and designs, concepts and forms – for it is only the dialogue with reality, with the context, that gives them life. At the same time the strong figures and cubes remain tied to their originating concept, though not in the literal sense of a narrative method or an 'architecture parlante'. They present themselves naturally as buildings *and* as ideas. They show themselves as both invented forms given over to use *and* as the synthetic embodiment of themes. Sometimes they

gen der an ihnen entfalteten Themen. Mal reagieren sie auf den vorgefundenen Kontext, mal stellen sie diesen erst einmal neu her. Die *abstrakte* Methode der Gestaltfindung korrespondiert in diesen Projekten der 80er Jahre dabei sehr oft mit der *operativen* der 70er Jahre.

Dort aber, wo er sein eigener Bauherr ist, wo er also seine Finger *nicht* schmutzig machen und sich nicht mit anonymen Bauherren auseinandersetzen muß, dort aber ist er in diesen Jahren wieder am ausdrucksstärksten: in seinem Wohnhaus ‹Glashütte› in der Eifel und dem ‹Kubus›-Haus in der Belvederestraße in Köln. Das eine ist zum wiederholten Male eine aus der Transformation gewonnene *Formation*, die aus dem Ort, vor allem aus der in der Eifel häufig vorzufindenden römischen Villa, gewonnen ist. Die ‹Villa Glashütte› ist das ländliche, das rurale, das archaische Gegenstück zu seinem ‹Kubus›-Haus in Köln. Hier die Möglichkeit zur Ruhefindung, zur Kontemplation, zum Studium der Natur und, mit dem Haus, des Gegensatzes dieser Natur zu dem vom Menschen geschaffenen Künstlichen. Dort die thematische Dichte des städtischen Labyrinths, die ‹Stadt im Kleinen›, die totale Abstraktion des schwarzen Kubus, darin einem Mekka gleich, einem Ort, an dem sich das Geistige verdichtet in Form einer gigantischen Privatbibliothek und einem Peristylhof, der das ‹Sich-Ergehen› zuläßt. Der Dialog, den diese beiden Häuser miteinander führen – er wird unausgelotet bleiben.

In andere Projekte dieser Jahre treibt Ungers regelrecht einen intellektuellen Keil, der eine hohe Spannung zwischen Fakt und Verstehen, zwischen Bau und Rezeption, zwischen Nutzung und wirklicher Aneignung erfordert – einer, der sich hier aber verbindet mit seiner Liebe zur modernen Kunst. Der Bau für die Hypobank in Düsseldorf (mit Sol le Witt und Gerhard Richter) und die Residenz des Deutschen Botschafters in Washington/USA geben davon Zeugnis (siehe Seiten 186, 146). In diesem Zusammenspiel von Kunst und Architektur, in dem Aufgehen von dieser in jener – et vice versa – liegt ein Feld vor diesem Architekten, das er auszureizen sich vorgenommen und das er, in Bezug auf das Gebäude in Düsseldorf, einmal mit «Szenen eines großen Welttheaters» umschrieben hat.

Es ist das Finden und Weitertreiben der neuen Abstraktion zur reinen Form, denen Ungers sich in den letzten 10 Jahren verschrieben hat. Dabei wird vorerst offenbleiben müssen, ob die reine Form in der Idee, oder die Idee in der reinen Form sich wiederfinden lassen wird. – Diese letzte Szene ist noch nicht geschrieben.

Epilog: Das Scheitern der Idee an der Wirklichkeit

Alles, was man zu sagen imstande ist, und alles Gesagte auf begrenztem Raum, verdeckt natürlich nur unzureichend den Tatbestand, daß anderes verschwiegen wurde, daß es noch sehr viel mehr zu sagen gäbe. Die Themen-

respond to the existing context, sometimes they make the context anew. The *abstract* method of form-finding in these projects of the 1980s very often corresponds to the *operative* method of the 1970s.

However Ungers is at his most expressive when he acts as his own client, when he *doesn't* have to get his fingers dirty or deal with anonymous clients, as we can see in the house at Glashütte, Eifel, and the 'cube house' in Cologne. The Glashütte house is yet another example of a form derived out of the transformation of the Roman villa, a type found extensively throughout the Eifel region. This villa is the rural, archaic counterpart to the 'cube house'. It offers the possibility for quiet, for contemplation and the study of nature, whereas the cube is the antithesis of nature, an environment created wholly by man. The Cologne building represents the total abstraction of the black cube, a mecca of intellectual indulgence in the form of an enormous private library and peristyle courtyard. Between the two buildings, one rural, one urban, there is a never-ending dialogue.

In other projects of recent years Ungers has played on the tension between fact and understanding, building and perception, use and real appropriation. And in the savings bank in Düsseldorf (with Sol le Witt and Gerhard Richter) and the residence of the German ambassador in Washington D.C. (see pp. 186, 146), he combined this series of dualities with his love of modern art. Through an interplay of art and architecture, an absorption of one into the other, he demonstrates to his peers the full strength of his hand, creating what he, with reference to the Düsseldorf building, once called 'scenes from the great theatre of life'.

Over the past decade Ungers has devoted himself to the discovery of a new abstraction, to the pursuit of pure form. It remains to be seen whether pure form can be found again in the idea, or conversely the idea in pure form. This last scene has not been written yet.

Epilogue: the failure of the idea in face of reality

Having a limited space to say all the things that could be said only makes me aware of the many things I have omitted, the many issues I have not addressed. With Ungers, the variety of themes is enormous. When faced with such variety, any attempt to deal with them all would result in failure – like the attempt of Ungers himself to conjugate the whole unending series of transformations of square, circle and triangle. In both instances, the variety overwhelms. Of course, it is not my place to judge what is ultimately the right means of confronting the world of architecture: the ideas of Oswald Mathias Ungers, or reality. It is also not necessary to pretend that this judgement will be made one day soon. That can be left to the future,

vielfalt bei Ungers ist enorm. Dieser beikommen zu wollen, gliche seinem eigenen Versuch, die unendlichen Reihen der Transformation von Quadrat, Kreis und Dreieck durchzukonjugieren – mit dem Ergebnis, daß er an dieser Vielfalt scheiterte.

Und natürlich ist es nicht an uns, darüber zu urteilen, wer oder was zuletzt Recht behält gegenüber der Welt der Architektur: Oswald Mathias Ungers' Ideen oder die Wirklichkeit. Es ist auch unnötig, so zu tun, als gäbe es diesen Entscheid bald – wir überantworten ihn der Zukunft, dorthin also, wohin die eine Hälfte des ‹Janusgesichts der Architektur› – ein Lieblingsmotiv des Architekten – zu blicken beliebt.

Was nun das Wesentliche ist, das, was gesagt oder das, was verschwiegen wurde – dies zu beurteilen, übergebe ich das Buch der Kritik, die sich wiederum ihren Reim darauf machen kann. Es verhält sich hier wie mit dem Blick, den uns René Magritte – dessen Bilder Ungers seit Jahrzehnten begleiten – mit seinem ‹Eloge de la dialectique› gewährt, wenn er uns ironisch Einblick nehmen läßt in das Fenster eines unbestimmten Hauses: wir sehen nicht mehr als eben ein Haus.

when the other half of the 'Janus face of architecture' will be revealed.

I will leave it to the critics to decide what is currently *essential* in the work – to determine what should have been said, or alternatively omitted – and to find the rhyme or reason of this book. The perspective presented here is similar to that in René Magritte's *éloge de la dialectique*, which allows us an ironic look through the window of an undetermined house – and we see nothing more than just a house.

1 Oswald Mathias Ungers, Das Recht der Architektur auf eine autonome Sprache, in: Heinrich Klotz (ed.), Kunst und Gesellschaft – Grenzen der Kunst. Umwelt und Medien, Frankfurt/Main 1981, pp. 71ff.

2 Jacquelin Robertson / Stanley Tigerman (ed.), Der postmoderne Salon – Architekten über Architekten, Basel/Boston 1991, p. 55.

3 O. M. Ungers, Die Thematisierung der Architektur, Stuttgart 1983, p. 75.

4 Daidalos No 40, Berlin 1991, p. 74.

5 s. Anm. 1, pp. 76f.

6 s. Anm. 1, p. 80.

7 Hans Frei, Louis Henry Sullivan, Zürich 1992, p. 33f.

8 Adolf Loos, Trotzdem (unveränderter Neudruck der Erstausgabe), Wien 1982, p. 88. English translation in: Ulrich Conrads, Programs and Manifestoes on 20th Century Architecture, p. 24.

9 O. M. Ungers, Morphologie – City Metaphors, Köln 1982, pp. 7ff.

10 s. Anm. 3.

11 s. Anm. 3, p. 59.

René Magritte: Lob der Dialektik, 1936/37. / René Magritte: Eloge de la Dialectique, 1936/37.

Bauten und Projekte   Buildings and Projects

Mehrfamilienhaus 1951

Hültzstraße, Köln

Dieses Haus wird in der bisherigen Literatur über Ungers immer als zweites Werk des Architekten genannt und einmal als Ikone innerhalb des Frühwerks, ein andermal als Manifest deklariert. Es handelt sich dabei, wie Ungers selbst etwas ablenkend-lapidar betont, um das «Resultat einer Reihe unvermeidbar gewesener [...] Kompromisse», wobei er etwa die ungenauen oder gar fehlenden Vorstellungen der Behörden über Bauhöhe und Geschoßzahl anführt. Das Haus ist – als einfacher Zweispänner mit 2-Zimmer-Wohnungen, mit seiner Ausführung in glatt verputzten Bimsnormalsteinen und als einfache Lochfassaden-Komposition – ein Kind seiner Zeit und leicht als Bau des Eiermann-Schülers erkennbar.

Aber bereits hier werden einige spätere Konstanten des Architekten deutlich: Die Komposition als Gratwanderung und als ästhetischer Balanceakt, mithin als ständige Kippfigur zwischen Ordnung und Störung, Symmetrie und Verrücken, Strenge und Freiheit; die dem Grundriß, dem Aufriß und den Fenstermaßen angenäherte Quadrat-Figur ist ebenfalls schon hier auszumachen. Die manifestartige Ausstrahlung unterstrich Ungers von Beginn an durch die ausschließliche Publikation dieses einen Fotos, bei dem vor der Aufnahme die Fenster ganz nach innen geöffnet wurden, um ihnen die Mitte (und somit optisch die Störung des Quadrats) zu nehmen, die jeweils durch die beiden Fensterflügelprofile entsteht. Damit erscheinen auf der glatt gespannten weißen (Putz-)Haut einzig die dunklen Quadratfelder der Fenster, die rechteckige Tür und ein Kellerfenster: eine beabsichtigte und herausgestellte Komposition, die auf beklemmende Art und Weise auf eine Leere, ihrerseits aber wieder ausschließlich auf die autonome Formbestimmung in der Architektur verweist.

Schon hier konstituiert Ungers sein später immer wieder postuliertes Credo: Am Anfang hat eine Idee zu stehen, diese wird dann «thematisiert» – das Resultat ist die autonome architektonische Form: zwar zweckerfüllend, nicht aber zweckbestimmt.

Apartment Building 1951

Hültzstraße, Cologne

All the previous literature on Ungers has presented this building as the architect's second work. For some it is an icon of his early years, for others a manifesto. Ungers himself once said, with disarming directness, that it was the 'result of a series of unavoidable compromises' – a reference, amongst other things, to the planning authority's tenuous guidelines regarding the number of storeys and building height.

The simple arrangement of the plan (a central stair, with an apartment set either side), the smooth rendered breeze block construction, the simple punctured facade, are all evident traits of the architecture of the time – and of a pupil of Eiermann. But even here a number of Ungers' later obsessions are clear. The composition maintains a constant balancing act between order and disruption, symmetry and informality, strength and freedom. We can also see the figurative square reflected in the plan, elevation and window forms. The impact of the building as a manifesto was intensified by the fact that only one photograph of it was ever published. This shows the windows completely opened towards the inside, so that the visually disruptive central mullions are removed. The only things set against the smooth white render of the outer skin are the dark square frames of the windows, the rectangular door, and a basement window – a deliberate, well-considered composition which refers restrictively to a void, to the autonomous determination of form in architecture.

Already we can discern a credo that is reiterated time and time again in Ungers' later work. Begin with the idea. Make the idea into a theme. The result – an autonomous architectural form which fulfils a function, but is not determined by it.

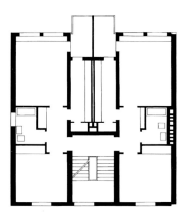

Blick auf die Gartenfassade / Straßenfassade /
Linke Seite: Grundriß Normalgeschoß.

View of garden facade / Streetfacade /
Opposite page:Typical floor plan.

Kleiderfabrik und Wohnhaus 1951

Aachener Straße, Köln

Das Gebäude schließt eine Baulücke, die zwischen zwei Häusern aus dem 19. Jahrhundert durch Kriegsschäden entstanden ist. Es verweigert die konventionelle und zu dieser Zeit übliche Anbiederung an die beiden Nachbarn, indem es sich kompromißlos modern gibt.

Schon an der Fassade ist erkennbar, daß es sich nicht um ein gewöhnliches Mietshaus, sondern um ein Gebäude handelt, in dem gearbeitet wird: Das Verhältnis von Wandfläche zu Öffnung wird eindeutig zugunsten der Fensterfläche behandelt, um die tief in das Grundstück reichenden Fabrikations-Räume ausreichend zu belichten. Diese Fassade wird nun aber nicht nüchtern und zweckrational, sondern ganz im Sinne des Rationalismus durchgebildet: feine, scharf ausgeschnittene, fast die ganze Fläche quadratisch rhythmisierende Fenster, deren minimierte Profile zwischen horizontaler und vertikaler Gliederung wechseln. Ein mit einem Flachdach versehenes Attika-Geschoß mit eindeutig horizontaler Tendenz schließt das Gebäude nach oben ab. Das Stahlbetonskelett bietet im Innern der Normalgeschosse mit den Werkstätten die größtmögliche Freiheit bei der Grundrißdisposition.

Clothes Factory and Apartment Building 1951

Aachener Straße, Cologne

This building sits between two 19th-century houses, filling a gap created by war damage. Unlike other projects of the time, it does not attempt to relate to its neighbours but presents itself as uncompromisingly modern.

The facade alone indicates that this is not an ordinary apartment building but a place in which people also work. There is a high ratio of fenestration to wall to ensure sufficient light for the manufacturing spaces which are set far back into the building plot. However the composition of the facade is not sober and coldly functional, but wholly in the spirit of Rationalism: a rhythm is created by the sharply defined windows, with minimal frames, that cut across almost the entire surface, alternating between horizontal and vertical compositions. The building is capped by a flat-roofed attic storey with clearly horizontal lines. In the other storeys, the reinforced concrete frame offers the greatest possible flexibility of floor plan for the workshops.

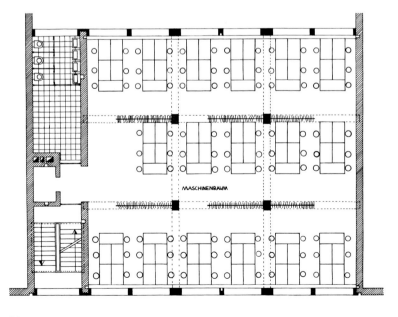

Blick auf die Straßenfassade / Ansicht des Innenhofs / Linke Seite: Grundriß 1.–4. Obergeschoß.

View of street facade / View of inner courtyard / Opposite page: Plan of floors 1–4.

Institut zur Erlangung der Hochschulreife 1953–58

Oberhausen

Schon eine erste Skizze dieser Anlage verrät die ungewöhnliche Disposition, die darauf schließen läßt, daß es dem Architekten um sehr viel mehr ging, als um die Schaffung von Unterkünften. Das Institut wurde 1953 gegründet und war zu Beginn in einem Schulhaus aus den dreißiger Jahren untergebracht. Dieses alte Gebäude bildet den Zugang zur Straße, schirmt also das neue Internats- und Schulgelände von dieser ab. Gleich zu Beginn des Entwurfes arbeitete Ungers eng mit dem Direktor der Schule zusammen, um alle möglichen Problembereiche frühzeitig in sein Projekt integrieren zu können – ein nicht gewöhnlicher Fall von Zusammenarbeit.

Gemessen an dem zu dieser Zeit üblichen Schulbautyp ist das gesamte Ensemble geradezu von bestechender Sachlichkeit, die aber nie spröde, sondern eher verhalten heiter wirkt. Die Wohnhäuser, wie alle Gebäude auf dem Grundstück, sind aus einfachem roten Klinkerstein, was ihre Zusammengehörigkeit optisch vermittelt. Als einzelne Baukörper gruppieren sie sich aber immer wieder um Binnenräume, die durch ihre gestaffelte Bauweise entstehen; diese Binnenräume wiederum summieren sich geschickt zu einem «Wohnhof» genannten Schattenhain. Die Staffelung der Bauten ergab sich zum einen aus dem alten Baumbestand, den ein botanischer Verein hier angelegt hatte, zum anderen aus der Einsicht des Architekten, daß das Gemeinschaftsleben den gleichen Stellenwert haben müsse, und also gleichwertig räumlich zum Ausdruck kommen müsse, wie die Möglichkeit des Rückzuges. Das Intime und das Öffentliche bilden also hier die komplementären Raumfiguren.

Architektonisch sind die Wohnhäuser, jedenfalls im Verhältnis zur Schule und zur Mensa, die sich an dem Schulhof befinden, als zweigeschossige Pavillons ausgebildet: mit feinen Fensterprofilen, über Eck gelagerten Fenstern, was ihnen jede Schwere nimmt, mit flach geneigten Dächern und ausgesprochen ausgewogen durchproportionierten Volumen.

Preparatory School 1953–58

Oberhausen

An early sketch of this complex gives an indication of its unusual organization, which in turn reveals that the architect was concerned with much more than the creation of accommodation. The school was founded in 1953. Its original home, a 1930s building, now forms the main access to the street, providing a buffer between the traffic and the school grounds with the new student accommodation. In a typical example of collaboration, Ungers worked closely with the head of the school from the outset in order to address all possible problem areas in the design.

In comparison with the type of school usually built at the time, the complex demonstrates a captivating objectivity, which is never brittle, but rather restrained. All the buildings are of simple red clinker brick, which gives a sense of visual unity. The student accommodation is grouped around enclosed external spaces created by the staggered arrangement of the individual buildings on the site. The enclosed spaces are in turn skilfully brought together to form a shaded, tree-filled courtyard. The buildings were offset for two reasons: to preserve mature trees which had been planted by a botanical society, and to ensure that the possibility for communal living should have the same spatial value, and therefore the same spatial expression, as the possibility for retreat. Here, the intimate and the public form complementary spatial figures.

In architectural terms, the student accommodation forms two-storey pavilions that relate to the school and the refectory situated in the school yard. The windows have fine surrounds and are carried around corners, to take away any sense of heaviness. The roofs tend towards shallow pitches and the massing is of distinctly balanced proportions.

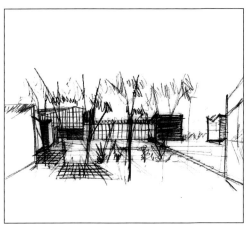

Blick in die Gesamtanlage / Entwurfsskizze / Ansicht des Schul-
traktes / Linke Seite: Entwurfsskizze Gesamtanlage.

View into complex / Design sketch / View of school buildings /
Opposite page: Design sketch of overall complex.

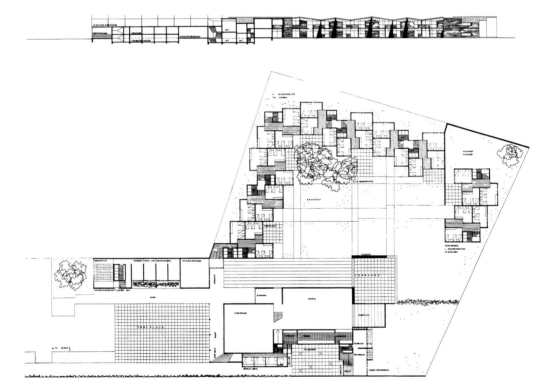

Blick auf die Wohnhäuser / Schnitt und Ansicht vom Binnenhof
/ Grundriß der Gesamtanlage / Rechte Seite: Eingangssituation
einer Wohnheimeinheit.

View of student accommodation / Section and view from the
inner courtyard / Plan of overall complex / Opposite page: Entrance to accommodation unit.

Mehrfamilienhaus 1955

Brambachstraße, Köln

Gleich das erste Haus, das Ungers in seiner für die folgenden Jahre typischen Bauart entwarf, birgt schon den Kanon seiner Denkungsart und seiner architektonischen Haltung. Die inhaltlichen Bestände dieses Denkens und der Haltung, die bei Ungers immer ethisch begründet sein wird, sollte er in den nächsten Jahren weitertreiben als ein Muß für seine Persönlichkeit als Architekt.

Durch die nichthierarchische Ausarbeitung der vier Fassaden, die Strenge der durchgängigen Materialwahl und durch die Aufstellung fast kalter, aber doch zugleich poetischer Wandscheiben wirkt das Gebäude eigenartig stumm. Mit der kompromißlosen Anwendung seiner bis dahin erarbeiteten Architekturauffassung erzielt Ungers mit knappem Einsatz der Mittel und rigoroser Beschränkung auf das Notwendigste einen überraschenden Effekt: Architektur pur. Den Effekt von objekthaften Wandscheiben, den Ungers hier gleichsam inszeniert, ringsum, als Mantel, und in dem das eigentliche Geheimnis dieses Hauses begründet ist, erreicht er durch einen später immer wieder angewendeten Kunstgriff: er versetzt das Dach, bzw. den Dachanschluß, *hinter* die vordere Fassadenfront. Technisch bringt das zwar Schwierigkeiten, weil nun die Entwässerung des Daches mittels Dachrinnen und Fallrohren an der Innenseite des Hauses bewerkstelligt werden muß – aber Architektur ist für Ungers eben mehr als technische und funktionale Zweckerfüllung. Das Artefakt, das optische Kalkül als Ausdruckskultur seiner Profession sind ihm wichtiger: die in den Stein geschnittene Öffnung, das flache, sich zurücknehmende Dach, der selbständige Solitär als in sich ruhende Kubatur. Ein Paradoxon: Das Haus ist auf beunruhigende Weise erhaben, bleibt aber trotz alledem bescheiden.

Es ist freistehend, ebenso wie die umgebende Haus-Bebauung in einem Vorort von Köln. Sechs Wohnungen zu je drei Zimmern, Küche und Bad sind darin untergebracht. Es wurde mit öffentlichen Mitteln im Sozialen Wohnungsbau gefördert.

Apartment Building 1955

Brambachstraße, Cologne

This early house contains the essential elements of Ungers' approach towards architecture. It was the prototype of a series of houses built in subsequent years; as Ungers continued to develop his process and technique, its vocabulary was consolidated.

The balanced, equal articulation of the four facades, the general strength of the materials and the almost cold, yet poetic, presence of the projecting bays combine to give the building a strangely muted effect. With an uncompromising application of his principles, a sparing use of resources and a rigorous reductivism, Ungers created a surprising effect – pure architecture. The real secret of this dwelling lies in the sculptural projecting bays that wrap around it, encasing it. To achieve this, Ungers used a device that he would often return to in his later work: he placed the body of the roof and eaves *behind* the projecting element of the facade. This caused some technical difficulties, as the roof had to be drained with internal gutters and rainwater downpipes – but architecture has always been more to Ungers than the mere fulfilment of technical and functional requirements. He places great importance on the visual composition, as the expressive vocabulary available to his profession: the opening cut into the stone, the receding roof, the independent, solitary, self-contained cube form. A paradox: the house is unsettlingly solemn, but none the less unassuming.

Grundriß des Erdgeschosses / Rechte Seite: Blick auf die Kubatur über Eck / Straßenansicht.

Plan of ground floor / Opposite page: Oblique view of cubic massing / Street facade.

45

Studentenwohnheim 1956

Goldenfelsstraße, Köln

Die bauliche Anlage und die Grundrißorganisation folgen bei diesem Studentenwohnhaus dem gegebenen *funktionalen* Raumprogramm – ohne einen ordinären *Funktionalismus* zu verkörpern. Der Bauherr, ein privater Hausbauverein, wollte 15 Studentenappartements errichten, die in eine Art Hausgemeinschaft integriert werden sollten. Ungers organisiert diese 15 Einheiten in drei Gruppen zu je fünf Einzelzimmern. Diese drei Gruppen wiederum liegen an zwei schmalen Mittelgängen, die schließlich an das Treppenhaus gekoppelt werden. Im Obergeschoß befinden sich so zwei Fünfergruppen gegenüber, im Erdgeschoß steht einer anderen Zimmer-Gruppe der Bibliotheks- und Aufenthaltsraum gegenüber. In die Anlage ist zusätzlich eine Hausmeisterwohnung integriert, die jedoch eine besondere, weil abgeschiedene Lage im Haus einnimmt.

Dieses Raumprogramm bedingt die Gesamtdisposition des Körpers und die architektonische Gestaltung: sie erinnern zum einen an das Haus in der Brambachstraße, zum anderen aber auch an die in Oberhausen entwickelten Bau- und Architekturformen für die Pavillons des Schulinstituts. In Erscheinung treten wieder die Ziegelwände, die feinen, in sie geschnittenen, teilweise über Eck liegenden Fensteröffnungen, mit möglichst – wie immer bei Ungers – schmalen Profilen von Pfosten und Kämpfern, das flach geneigte Dach, der scharf gefaltete Gesimsabschluß ohne Dachrinne und die kubische Auffassung von Raumkörpern als Ausdruck unterschiedlicher Funktionsbereiche. Die Staffelung des Grundrisses wird bei diesem Entwurfsverfahren konsequent plastisch nach außen gekehrt, wodurch der Eindruck von ineinander verschränkten Kuben entsteht.

Die leichte Hanglage läßt das Gebäude insgesamt etwas geduckt und unprätentiös erscheinen – eine Folge, die zwar unfreiwillig den Gegebenheiten entspringt, Ungers architektonischer Idee aber sehr gelegen gekommen zu sein scheint.

Student Hall of Residence 1956

Goldenfelsstraße, Cologne

In this student residence, the form and plan respond to a given spatial programme – but go beyond ordinary *Functionalism*. The client, a private house building company, required a community-like grouping of 15 student apartments. Ungers organized these units in three groups of five bedsitting-rooms, which are placed around two narrow central corridors linked to the stair. The upper floor contains two sets of rooms arranged opposite each other; the ground floor has another set placed opposite the library and common room. The complex also contains living quarters for the caretaker, which occupy a special, that is isolated, position within the house.

This spatial programme determined the overall arrangement of the building and its architectural form, which is reminiscent not just of the house in Brambachstraße but of the pavilions of the preparatory school in Oberhausen. Again we see the brick walls, the finely incised fenestration with the narrowest possible jambs and mullions, the windows turning corners, the shallow pitched roofs, the sharply folded, gutterless eaves. Again we have the conceptual massing of room forms to reflect different functional areas: the stepping of the plan is sculpturally expressed on the exterior of the building, creating the impression of a number of cubes folded into each other. The building appears unpretentious as it nestles into the slight slope of the site – an involuntary consequence of the existing conditions, perhaps, but one which corresponds closely to Ungers' architectural concept.

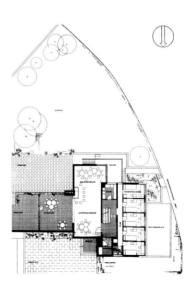

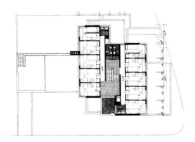

Eingangssituation / Blick auf die Gartenseite / Linke Seite:
Grundriß Normalgeschoß / Grundriß der Gesamtanlage auf
Erdgeschoßebene.

Entrance area / View of garden facade / Opposite page: Typical
floor plan / Plan of complex at ground level.

Zweifamilienhaus 1957
Werthmannstraße, Köln

Bei diesem Haus sind zwei Tatsachen bemerkenswert: seine Durchbildung als Villa in der Tradition der klassischen Moderne der zwanziger Jahre, und der erste Versuch des Architekten, seine Idee von der Stadt im Kleinen zu realisieren – damit wird ein Thema in das Werk eingeführt, das Ungers von nun an beinahe obsessiv beschäftigen sollte. Fällt die erste Feststellung in den Ansichtszeichnungen und auf den Fotografien besonders auf, so erschließt sich das Bild der *kleinen Stadt* in seiner ganzen Brisanz erst bei der Lektüre des Grundrisses: man identifiziert ein Schlafhaus, ein Küchenhaus, einen Wohn-Turm und die Garage. Als Bindeglieder entstehen im Innern weitere Funktionsbereiche, wie etwa ein Eßplatz und unbestimmte Räume als platzbildende Elemente in dieser «Stadt». Sie treten als Positiv und Negativ, als bindende und trennende Glieder auf. In der das Haus umgebenden Einfamilienhausbebauung fällt auf, daß das Material, ein rauher, weißer Putz, das Ganze zusammenhält und an die eine Idee des Hauses bindet: nämlich wirklich *ein* Haus zu sein. Wie die «weiße Moderne» in den zwanziger Jahren, spielt aber auch dieses Haus – ungewöhnlich für diesen Architekten, aber mit Meisterschaft vollführt –, mit dem Motiv der einfachen Schachtel, dem Dampfermotiv und mit einer strengen Horizontal-Vertikal-Gliederung im Sinne der Vertreter der de Stijl-Bewegung. Hier ist es aber nicht mehr die dünnwandige, mitunter gar schwebende Box der Modernisten, sondern die durchgebildete Masse, deren Wand dem Boden entwächst. In der kubisch-plastischen Durchdringung der die «kleine Stadt» gliedernden Bauteile und in der klassischen Proportionierung der jeweiligen Ansichten wird der Versuch erkennbar, die Architektur als Baukultur, als eigenständiges, wirklich Gestalt konstituierendes Thema, wiederzugewinnen.

Two-family House 1957
Werthmannstraße, Cologne

In this project, two things strike the eye: the composition, which is in the Classic Modern tradition of the 1920s; and the appearance of a theme which would henceforth become one of Ungers' major preoccupations, the idea of the 'city in miniature'. While the first element is particularly evident in the perspective drawings and photographs, the full impact of the *'city in miniature'* emerges from a reading of the plan. We can identify a sleeping house, a cooking house, a living tower, and a garage. These are connected to each other by further functional areas, such as the eating place or 'square', and undetermined spaces which form place-building elements. The internal spaces occur as positive and negative, as connecting and dividing pieces of this 'city'.

The material of the exterior – a rough, white render – stands in contrast to the surrounding single-family homes, yet holds the form together and reinforces the *idea* of House. Ungers, somewhat unusually, refers to the 'white Modernism' of the 1920s: the house plays with the motifs of the simple box and the ocean liner and has a strong horizontal organization similar to that adopted by the De Stijl movement. But rather than the thin-walled, seemingly weightless box of the early Modernists, he creates a completely closed mass, with walls that seem to grow out of the ground.

In the cubic, sculptural interpenetration of the different parts that make up the 'miniature city', and in the classical proportioning of the facades, we can recognize an attempt to reinstate architecture as a culture in itself – as an independent truly form-based theme. In this sense the house, together with the one built a year later on Belvederestraße, represents a quite distinctive kind of cultural witness.

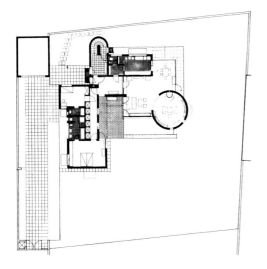

Grundriß der Gesamtanlage / Rechte Seite: Blick auf die Hausteile von der Gartenseite / Blick über Eck / Zwei Ansichten.

Plan of complex / Opposite page: View from garden showing the different components of the house / Oblique view / Two elevations.

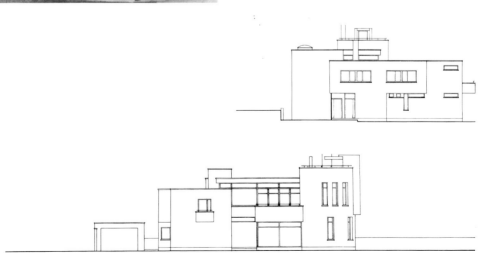

Mehrfamilienhäuser 1957
Mauenheimer Straße, Köln

Auch im *Ensemble* erweisen sich die von Ungers in diesen Jahren angewendeten architektonischen Prinzipien als ausdrucksstark genug, um ihre Freiheit gegenüber den Konventionen zu beweisen. Durch die Staffelung von Punkthäusern, einer verzogenen, stark gegliederten und einer gradlinigen, aber als Relief gestalteten Hauszeile entsteht ein spannungsreiches Spiel von Positiv- und Negativ-Räumen, Konturen und Kubaturen – nie aber kommt eine unangenehme Verspieltheit auf. Innerhalb dieses Wechsels behaupten sich die Bauten als jeweils autonome Körper, die der reinen Architektur, bar jeder Mode, verflichtet sind.

Durch die Sichtbarmachung starker Betonbänder, die Verwendung großformatiger Gitterziegel, die unterschiedliche Ausformung von Fensteröffnungen – Vertikal- und Horizontalschnitte, um die Ecke geführte Fenster – und durch die harten, reduzierten Balkoneinschnitte wird der Eindruck von Kompression, von städtischer Dichte erzeugt. Das wiederum unterstreicht die architektonische Selbständigkeit dieses Ensembles von unterschiedlichen Wohnungen, die mit öffentlichen Mitteln innerhalb des Sozialen Wohnungsbaues gefördert wurden. Diese Dichte wirkt aber nirgends unangenehm schwer, da die reliefartige Gliederung der Fassaden überall Lichtkanten entstehen läßt, die Momente der Auflösung in das architektonisch freie Spiel einbringen.

Apartment Building 1957
Mauenheimer Straße, Cologne

Taken as a *whole,* the architectural principles employed by Ungers in these early years proved expressive enough to set his work apart from prevailing conventions. Here the staggered arrangement of point blocks and the sawtooth treatment of an extended row of housing, with its strong linear organization and formal articulation, give rise to an exciting play of positive and negative spaces, contours and cubic forms. The effect never degenerates into unpleasant levity as the buildings maintain their presence as autonomous forms, committed to pure architecture, utterly detached from fashion.

The visually strong bands of concrete, the large honeycomb bricks, the varied form of the fenestration – vertical, horizontal, wrapping around the corner – the sharply incised balconies, all create the impression of urban density. This compactness is reinforced by the architectural independence and variety of the apartments in this public housing project. The buildings, however, never appears overly dense, since the articulated relief of the facades creates shadow lines everywhere, which act to dissolve elements of the elevations into a free, fluid architectural game.

Lageplan der einzelnen Hausfiguren / Grundriß eines Vierspänners mit 3-Zimmerwohnungen / Rechte Seite: Staffelblock von Westen / Westliche Platzwand einer Hauseinheit.

Site plan showing individual housing masses / Foursquare plan with three-room apartments / Opposite page: Sawtooth block from the west / West elevation of a housing unit.

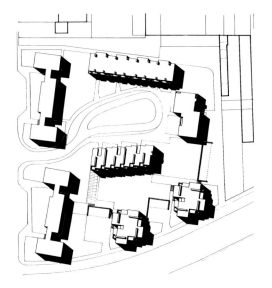

Mehrfamilienhaus 1958

Aachener Straße, Köln

Das Haus ist zwar typisch für Ungers in dieser Periode, spielt aber mit einem neuen Element: mit dem durchgehenden horizontalen Fensterband. Dadurch, daß das hervorspringende Balkonelement im ersten Obergeschoß wegfällt, ensteht eine Wand als Sockelzone, auf der das erste Fensterband aufliegt. Und erst ab diesem Geschoß setzt die Rhythmisierung der Fassade ein: durch den Kunstgriff des Einrückens *und* Vorspringens der Loggia. Die so entstehenden Schatten nehmen dabei die Horizontalgliederung, die durch die feingestalteten Fensterbänder entsteht, wieder zurück.

Die Verwandtschaft mit dem Haus am Hansaring, ebenfalls eine Baulücke, ist augenfällig. Es ist das gleiche Spiel mit dem Verhältnis von Steinwand zu Öffnung, hier aber mit andersartiger Gewichtung – *Schwere* und *Leichtigkeit*, als baukünstlerisches Grundthema, werden dabei mit ähnlichen Mitteln untersucht. Es geht um deren Bedeutung und Brauchbarkeit hinsichtlich der Ausdrucksmöglichkeiten innerhalb des noch auszutarierenden Kanons von Prinzipien und Bausteinen für eine autonome Architektur.

Apartment Building 1958

Aachener Straße, Cologne

This house, though typical of Ungers' work of the period, plays with a new element: the continuous horizontal band of windows. The first such band of fenestration rests on top of a plinth created by removing the projecting balconies from the first floor. Above this point, the rhythmic ordering of the facade begins, with the alternate recessing and projecting of the balconies. The resulting shadows restore the horizontal order created by the slender bands of windows.

There is a striking parallel between this building and the one built a year later on the Hansaring, also on an infill site. Both play with the same basic architectural theme – the relationship between solid wall and opening, between *heaviness* and *lightness*. Both use similar materials, investigating their full potential for expression within a still evolving canon of principles in support of an autonomous architecture.

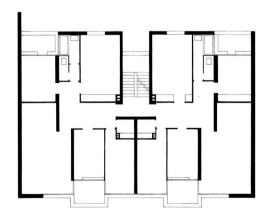

Grundriß Normalgeschoß / Rechte Seite: Teilansicht der Eingangsfront.

Typical floor plan / Opposite page: Detail of entrance facade.

Mehrfamilienhaus 1958

Belvederestraße, Köln

«Alles ist auf den Gesamtkörper bezogen.» Mit dieser Feststellung von Ungers steht man heute vor einem Manifest des *Brutalismus*. Ein aus fest konturierten Kuben zusammengesetztes Haus, das außen zur Erscheinung bringt, was im Innern einer großen Vielfalt an Räumen entspricht. Aus der Idee heraus, diese Räume, Binnenräume und Dachterrassen hermetisch gegen Blicke von außen abzuschirmen, wurde dieses Gebäude entworfen. Ernst, aber doch auch beinahe ironisch wendet Ungers die vorgeschriebenen Fixpunkte – Einhaltung der Traufhöhe, Verlängerung des Nachbargiebels, festgelegte Bautiefe – gegen das Klischee des geschlossenen Straßenbildes und gegen die Zufälligkeit des vorgefundenen Kontextes. Die innere, räumliche Disposition allein entschied über die Gestaltung und Durchformung des Körpers.

Dieses Haus markiert mit seiner kompromißlosen Haltung eine wesentliche Bezugsgröße in Ungers Denken: daß Architektur autonom ist und ausschließlich ihren eigenen Gesetzen zu folgen hat. Damit behauptet sich der Architekt schon früh gegenüber einem Stilpluralismus, der zur Entstehungszeit des Hauses in Beliebigkeit abzugleiten drohte. Es tritt hier eine Architekturauffassung in Gestalt eines rohen Hauses auf, deren Kraft zwingend und sofort spürbar ist.

Dabei wird eine enorme Vielfalt an Räumen – nicht Zimmern! – angeboten: hoch/niedrig, geschlossen/offen, weit/eng. Die Belichtungsarten (mal Oberlicht, mal Frontal- oder Seitenlicht, mal als Schlitz, mal als liegendes, mal als stehendes Fenster) werden dabei als gleichwertige Gestaltungsmerkmale eingesetzt. Als Negativformen, gegenüber den Positivformen der Steinkörper, geben diese Öffnungen dem Haus, das eigentlich nicht aus Fassaden, schon gar nicht aus klassischen Lochfassaden besteht, einen eigenen Rhythmus. Einzig die einheitlichen Materialien, roter Klinker und Sichtbeton, halten diese Vielheit an Kuben, als Ausdruck architektonischen Wollens, zusammen – sie binden es an die *Idee des Hauses*.

Apartment Building 1958

Belvederestraße, Cologne

'Everything relates to the body as a whole' – this statement by Ungers can be seen, more than 30 years on, as a manifesto of *Brutalism*. The building is composed of firmly contoured cubes which express on the outside the great variety of spaces within. The underlying concept of the design was to create a hermetic shield to maintain the privacy of the inhabitants, both inside the building and on the roof terraces. Resolutely, but also almost ironically, Ungers turned the fixed preconditions – the prescribed eaves height, gable line and building depth – against the clichéd view of a fully enclosed street and the arbitrary nature of the existing context. The inner, spatial composition alone determined the design and formalization of the building.

With its uncompromising stance, this project represents an important point of reference in Ungers' thinking. It reflects his idea that architecture is autonomous, bound only by its own rules, and indicates his early stand against an unconsidered plurality of styles. It shows the crystallization of a distinctive conception of architecture in the form of a raw building with immediately evident, compelling power.

The house contains an enormous variety of spaces – *not* rooms – high/low, closed/open, broad/narrow. Different kinds of natural lighting (top, front or side lights, slits, windows, both horizontal and vertical) are employed as design elements of equal value. These openings – set as negative forms against the positive elements of the stone body – give a particular rhythm to the building, which does not consist of facades in the usual sense, not even classical punctured facades. Only the unifying materials of red clinker and exposed concrete hold together the varied assemblage of cubes, the expression of an architectural will, and tie the building to the idea of House.

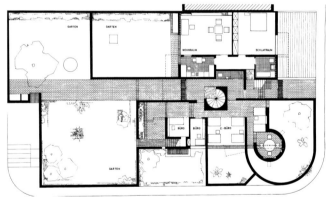

Ansicht von der Belvederestraße / Erdgeschoß-Grundriß des
gesamten Grundstückes.

View from Belvederestraße / Site at ground level.

Blick vom Garten auf das Haus / Der Architekt auf der Dach-
terrasse / Rechte Seite: Ansicht von der Seitenstraße / Die Verschränkung der Kubaturen von der Straße gesehen.

View of house from garden / The architect on the roof terrace /
Opposite page: View from side street / View from street showing the folding of the cubes.

Mehrfamilien- und Geschäftshaus 1959

Hansaring, Köln

Über einer städtischen Ladenzone mit weit aufgerissenen Öffnungen für die Schaufenster und die Glaseingangstüren erhebt sich ein schwerer viergeschossiger Körper mit je 3- und 4-Zimmerwohnungen. Darüber liegt ein horizontal gegliedertes Geschoß als betont den Körper abschließendes Bauteil. Im Kontext der benachbarten glatten und verputzten Fassaden wirkt das Gebäude nicht gerade bescheiden, sondern eher beunruhigend, fast etwas ruppig. Diese Qualität wird wieder durch die Verwendung des rohen großformatigen Ziegels erzeugt. Im Zusammenspiel mit den nach unten abgewinkelten und im Beton sichtbar gelassenen Auflagern für die Balkonbrüstungen entsteht eine harte Kontur und eine rauhe, vielfältig verschnittene Oberfläche.

Dabei wird jeder Funktionsteil, der an der Fassade liegt – Küche, Balkon, Zimmer, Treppenhaus – selbständig formuliert, was zusätzlich einen starken Rhythmus in der Fläche erzeugt. Es gibt bei diesem, in einer Baulücke an einer stark befahrenen innerstädtischen Straße gelegenen Haus nirgends Ansätze für eine Harmonisierung im Sinne der Anbiederung an die Nachbarbebauung oder gar an den herrschenden Geschmack. Als Frühwerk des Architekten bleibt es dem Straßenraum als eigenständige Figur eingeschrieben, es fällt als autonomes Architekturkonzept auf.

Apartment and Commercial Building 1959

Hansaring, Cologne

This building has broad, glazed shop-fronts and entrances on the ground floor, then four heavy storeys of three and four-room apartments topped by a horizontally organized attic storey. Next to the smoothly rendered facades of its neighbours, the rough-bricked building appears rather unsettling – almost gruff. The bricks combine with the projecting balcony supports, which are cantilevered downwards and left visible in the concrete, to create hard contours and a raw, cut elevation.

Here, each functional part on the facade – kitchen, balcony, room, staircase – is formulated independently, giving the elevation a strong rhythm. The building fills a gap in a busy inner city street, but makes no attempt to be in keeping with its neighbours or even prevailing tastes. Instead it remains inscribed within the streetscape as an independent form – a markedly autonomous architectural conception.

Grundriß Normalgeschoß / Rechte Seite: Straßenansicht.

Typical floor plan / Opposite page: Street facade.

Mehrfamilienhaus 1959
Mozartstraße, Wuppertal

Dieses Gebäude ist verwandt mit dem in der Brambach-straße und dem Studentenwohnheim, beide in Köln: gleiches Material, ähnliche architektonische Haltung, das Spiel mit der «aufgebrochenen Wand». Es steht an einem Park in der Nachbarschaft zu einer halb städtischen, halb vorstädtischen Mischbebauung. Hierein fügt es sich mit der Ausformulierung von drei unterschiedlichen Fassaden: eine Straßenseite, eine Eingangsseite und eine zum Park hin orientierte, ausgesprochene Südseite. Trotz seiner Funktion als Mehrfamilienhaus wirkt es am Ort als vornehme Adresse.

An der Straßenseite wirkt das Haus fast wie gefaltet, wodurch die Ecke aufgelöst, als Thema aber besonders betont wird: spitz, hart, kantig. Die Eingangsseite, von der Straße durch einen Stichweg erschlossen, ist ruhig und ihre vertikal stehenden Wände und Treppenhauselemente werden durch Horizontalfenster ausgeglichen. Die parkseitige Fassade öffnet sich zu den Bäumen, zum Grün hin: sie hat vielfältige Öffnungen, unterschiedliche Fensterformate und Loggien. Um diese herum werden im Innern teilweise die Wohnungen organisiert. Das Obergeschoß wird – der exponierten Lage wegen – um ein Galeriegeschoß erweitert. Auch hier sind wieder einige Fenster über Eck gestellt, was die Volumina weniger vertikal und mächtig erscheinen läßt.

Als Materialien wurden der hochformatige, etwas rauhe rote Ziegel, schalungssichtiger Beton und feingliedrige Stahlfensterprofile verwendet.

Apartment Building 1959
Mozartstraße, Wuppertal

There are parallels between this building and the Brambachstraße apartment block and student hall of residence in Cologne. All use the same material and have a similar architecture theme, namely, a playful disassembly of the facade.

Here the location – in a park in a neighbourhood that is half-urban, half-suburban – generated three differing facades: a street facade, an entry facade, and a pronounced south elevation oriented towards the park. From the street the building appears almost folded: corners are dissolved while being emphasized as a theme: acute, hard, angular. The entry facade, reached by a short path from the street, is peaceful, with horizontal windows balancing its vertical walls and stair elements. The third side opens onto the trees and the green space of the park through a variety of windows and balconies which form the organizing elements for the spaces within. Because of the prominent site, an attic storey was added to the top of the building. Here too some windows are carried around corners in an effort to make the massing appear less vertical and overpowering. Unusually for an apartment building in this neighbourhood, it has become a desirable address.

The materials used were large, roughcast red bricks, bare, unfinished concrete, and slender steel window frames.

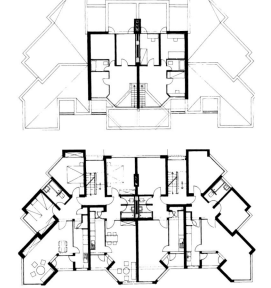

Dachgeschoßgrundriß / Grundriß Normalgeschoß / Rechte Seite: Ansicht von der Straße auf die dem Park zugewandte Seite / Seitenansicht von der Straße.

Plan of roof level / Typical floor plan / Opposite page: Street facade with park to the rear / View of entrance from street.

61

Kunsthalle 1960
Wettbewerb; Düsseldorf

Bei diesem Projekt wurde erstmals mit einer auch für den Architekten neuen Ausdrucksweise operiert: ein starres Stützenraster, in dem einzelne Baukörper wie eingehängt erscheinen. Ungers wollte die unterschiedlichen Ebenen für die verschiedenen Nutzungen vorsehen – Malerei, Plastik, Grafik, thematische Gruppen –, diese aber auch untereinander kombinieren können. Das Stützenraster von ca. 8 x 8 Meter wurde dabei als übergeordnetes *Ordnungssystem* sichtbar gemacht und bewußt dominierend in die Silhouettenwirkung miteinbezogen: der Architekt spricht von einem «vielgestaltigen, urbanen, räumlich-plastischen Gebilde».

Wie schon bei seinem Haus in der Belvederestraße werden kubische Körper sichtbar miteinander verschränkt – aber dieses Mal als möglichst «freies Spiel», das durch die vertikalen Stützen leicht, und auf gewisse Art heiter gemacht wird. Die horizontal liegenden Körper sollten durch eingeschobene liegende Glasbänder verbunden werden, um ihnen die Schwere zu nehmen. Verschiedene «Elemente» werden bei diesem Entwurfsverfahren und der gewagten Konstruktionsmethode zu *Spielsteinen*: «Stützen, horizontale Flächen und aufrecht stehende massive Körper». Auf den sich durch das Spiel mit den Kuben ergebenden freien Dachflächen waren begrünte Terrassen zum Verweilen und zur Aufstellung von größeren Plastiken vorgesehen. Der Entwurf führte zu lebhaften Kontroversen und starken Protesten in der Öffentlichkeit und bei der Architekturkritik.

Art Museum 1960
Competition, Düsseldorf

This project employed a method of expression that was new even for Ungers: a rigid grid of columns, at 8 metre intervals, onto which individual elements of the building were 'hung'. The intention was to ensure that the different levels were not only flexible in use – equally suitable for painting, sculpture, graphics or thematic groups – but capable of being combined with each other. The grid of columns was expressed as an overall *ordering system* and given a dominant role in the silhouette of the building, described by the architect as a 'formally varied, urban, sculptural spatial construction'.

As in the previous building on Belvederestraße, cubic forms were visibly overlapped – but this time in the 'freest possible' manner, with the presence of the vertical columns creating a light and somewhat upbeat effect. The horizontal masses of the building were to be combined with inset recumbent bands of fenestration, to lighten them up. Various elements – 'columns, horizontal surfaces and large, upright masses' – were used as *building blocks* in a daring design and construction process. The open roof areas created by the playful arrangement of the cubes were conceived as landscaped terraces, small 'parks' for the display of large sculptures. At the time, the design proved controversial, provoking vociferous protest from the public and architectural critics alike.

Situation des Grundstückes / Grundstücksraster mit eingefügtem Erdgeschoßgrundriß / Rechte Seite: Modellansicht / Modellansicht von oben / Schnittzeichnung.

Site with surrounding buildings / Planning grid with superimposed ground floor plan / Opposite page: View of model / Model from above / Section.

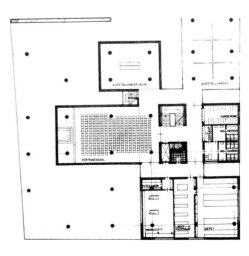

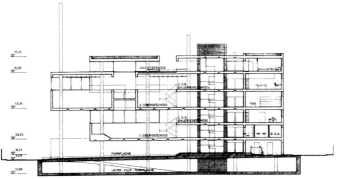

Einfamilienhaus 1961
Wippenhohner Straße, Hennef-Sieg

Dieses Einfamilienhaus für ein junges Ehepaar, so der erste Eindruck, wirkt etwas kalt und abweisend. Dies ist aber eine Folge der Forderung, dem Ensemble zugleich einen intimen und abgeschlossenen Charakter zu verleihen. Über einen Privatweg auf dem relativ großen Grundstück erschlossen, wirkt die gebaute Architektur wie die Verlängerung der Böschungen und Erdwälle, die das Haus umgeben, schützen und abschirmen. Die Räume selbst, die als geschlossene Baukörper nach außen in Erscheinung treten, werden um einen Innenhof, ein halbgeschlossenes Atrium mit benachbartem Wohnzimer, organisiert und zu diesem Binnenraum hin geöffnet – so wird der hohe Grad an Intimität erreicht. Der Eindruck von Kälte wird hervorgerufen durch die Verwendung von teils aufrecht gestellten, teils horizontal gelegten, glatten Klinkersteinen, die wie Fliesen wirken.

Durch die Auflösung der Körper wird eine Ensemblewirkung erzeugt, die wiederum eine gewisse Großzügigkeit evoziert. Diese wird durch die ansteigende, sichtbar große Dachfläche unterstrichen. Die optische Erscheinung wirkt durch diese aufeinandertreffenden Kunstgriffe kalkuliert: die Intimität, ausdrücklich von den Auftraggebern gewünscht, bleibt im Verborgenen, ist dort aber zwingend. Ihr stehen nach außen die wenig durchbrochenen Mauerflächen gegenüber, die sich als «gebaute Architektur», mit ihrer artifiziellen Geste, von der naturgegebenen «Erdarchitektur» selbstbewußt und deutlich absetzen.

Single-family Home 1961
Wippenhohner Straße, Hennef-Sieg

At first this single-family home for a young married couple appears somewhat cool and off-putting. This effect, however, arose from the clients' request for a building with an intimate and closed character. The house is set on a relatively large site and is reached by a private drive. Its built architecture appears to be an extension of the embankments and earth walls which surround and shield it. The internal spaces are expressed on the exterior as closed building masses. The organization of the interior achieves a high degree of intimacy, with all rooms opening onto an inner courtyard, a half-enclosed atrium. In contrast, the cool effect of the exterior is created by the use of smooth clinker bricks which are set sometimes as upturned soldier courses, sometimes as stretchers.

The dissolution of the masses once again evokes a certain spaciousness. This is reinforced by the rising, visually prominent roof surfaces which create a calculated optical effect – cloaking, in a compelling manner, the intimacy expressly desired by the client. The barely fenestrated walls of the exterior form an 'artificial architecture' in self-assured, clear contrast to the natural 'earth architecture' around it.

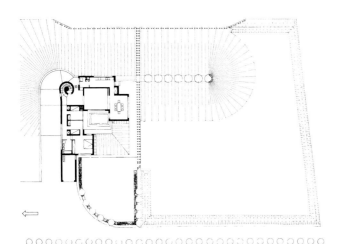

Grundriß der Gesamtanlage / Rechte Seite: Ansicht der stark geneigten Dachfläche / Ansicht von der Straße.

Plan of complex / Opposite page: View of dominant steep roof / View from street.

Wohnbebauung «Neue Stadt» 1961
Wettbewerb; Asternweg, (Chorweiler/Seeberg) Köln

Konsequenter als in allen vorangegangenen Projekten untersucht Ungers hier die Möglichkeiten einer «Morphologie der Stadt» – ein Thema, an dem er seither arbeitet und das er im Laufe der Jahre immer wieder für die Architektur untersucht hat. Ihm geht es dabei um die Frage, inwieweit sich der Atrium- oder Hofhaustyp als Bauelement verwenden, transformieren und multiplizieren läßt, um eine Wohnanlage im Sinne von «Stadt» erstehen zu lassen. Seine Ausgangsthese – «So wie sich das Haus aus mehreren gleichartigen Zellen zusammensetzt, die um ein Atrium gruppiert sind, legen sich die einzelnen Hauskörper um den Freiraum der Stadt, die Agora» – findet ihre Entsprechung in der Anordnung der Grundrisse und auch in jener der Baukörper zueinander.

Für die Grundrißfigur bedeutet das: Schlaf- und Wirtschaftstürme (Bäder, Küchen) verhalten sich autonom als ummauerte Raumgruppen und bilden so Freiräume, die als Wohn-, zugleich aber auch als Erschließungsräume funktionieren. Für die «Neue Stadt»-Figur ergibt sich als Summe daraus ein eigenes Bild: Hauseinheiten, die aus den oben beschriebenen Wohneinheiten zusammengesetzt sind, gruppieren sich wiederum um einen «Hof»-Raum, der als öffentlicher Raum interpretiert wird. Das angestrebte Wechselspiel von Positiv- und Negativräumen wird konsequent von der kleinsten bis zur größten Einheit durchgehalten, von der Raumfolge innerhalb der Wohnungen bis hin zu Stadt. So ergeben sich autonome Baukörper, zwischen diesen aber auch spannungsreiche Volumenspiele. Zentrum und Straßensystem waren allerdings festgelegt und als Wettbewerbsvorgabe einzuhalten, so daß Ungers seine Stadt nicht frei disponieren konnte, sondern gleichsam einpassen mußte.

'New Town' Housing 1961
Competition, Asternweg, Chorweiler/Seeberg (Cologne)

Here Ungers explored the possibilities of 'urban morphology' more intensively than in all his previous projects, establishing a 'theme' that he has since returned to repeatedly over the years. His concern was to see how far the typology of the atrium or courtyard house could be used, transformed, or multiplied to create a sense of the 'city' within a housing complex: 'Just as the house is composed of several like-natured cells grouped around an atrium, the individual housing units can be set around the open space of the city, the Agora.' On this basis, he ordered both the house plan and the relation of the building masses to each other.

In terms of the house plan, this meant that the sleeping and service towers (containing bath and kitchen) acted as autonomous, enclosed spatial groups, which in turn formed open spaces that functioned as both living rooms and internal circulation. In the overall urban plan, these elements were combined to create a distinctive composition, with the housing blocks again grouped around a 'courtyard', a public space. The interplay of positive and negative spaces was rigorously maintained from the smallest element to the largest – from the sequence of rooms within the apartments to the new town itself. This generated autonomous building forms, punctuated by the exciting play of various spaces. The centre and street patterns were predefined and had to be observed as a condition of the competition, which meant that Ungers could not arrange his housing complex freely, but had to fit it in as best he could.

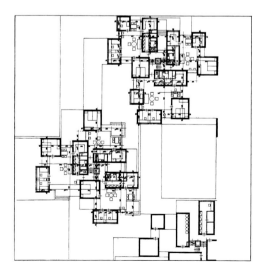

Grundrißtypologie in der Positiv-Negativ-Wirkung / Rechte Seite: Ansicht eines Wohnblockes / Modellstudie zur Raumbildung.

Plan typology, negative and positive / Opposite page: View of a housing block / Spatial study model.

Grünzug Süd 1962
Wettbewerb, Köln

Bei diesem Wettbewerbsbeitrag sind die Versuche des *Ordnens* und der *thematischen Durchdringung* der Aufgabe überall spürbar. Ein radial aus der Innenstadt ragender «Grünzug», von stark befahrenen Straßen in fünf Sektionen geteilt, wird auf seine «thematische» Heterogenität hin untersucht. Die einzelnen Ergebnisse dieser Untersuchung, aus funktionalen, wirtschaftlichen, sozialen, räumlichen und baulichen Beobachtungen heraus entwickelt, werden auf ihre Brauchbarkeit hinsichtlich einer Thematisierung geprüft: das Vorgefundene soll entsprechend manipuliert, erhöht oder transformiert werden. Die Bandbreite der Möglichkeiten demonstriert Ungers dabei anhand eines der fünf Sektoren.

Einem vorhandenen Block, mit zufällig im Laufe der Jahrzehnte entstandener Bebauung im Innenblock-Bereich («Einzelkörper im Block»), wird ein nach zwei Seiten offener Block («Einzelkörper zwischen Wänden») gegenübergestellt. Die Ordnung der neuen Figur ergibt sich aus den vorgefundenen Themen. Sie wird erreicht durch «ein System parallel hintereinander geschalteter Zonen»: Straße mit Baumreihe, Ladenzone (Arkade), Hauszeile (blockbildend), Binnenerschließung (jetzt Kinderspielstraße), Innenhof-Bebauung (neue einzelne Maisonette-Wohnhäuser), angrenzender Park (Platz mit eingestellter «Citadelle»). Als Themen werden aber auch Prinzipien der unmittelbar angrenzenden Bebauung aufgenommen, wie etwa Reihungen, Wiederholungen und Geometrien. Ungers will zeigen, daß diese Vorgehensweise auch für andere Stadtteile möglich ist. Das Projekt sollte «Demonstrations-Charakter» haben – ein Anliegen, das 1962 als Vermessenheit abgetan wurde. Heutzutage erfreut sich dieser Ansatz, unter dem Schlagwort «Arbeiten mit dem Kontext», größter Beliebtheit.

Development Proposal (South Green Belt) 1962
Competition, Cologne

This competition entry reflects an attempt to give *order* to an area by means of the manipulation, elevation, or transformation of the existing fabric. The scheme has a strong thematic element. Ungers investigated the functional, socio-economic, spatial and constructional conditions of the area – a 'green belt' site cut into five sections by busy roads – looking for consistent features that could be turned into themes. His proposal demonstrated a range of possibilities using the example of just one of the sectors.

Two blocks were set against each other. One was an existing block containing an arbitrary mass of buildings ('individual elements within the block'); the other was open on two sides ('individual elements between walls'). The ordering principle behind the new arrangement was derived from pre-existing themes. It took the form of a 'system of zones set in parallel, one behind the other' to give a street lined with trees, a shopping zone/arcade, a row of housing defining the edge of the block, an inner access zone (children's play street), an inner courtyard building (with new individual maisonettes), and an adjoining park (a square containing a 'citadel'). The scheme also developed other elements of the immediate built environment such as terraces, recurrent forms and ordering geometries.

Ungers wanted to show that this process could also be applied to other parts of the city. His proposal was meant to be didactic in character – and so was considered to be rather presumptuous at the time. Nowadays this approach enjoys greater popularity, under the epithet of 'contextualism'.

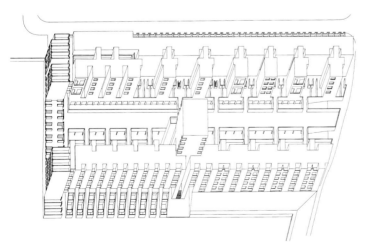

Axonometrie der Wohnbebauung / Rechte Seite: Modellstudie / Lageplan mit den «Themen».

Axonometric of housing / Opposite page: Study model / Site plan indicating 'themes'.

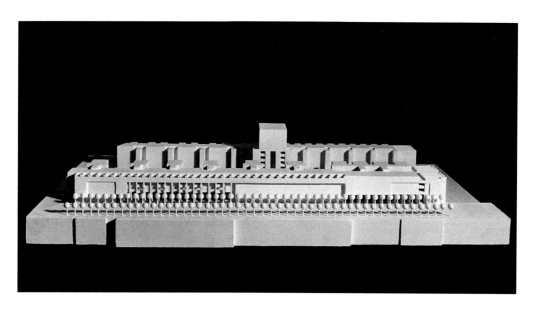

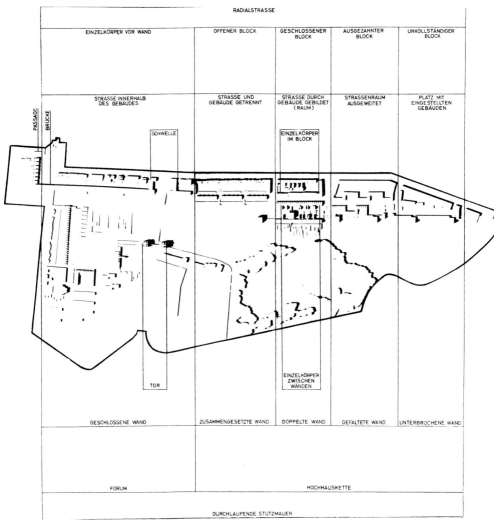

RADIALSTRASSE

| EINZELKÖRPER VOR WAND | OFFENER BLOCK | GESCHLOSSENER BLOCK | AUSGEZAHNTER BLOCK | UNVOLLSTÄNDIGER BLOCK |

| STRASSE INNERHALB DES GEBÄUDES | STRASSE UND GEBÄUDE GETRENNT | STRASSE DURCH GEBÄUDE GEBILDET (RAUM) | STRASSENRAUM AUSGEWEITET | PLATZ MIT EINGESTELLTEN GEBÄUDEN |

PASSAGE

BRÜCKE

SCHWELLE

EINZELKÖRPER IM BLOCK

EINZELKÖRPER ZWISCHEN WÄNDEN

TOR

| GESCHLOSSENE WAND | ZUSAMMENGESETZTE WAND | DOPPELTE WAND | GEFALTETE WAND | UNTERBROCHENE WAND |

| FORUM | HOCHHAUSKETTE |

DURCHLAUFENDE STÜTZMAUER

Mehrfamilien-Wohnhäuser 1962
Märkisches Viertel, Berlin

Das Wohngebiet «Märkisches Viertel» gehört zu den spektakulärsten und umstrittensten Massenwohnungs-Bauvorhaben der Berliner Nachkriegszeit. Im Zuge der in der Innenstadt einsetzenden Kahlschlagsanierungen wurden am Stadtrand viele Großsiedlungen dieser Art errichtet. Ungers entwarf innerhalb dieses großen Projektes eine größere Anzahl von mehrgeschossigen Häusern, die sich zu einem Ganzen, zu einer *Wohnanlage* fügen.

Wie in Köln-Chorweiler experimentiert er hier wieder mit Positiv- und Negativ-Formen: Erschließungs- bzw. Wirtschaftstürme (Küche und Bad) und Schlaftürme bilden die feste Struktur, zwischen denen sich die Wohnräume befinden. In der Außenraumbildung wird dieses Prinzip fortgesetzt: rechtwinklig zueinander angeordnete Raum- und Baustrukturen bilden Höfe und Plätze. Das System wird hier allerdings so ausgebildet, daß es beliebig aneinanderreihbar und zu vielen Seiten hin offen bleibt. So ergibt sich ein unbestimmer Mäander.

Hier zeigt sich erstmals eine Schwierigkeit, die später öfters bei Projekten von Ungers zu beobachten sein wird: das Entwurfsthema bleibt in gewisser Weise an einen kleineren Maßstab gebunden, ist nicht in jeder Dimension und Höhenstaffelung der Baukörper zwingend. Manches Konzept wird durch Übertragung in Großformen erdrückt, verwässert und nur noch bedingt architektonisch und räumlich nachvollziehbar.

High-rise Housing 1962
Märkisch District, Berlin

The 'Märkisch District' development was one of many huge housing schemes built on the edge of Berlin as the centre was cleared and restructured after the war. But even in this context, it was amongst the most spectacular and controversial large-scale projects undertaken in the city. Ungers was responsible for a number of multi-storey buildings which form one element of this *mega-complex*. As at Chorweiler in Cologne, he experimented with positive and negative forms: access and/or service towers (containing kitchen and bath) and sleeping towers form the solid structure, with the living spaces placed in between. This principle was continued in the exterior spaces, where external, enclosed areas and buildings were placed at right angles to each other to form courtyards and squares. The system was arranged so as to allow a variety of additions, with the buildings left open on a number of sides so that further rows could be placed alongside them. Unfortunately, this resulted in an uncertain, meandering, configuration.

Here we can see the first evidence of a problem which dogged many of Ungers' later projects: the design theme remained tied to smaller-scale studies and was unconvincing when scaled up and enlarged. The concept was thus overwhelmed, diluted, and only partially comprehensible from an architectural and spatial viewpoint.

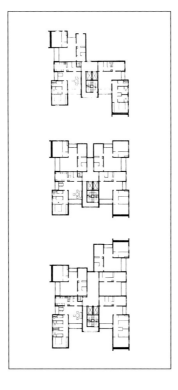

Axonometrische Analyse eines Fünfspänners / Verschiedene Wohnungsgrundrisse / Rechte Seite: Ansicht der fertiggestellten Wohneinheiten / Axonometrie der platzbildenden Wohnhausgruppen.

Axonometric analysis of a five-part cluster / Various apartment plans / Opposite page: View of built project / Axonometric showing housing formed around open courtyards.

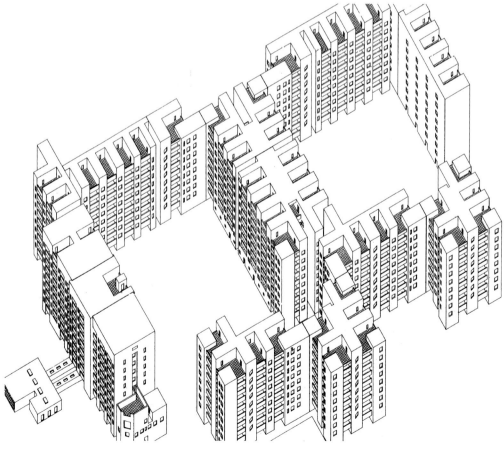

Studentenwohnheim TH Twente 1964

Wettbewerb; Enschede (Niederlande)

Mit diesem Projekt betritt Ungers in vielerlei Hinsicht Neuland innerhalb des Rationalismus bei der Findung eines relevanten Konzeptes für eine große Anlage, die im Prinzip auf der Addition/Multiplikation einer einzigen Funktionseinheit beruht: die der einfachen Wohnzelle für Studenten nämlich. Sein in den Jahren zuvor entwickeltes Entwurfsverfahren der *Morphologie* erfährt hier eine konsequente und wirkungsvolle Variante: die Grundformen von Quadrat, Kreis und Dreieck werden als geometrische Figuren durchkonjugiert und transformiert – Ungers spricht von «Manipulationen wie Brechung, Beugung, Teilung, Umkehrung, Verdoppelung, Spiegelung, Reihung, Wiederholung, Überlagerung». Zusätzlich werden sie aber auf ihre Fähigkeiten zur Raum- und Körperbildung hin untersucht. Am Anfang dieses Projektes stand der Versuch, ausgehend von einer Theorie J.N.L. Durands, eine «Enzyklopädie der Raum- und Körperformen aufzustellen, die alle möglichen vorhandenen und gedachten Kombinationen umfassen sollte». Ein Versuch, so Ungers, der angesichts der schnell erkannten «nicht mehr faßbaren Vielfalt» scheiterte.

Die Grundrißorganisation der Anlage mutet auf den ersten Blick an wie eine archäologische Ausgrabungsstätte, folgt aber ausschließlich einem enormen Spektrum von *morphologischen Reihungen*, die aus den Grundfiguren gewonnen wurden. Das Ergebnis ist eine kleine Stadt, in der ein spannungsreiches Spiel von Wänden, Körpern, Plätzen und Gassen entsteht. Auch sollten die Variationen des Grundvokabulars die unterschiedlichen Lebensformen innerhalb der Studentenschaft widerspiegeln können: Einzelräume, Raumgruppen und -komplexe sind analog gedacht zum Einzel- und Gruppenwohnen, bis hin zur kollektiven Wohn- und Lebensweise. Die Komplexität des soziologischen Ideal-Programms findet sich daher sowohl in der Vielfalt als auch in der Einheit der Anlage wieder – als Modell einer pluralistischen Stadt, in der sich alle Teile komplementär ergänzen.

Dieses Projekt, von Ungers ausdrücklich als «Versuchsanordnung» gedacht (aber nicht im Sinne eines gescheiterten Experiments), steht am Anfang einer Reihe anderer, mit denen der Architekt seither an einer Ordnung und architektonisch begründeten Durchdringung der Wirklichkeit arbeitet.

Student Hall of Residence, TH Twente 1964

Competition, Enschede (Netherlands)

In many respects, this project represented new territory for Ungers – within Rationalism. It defined a concept for a large scheme which was based on the principle of multiplying a single functional unit; that of a simple living cell for students. Here, Ungers varied the *morphological process* of design that he had developed over previous years with significant effect. The basic forms of the square, circle and triangle were conjugated as geometric figures and transformed through 'manipulations such as breaking, bending, dividing, inverting, doubling, mirroring, aligning, repeating, overlapping'. The forms were also examined for their potential to build space and mass. Developing a theory of J.N.L. Durand, the project attempted to establish 'an encyclopedia of spatial and massing forms embracing all possible existing and conceivable combinations', but faltered (as Ungers soon acknowledged) because of the lack of a 'universally comprehensible vocabulary'.

At first sight the plan organization of the complex resembles an archeological excavation site. It is governed, however, by an enormous spectrum of *morphological categories* derived from the basic platonic forms. The result is a small-scale city, with an exciting mix of walls, masses, squares and alleyways. The variations on the basic vocabulary were also intended to reflect the various lifestyles within the student community: single rooms for those living alone, clusters for groups or even communes. The complexity of this sociologically ideal programme was again reflected in the variety of individual plan types and in the form of the housing as a whole – as the model of a pluralistic city in which all the parts complement and complete each other.

This competition entry was expressly conceived by Ungers as an 'experimental ordering'. It was the first in a series of projects in which he strove for an architecture-based organizing principle with which to penetrate reality.

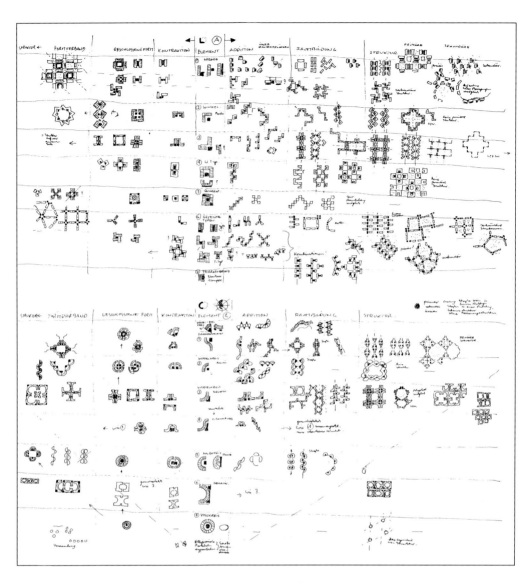

Analyse der morphologischen Verwandlung
von einfachen Formelementen / Skizze Gesamtanlage.

Analysis of the morphological transformation of simple formal elements /
Sketch of overall complex.

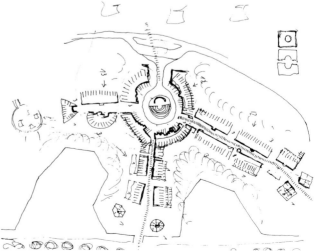

PROGRAMM	IA IIA IB IIB	IC IIC ID IID	IE IIE IF IIF		TRADITION
	WOHNWEISE VERSORGUNG	SELB- STÄNDIGKEIT UNABHÄNGIG	GEMEINSCHAFT GEMEIN- SCHAFTLICH	MASSE KOLLEKTIV	
500 STUDENTEN		□	⫴	[ ]	BACKSTEINBAU
	GEBÄUDEART ORIENTIERUNG	EINZELHAUS BELIEBIG	REIHENHAUS GEFÜHRT	BLOCK GEFASST	
	BAUKÖRPER ANORDNUNG	EINZELFORM AUTONOM	GRUPPE ADDIERT	KOMPLEX KOMBINIERT	
□ ○ △	⊓	⊓⊓⊓	⊓⊓⊓		PARKLANDSCHAFT
	AUSSENRAUM BEGRENZUNG	LANDSCHAFT FLIESSEND	STRASSE GERICHTET	PLATZ GESCHLOSSEN	
KONZEPTION	IA IIA IB IIB	IC IIC ID IID	IE IIE IF IIF		SITUATION

Entwurfskonzept / Die Elemente des Studentenheims im Gesamtlageplan / Rechte Seite: Darstellung der räumlichen Wirkung der Anlage.

Design concept / The elements of the student residence within the overall plan / Opposite page: Representation of the spaces and forms of the complex.

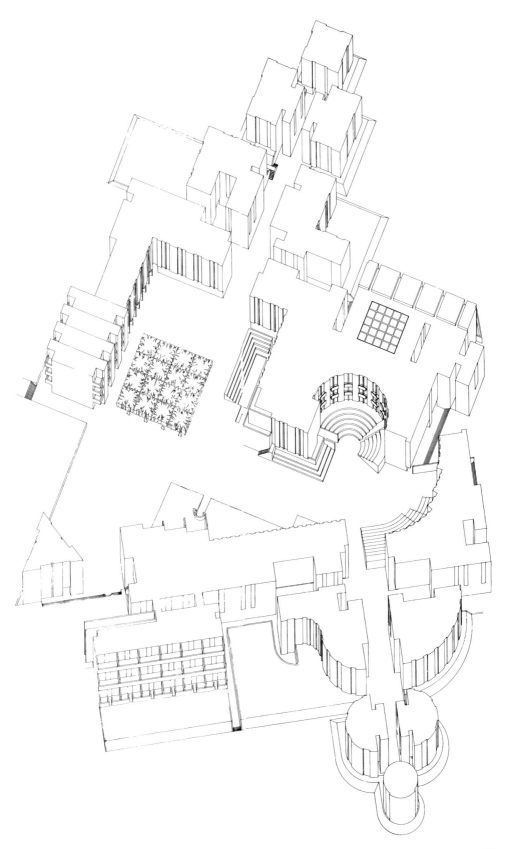

Deutsche Botschaft beim Heiligen Stuhl 1965
Wettbewerb; Rom

Ungers nimmt das komplexe Raumprogramm zum Anlaß, es in seine Bestandteile (die Funktionen betreffend) zu zerlegen und jedem dieser Teile einen eigenen, selbständigen, adäquaten Ausdruck zu geben. Er orientiert sich bei der «Sprache der Architektur» ausdrücklich an der «klassischen griechischen und römischen Antike». Die so gewonnenen Bilder für die Einzelbauwerke fügt er zu einem organischen Ganzen zusammen – so entsteht eine separate *Residenz- bzw. Vatikanstadt*; es finden sich wieder: die römische Villa (Verwaltung), ein Arkadengang (als Rückgrat, Raumabschluß und zur Erschließung bei Regen), das Atriumhaus (die eigentliche Residenz des Botschafters) und – als modern-zeitgenössische Ergänzung – der rationale Kubus (Repräsentationsräume).

Diese Formen, Funktionen und Baukörper bilden ein neues Forum, auf dem sie in einer Art Dialog zueinander stehen: ihre jeweiligen Wirkungen beziehen sie aus dem Wechselspiel, in dem sie als miteinander kommunizierende Figuren eingesetzt sind. Dabei soll die Sprache der Einzelarchitekturen vielfältig und unterschiedlich sein; trotz strenger Regeln wird also ein vielschichtiges und geschicktes Spiel mit Geschichte und Gegenwart, alt und neu, Tradition und Fortschritt ermöglicht.

German Embassy, Holy See 1965
Competition, Rome

Here Ungers broke down a complex spatial programme into its functionally defined component parts, giving each its own independent, self-sufficient expression. The resulting individual structures were then combined into an organic whole – a self-contained *residential city within the Vatican*.

The architectural vocabulary of the scheme was drawn expressly from 'classical Greek and Roman antiquity'. We see a Roman villa (for administration), an arcaded passage (a space-defining element, which provides access in wet weather), an atrium house (the ambassador's residence) and – as a contemporary addition – a rational cube (for the reception rooms). These forms, functions and building masses maintain a mutual dialogue, creating a new kind of forum. The power of the scheme comes from this interplay, from the way in which the various inserted figures communicate with each other. The language of the individual buildings is intentionally varied and differentiating, establishing a multi-layered, skilful relation between past and present, old and new, tradition and progress.

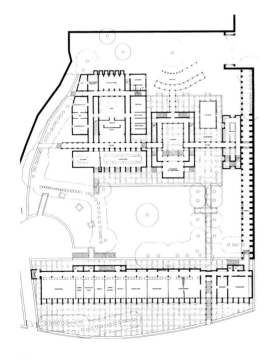

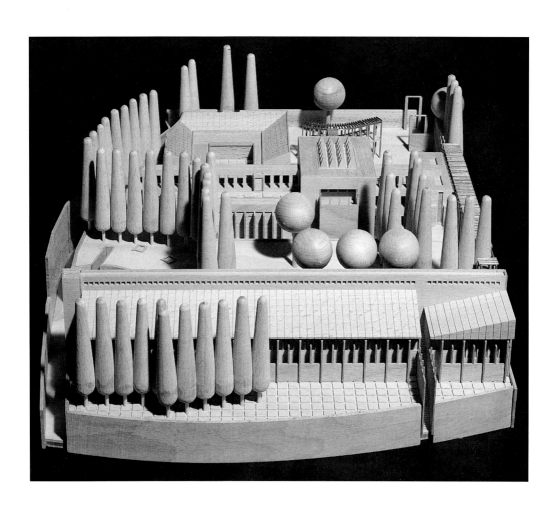

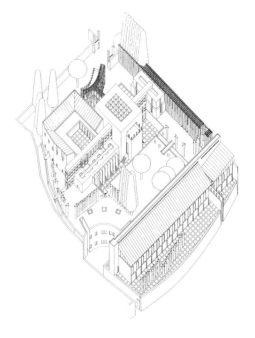

Modellansicht / Axonometrie der Anlage / Linke Seite: Erdgeschoßgrundriß.

Model view / Axonometric of complex / Opposite page: Plan of
ground floor.

Museum Preußischer Kulturbesitz 1965
Wettbewerb; Berlin

Enschede/Niederlande – Rom/Italien – Berlin; diese Reihe ist zwingend angesichts der thematischen Durchdringung der jeweiligen Aufgabe in den Jahren 1964/65. Ungers begreift hier das Tiergarten-Gelände, in das der Standort für die Museen eingebettet ist, als *Landschaftsraum*, den er untersucht. Hier entdeckt er einen hohen Grad an «Fragmentarisierung», die diese Landschaft erst konstituiert – und er thematisiert diese für seinen Entwurf. So gewinnt er unterschiedliche Raum- und Baukörper, die er entlang einer Galleria (an-)ordnet: Kunstgewerbemuseum, Skulpturenabteilung, Gemäldegalerie, Kunstbibliothek und Kupferstichkabinett. Alle diese Einzelbauten werden, analog ihrer inhaltlichen Bestimmung, unterschiedlich konzipiert, konstruiert und architektonisch ausformuliert. Ungers will hier die gegensätzlichen architektonischen Charaktere, durch ein etwas überspanntes Gegeneinander *und* Gegenüber ausdrücken: Archaik gegen Technik, Klassik gegen Werkhalle, Anonymität gegen Stilisierung.

Stereometrische Grundformen werden bei diesem Verfahren allerdings nur noch bedingt an den Einzelbauten sicht- und erfahrbar gemacht – ihr Zueinander innerhalb des Paradoxons der *fragmentarisierten Ordnung* stellt die Ruhe her, die dem Ensemble innewohnt und die es ausstrahlt. Angesichts der gegenwärtigen Situation auf dem jetzt «Kulturforum» genannten Gelände, ist diese *ordnende* Hand geradezu notwendig. Nur mit ihr wäre nämlich zu erreichen, was von Ungers früh formuliert und mit seinem Wettbewerbsbeitrag ausdrücklich intendiert wurde: ein «geistiges und kulturelles Forum [zu schaffen] und für dieses einen gestalterischen Ausdruck zu finden». Ihm gelingt diese Ordnung gerade durch die Beobachtung der Fragmentarisierung; aber er kollaboriert nicht mit ihr: er stilisiert nicht, sondern er thematisiert.

Museum of Prussian Cultural Heritage 1965
Competition, Berlin

Enschede/Netherlands – Rome – Berlin: all represent significant stages in the thematic development of Ungers' work during the years 1964/65. In this project he investigated the Tiergarten area of Berlin as a *spatial landscape*. His study revealed a high degree of 'fragmentation', which became the theme of the design. A variety of spaces and built forms are set along a galleria: a Museum of Arts and Crafts, Sculpture and Picture Galleries, Art Library and Engravings Room. In keeping with their content, these individual buildings are all conceived, constructed and formalized in different ways. Their contrasting architectural characters are expressed by means of a somewhat exaggerated sense of opposition: archaism versus technology, classicism versus industrial building, anonymity versus stylization. With the basic stereometric forms barely visible, the relations of the individual structures to each other are established by the calm that emanates from the project as a whole. By adhering to the theme of fragmentation, by thematicizing it, rather than stylizing it, Ungers creates a paradoxically *fragmented order*. In the process he achieves what his competition entry explicitly set out to do: he finds a form of expression appropriate to the creation of a 'spiritual and cultural forum'. A lesson, indeed, in light of the present situation on what is now called the 'Kulturforum'.

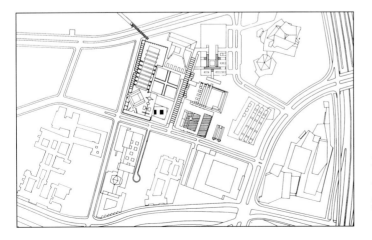

Die Museumsanlage in Kontext des Kulturforums / Rechte Seite: Modellansicht / Axonometrie der Neubauteile.

The museum complex in the context of the Kulturforum / Opposite page: View of model / Axonometric showing new interventions.

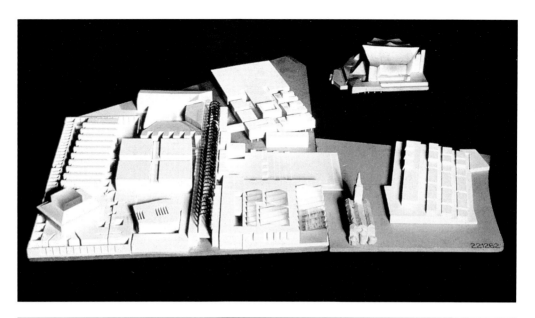

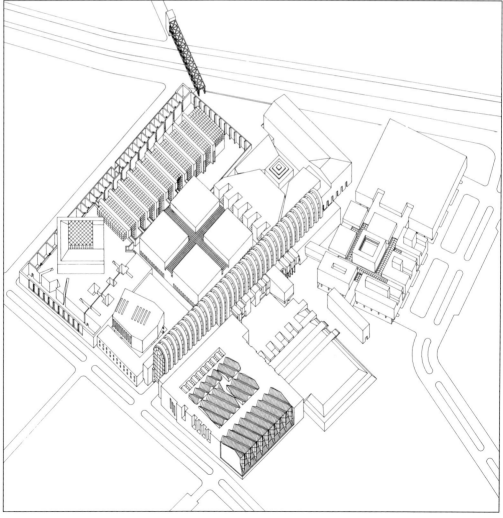

Landwehrkanal Tiergartenviertel 1973
Städtebaulicher Ideenwettbewerb; Berlin
Für das Gebiet südlich des Tiergartens – eines großen
Parks zwischen dem Zentrum im Berliner Westen und dem
alten, historischen Berlin – sollte eine Neuordnung entlang des parallel zum Tiergartenrand verlaufenden Land-
wehrkanals erfolgen. Ungers schlug ein lineares (Ost-
West-) «City-Band» vor, um das traditionelle Straßen- und
Blocksystem (geprägt durch Nord-Süd-Tendenz) mit
neuen Strukturen zu konfrontieren. Ungers verknüpft
diese Eingriffe mit einer neuen Verkehrsplanung, vor allem im U-Bahnbereich. Für fünf unterschiedliche Bereiche
innerhalb des Gebietes schlägt er gezielte Operationen
vor: Für die Blocks im Lützowviertel eine Intensivierung
der Innenbereiche; für den Übergang von der Stadt in den
Park ein großes kreuzförmiges Gebäude; für den Bereich
zwischen Park und Kanal zwei Alternativen in Form von 6
identischen Blocks bzw. 6 Punkthäusern für Appartements, Kaufhäuser, Hotels etc; für den Bereich des «Kulturforums» ein unter Erdniveau abgesenktes Gebäude (als
Platz), um nicht mit den «signifikanten Architekturdoku-
menten» zu konkurrieren; und zuletzt, für den unmittelbar an die *Berliner Mauer* grenzenden Bereich, einen mo-
numentalen «Vielzweck-Gebäudekomplex» mit einer
«streng geometrischen Ordnung (quadratische Grund-
form)». Der Entwurf ist konzeptionell sehr konsequent,
wirkt aber angesichts der historisch gewachsenen (und
auch überwachsenen) Situation städtebaulich ausgesprochen rigoros und fast angestrengt provozierend in seiner
Akzentsetzung. Es handelt sich mehr um ein «spezifisches
Environment», als um Gebäude oder Planung «im her-
kömmlichen Begriff». Die Monumentalität des Eingriffs
schockierte auch seinerzeit, trotzdem wurde ihm von einer kleinen Gruppe innerhalb des Preisgerichts ein Son-
derpreis zuerkannt.

Landwehrkanal–Tiergarten District 1973
Urban planning ideas competition, Berlin
This competition called for a reorganization of the area to
the south of the Tiergarten – a large park between the
centre of West Berlin and the historic core of the city. The
new plan had to follow the Landwehrkanal which ran
parallel to the edge of the site. Ungers proposed a linear
(east-west) 'city band' of new structures in confrontation
with the traditional, predominantly north–south, pattern
of streets and blocks. All of the interventions were tied to
a new traffic plan, focusing on the development of the
underground system. Ungers suggested targetted uses for
five different zones within the project area: 1. a
development of the internal areas within the blocks in the
Lützow quarter; 2. a large cruciform building marking the
transition from the city into the park; 3. six identical blocks
or point buildings containing apartments, department
stores, hotels, etc. in the area between the park and the
canal; 4. a square formed by a building sunk below ground
level so as not to compete with the 'significant documents
of architecture' in the 'Kulturforum'; 5. a monumental
'multipurpose complex' with a 'strong gridwork
organization (square plan)' in the area bordering the *Berlin
Wall*. The design is conceptually very strong, but its
emphasis, in the context of the historically evolved urban
plan, proved intensely provocative. In this case, Ungers'
description of the large multipurpose building could apply
to the design as a whole: the proposal is more about a
'specific environment' than a building or plan 'in the
conventional sense'. The monumentality of the
interventions was also considered shocking at the time,
although this did not prevent a small section of the jury
from awarding the project a special prize.

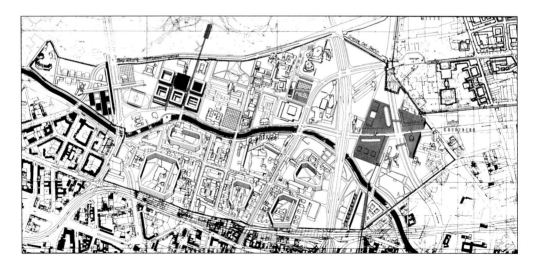

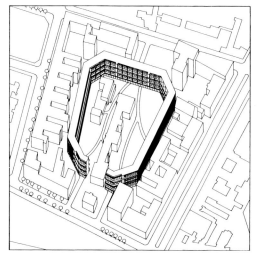 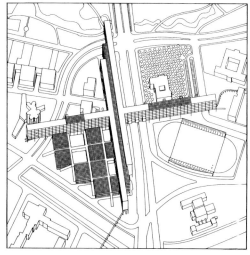

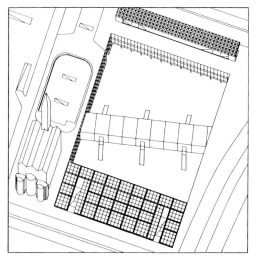 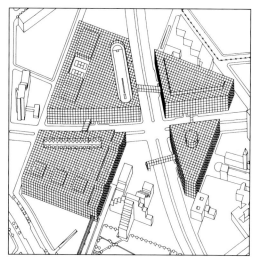

Wohnblock mit innerem Wohnring / Bebauung mit Fußgänger-
kreuz / Abgesenkter Platz mit U-Bahnstation / Kreuzungsblock
aus verglasten Einzelteilen / Linke Seite: das Planungsgebiet im
städtebaulichen Kontext.

Block with inserted ring of housing / Building providing pedes-
trian crossing / Below-ground square with subway station /
Intersection block consisting of individual glazed elements /
Opposite page: The urban planning context of the scheme.

Bebauungsvorschlag «Lichterfelde, IV. Ring» 1974

Städtebaulicher Ideenwettbewerb; Berlin

Für ein rund 36 ha großes Gelände im Süden Berlins (Lichterfelde) war eine vielfältige Bebauung einschließlich Infrastruktureinrichtungen vorzusehen. Die Schwierigkeit bestand in der Einbindung einer geplanten, verkehrsreichen Erschließungsstraße (IV. Ring), die das Gebiet durchschneiden sollte. Wie schon bei der Planung «Grünzug Süd» in Köln nimmt Ungers wieder die vorhandene benachbarte Bebauungsstruktur auf und transformiert ihre charakteristischen Züge. Es gelingt ihm eine überzeugende und verblüffende Neukonzeption der Idee der *Villenvorstadt*. So wird die hier vorherrschende Einzelhausbebauung mit eingestreuten Großformen eingebunden in ein dreidimensionales Erschließungssystem: die Verkehrs-Trasse wird zweigeschossig überbaut und als «zentrale Promenade» inszeniert. Von dieser reichen kurze Zeilen als Wege, Passagen, Terrassen etc. in das Gelände, das ansonsten autofrei bleibt.

Auf diesem Gelände wiederum wechseln sich Variationen der praktisch neu erfundenen Stadt-Villa ab, sie werden auf diesem Terrain untereinander kombiniert: als im Erdgeschoß perforierte Zeile – was ihre Durchlässigkeit garantiert – oder als mehrspänniger Typ mit Simplex- oder Duplexwohnungen, Terrassen- oder Gartenhofwohnungen. Dabei wird die Anlage auf raffinierte, aber zugleich zwingende Weise erschlossen, indem das vorhandene Wegesystem ernst genommen und bloß weitergestrickt und überhöht wird. Die städtebauliche Ordnung wird also nicht her-, sondern nur herausgestellt.

Mit der Großform der Hochhäuser wird auch die westliche Umgebung mit ihrer dichten Bebauung städtebaulich angebunden. Der Bereich der Hochhausreihe im Nordwesten und der der öffentlichen Einrichtungen im Nordosten bilden zusätzlich eine Art Rahmen für dieses aus dem Bestand herausgearbeitete und durch vielfältige Bauformen ergänzte Quartier.

Development Proposal for 'Lichterfelde, IV. Ring' 1974

Urban planning ideas competition, Berlin

A mixed-use development including elements of infrastructure was envisaged for a c.36 hectare site in the south of Berlin (Lichterfelde). The main problem was how to incorporate a proposed, heavily utilized access road (IV. Ring), which cut through the area. As with his planning for the 'South Green Belt' in Cologne, Ungers studied and then transformed the characteristic traits of the existing urban fabric. By this means, he created a surprising but utterly convincing new conception of the *suburb*: predominantly single-family dwellings, with a scattering of large forms, all tied into a three-dimensional circulation system – a roadway built over with two-storey structures and organized as a 'central promenade'. A number of short paths, passages and terraces branch off from the roadway, extending into the site, which otherwise remains traffic free.

We see variations and combinations of what is practically a reinvention of the urban villa type: a terrace perforated on the ground floor to ensure permeability, along with more complex buildings served by more than one stair, with terraces or garden courtyard flats. The suburb is made accessible by a refined extension of the existing road network. The urban planning order therefore is not manufactured, but simply consolidated.

The large forms of the high-rises also establish an urban connection with the high density of building in the area to the west. The area to the northwest of the site with its row of high-rises, and the area to the northeast with its public facilities, also form a kind of frame for the neighbourhood, which Ungers developed out of the existing conditions and completed with a variety of building forms.

Rechte Seite: Modellstudie der Anlage / Ist-Plan / Soll-Plan.

Opposite page: Study model of complex / 1st stage plan / Final plan.

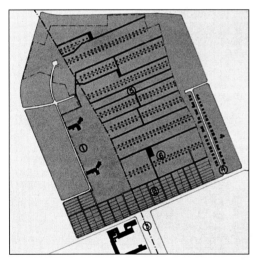

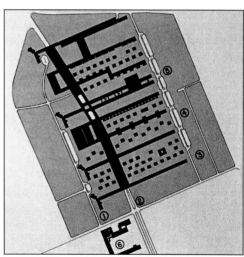

IST · PLAN
STÄDTEBAULICHEN FORDERUNGEN U. ELEMENTE
1. LAGE U. STELLUNG DER BEIDEN HOCHHÄUSER
2. ERHALTUNG DER KOLONIE SCHWEIZERLAND
3. VERLÄNGERUNG 4. RING
4. EINZELHAUSBEBAUUNG DES GEBIETES
5. WEGENETZ DES KLEINGARTENBETRIEBES
6. GARTENHÄUSERREIHEN ZWISCHEN WEGENETZ

SOLL · PLAN
STÄDTEBAULICHES KONZEPT
1. ERWEITERUNG DER HOCHHAUSKETTE AUF 4
2. 4GESCHOSSIGE STRASSENÜBERBAUUNG 4. RING ALS PROMENADE
3. 4GESCH. ZEILENBEBAUUNG (BEGEHBAR) ALS ERSATZ F. WEGENETZ
4. INDIVIDUELLE 2-4 GESCH. EINZELBEBAUUNG ZWISCHEN ZEILEN
5. FUNKTIONSÄNDERUNG DER ZEILEN BED. D. LAGE U. ZUORDNUNG
6. ÜBERNAHME GROSSMASSSTÄBL. BEZIEHUNG Z. SÜDW. BAUKOMPLEX

Roosevelt Island 1975

Städtebaulicher Wettbewerb; New York

Bei diesem Entwurf – bei einer solchen Größenordnung und städtebaulicher Tragweite – erweist sich die Systematik, mit der Ungers an jede Aufgabe herangeht, als durchaus notwendig und sehr brauchbar. Ihm gelingt es, durch das Aufspüren des *genius loci* des Ortes Manhattan, ein klares, übergeordnetes Konzept bzw. einen Rahmenplan für die mögliche Bebauungsstruktur zu (er-)finden. Dabei werden die spezifisch städtischen Elemente Manhattans – Block, Mall und Park – derart in ein System eingebunden, daß eine neue Interpretation des geordneten städtischen Raumes entsteht. Die Qualität der Arbeit liegt in der klaren Gliederung des Stadtquartiers und in der Scheidung seiner Elemente.

Innerhalb der Rasterstruktur von 28 gleichwertigen Blocks entsteht eine breite Palette von Möglichkeiten, diese Blocks architektonisch zu interpretieren. Bei dieser Deutung stehen die Villa und der Palazzo und deren Transformation zum innerstädtischen Wohnblock im Mittelpunkt. So entstehen unterscheidbare, aber auch für sich jeweils identifizierbare Einzelformen, die durch das Gesamtsystem geordnet werden. Differenzierungsmerkmale sind dabei: Funktionen (kleine, mittlere, große Wohnungen); unterschiedliche Haustypen (Terrassen- und Laubengang-häuser); Variationen der Wohneinheiten (Garten- und Penthouse-Wohnungs-Blocks) oder lagebedingte Stellungen der Blocks (am Wasser, am Park, an der Mall, als T- bzw. als U-förmige Bebauung). Ungers reizt bei seinem Vorschlag nicht die ganze Bandbreite von Möglichkeiten aus, sondern stellt lediglich das System zur Verfügung, in dem diese – mittels verschiedener Architekturen von verschiedenen Architekten – verwirklicht werden kann.

Roosevelt Island 1975

Urban planning competition, New York

With a design of this scale and scope, Ungers' systematic method of approach proved vital. He first defined the *genius loci* of Manhattan in order to establish a clear guiding concept for the possible structure of development. The specific urban elements of the place – the block, mall and park – are bound together into a system which generates a new interpretation of ordered and urban space. The scheme is remarkable for its clear organization of the urban quarter and the differentiation of its elements. The grid structure consists of 28 blocks, which are all of equal value but open to many different architectural interpretations. Ungers' presentation focuses on the typological models of villa and palazzo and their transformation into an inner city housing block. A variety of differentiated blocks is created: each has its own identity, but is ordered by the system as a whole. The differentiating characteristics are size (small, medium, large apartments), typology (terrace or pergola houses); overall variations in function (garden and penthouse apartment blocks); site-determined orientation (towards the water, park, or mall); or shape ('T' versus 'U'). Ungers does not seek to present a full hand of possible solutions, but shows only the potential of the system to allow a wide range of buildings to be realized by different architects.

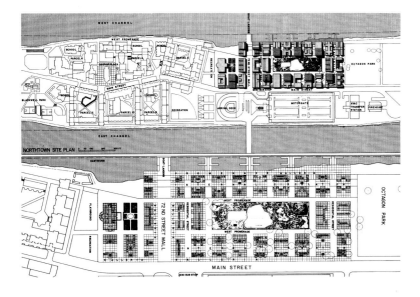

84

BASIC BUILDING ENVELOPE

Axonometrie der Bebauung mit dem zentralen Park / Folgende
Doppelseite: Systematische Analyse und Erarbeitung der Wohn-
blockvarianten / Linke Seite: Situationsplan.

Axonometric showing development around a central park /
Overleaf: Systematic analysis and development of housing
block variants / Opposite page: Site plan.

LOFT TYPE
OPEN PLAN
FLEXIBLE APARTMENTS
WAREHOUSE SPACE
FIXED CORE & FLEXIBLE FLOOR
AREA · SKELETAL STRUCTURAL SYS-
TEM IN STEEL OR CONCRETE·
PREFABRICATED SOLID & GLASS
WALLS · INFILL EXTERIOR WALLS
LIGHT WEIGHT MOVABLE PARTITION

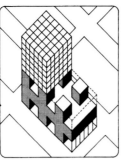

PENTHOUSE/ TOWER

46 UNITS/ IBR 2BR   60'   120'

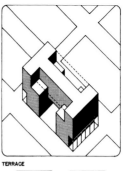

TERRACE WALK-UP

12 UNITS/O BR 1BR 2BR

TERRACE

16 UNITS/2BR 3BR

STANDARD TYPE
FIXED PLAN
SET OF ALTERNATIVE APARTMENTS
TYPICAL URBAN BLOCK TYPE
TERRACE, COURTYARD, WALK-UP
BEARING WALL CONSTRUCTION IN
BRICK OR CONCRETE BLOCK WITH
PAINT OR PLASTERED, GLOSSY FIN-
ISH· PARTITION WALLS IN STAND-
ARD MATERIALS

TERRACE

20 UNITS/2BR 3BR

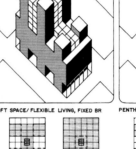

LOFT SPACE/ FLEXIBLE LIVING, FIXED BR

UNSPECIFIED

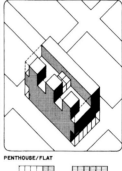
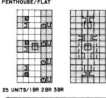

PENTHOUSE/FLAT

25 UNITS/ IBR 2BR 3BR

PALAZZO TYPE
SPECIAL PLAN
URBAN PALACE
PENTHOUSE, GARDEN APARTMENT
CONVENTIONAL CONSTRUCTION· MIX-
ED STRUCTURAL SYSTEM · EXTERIOR
WALLS WITH TILE COVERING · ELAB-
ORATED FACADE DETAILS · FIXED
INTERIOR SPACES WITH WIDE PLAN
VARIATION

TERRACE COURTYARD

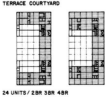

24 UNITS/ 2BR 3BR 4BR

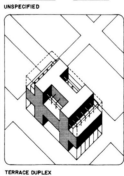

TERRACE DUPLEX

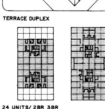

24 UNITS/ 2BR 3BR

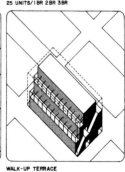

WALK-UP TERRACE

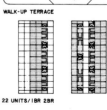

22 UNITS/ IBR 2BR

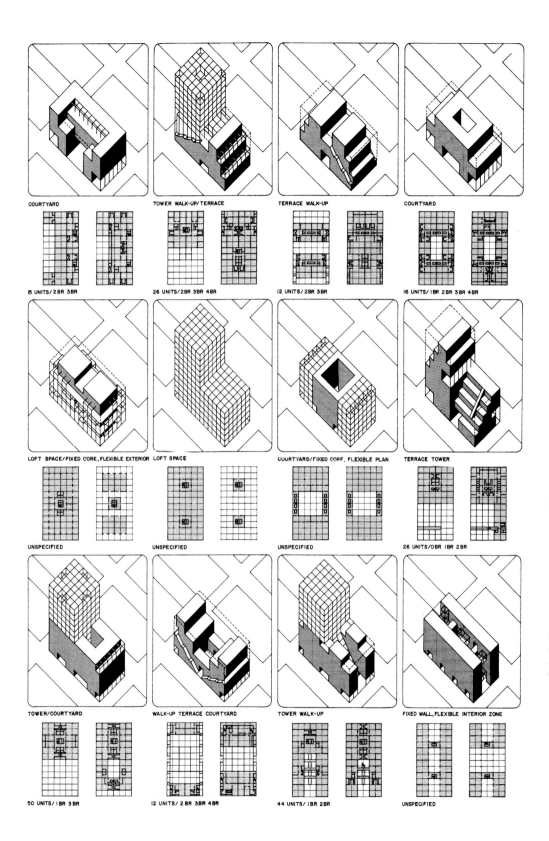

COURTYARD

15 UNITS/2BR 3BR

TOWER WALK-UP/ TERRACE

26 UNITS/2BR 3BR 4BR

TERRACE WALK-UP

12 UNITS/2BR 3BR

COURTYARD

16 UNITS/1BR 2BR 3BR 4BR

LOFT SPACE/FIXED CORE, FLEXIBLE EXTERIOR

UNSPECIFIED

LOFT SPACE

UNSPECIFIED

COURTYARD/FIXED CORE, FLEXIBLE PLAN

UNSPECIFIED

TERRACE TOWER

26 UNITS/0BR 1BR 2BR

TOWER/COURTYARD

50 UNITS/1BR 3BR

WALK-UP TERRACE COURTYARD

12 UNITS/ 2 BR 3BR 4BR

TOWER WALK-UP

44 UNITS/1BR 2BR

FIXED WALL, FLEXIBLE INTERIOR ZONE

UNSPECIFIED

Wallraf-Richartz-Museum 1975
Ideenwettbewerb; Köln

Dieser Museumsentwurf in direkter Nachbarschaft zum Kölner Dom verfolgt zwei Prämissen bis in die letzte Konsequenz. Einerseits soll das Gebäude sich möglichst offen zur Stadt verhalten, sich in die umgebende Bebauung einfügen und durchlässig sein. Andererseits soll es museumstechnisch möglichst flexibel, architektonisch aber auch *artifiziell* sein.

Aus städtebaulichen und erschließungstechnischen Gründen wird die Erweiterung der Domplatte vorgeschlagen. Von hier aus betritt man das Museum. Die innere Erschließung führt von einem Eingangshof zu einem Skulpturenhof und – in Verlängerung zum Rhein – zu einer Caféterrasse mit Anlegestelle. Dieser Weg wird gekreuzt von einem durch das Museum gesteckten zusätzlichen öffentlichen Gang, von dem aus der Einblick in die Museumsräume möglich wird. Die Stadtdurchwegung wird so zu einer partiellen Museumsdurchschreitung.

Das artifizielle Moment wird durch die Gestaltung des Eingangshofes erreicht, der mit beschnittenen Bäumen bepflanzt und als «de Chirico-Stadraum» inszeniert wird. So wird die Stadt schon Teil des Museums, umgekehrt das Museum zu einem natürlichen Bereich der Stadt.

Im Innern des Museums werden alle Räume an ein rasterartiges Gangsystem angeschlossen, wobei breite Treppen und Rampen jeweils zu Galerien führen, die gleichzeitig als Ausstellungsflächen dienen. Die Räume selbst sind durch drehbare Zwischenwände und verstellbare Trennwände sehr flexibel und somit anpaßbar an die jeweils gewünschten Ausstellungszwecke.

Wallraf-Richartz Museum 1975
Ideas competition, Cologne

This design for museum sited next to Cologne Cathedral follows two premises through to their logical conclusion. First, the building is intended to be open to the city: it inserts itself into the surrounding context and is as permeable as possible. Second, it attempts to provide the high degree of technical flexibility required by its function as a museum while remaining an architecture of *artificiality*.

To ensure permeability and urban continuity, Ungers proposed to enter the museum through an extension of the Cathedral Square. The internal entry leads via a sculpture court to a café terrace that extends towards the Rhine and has mooring for boats. This axis is crossed by an additional public way which runs through the museum, offering views into the internal spaces: an urban thoroughfare becomes a partial museum thoroughfare.

The element of artificiality is achieved by the entrance court, with its topiary trees, which forms the kind of urban space found in the paintings of De Chirico. Through the courtyard, the city becomes part of the museum, while the museum becomes a natural part of the city.

In the interior of the museum all spaces are connected by a gridlike circulation system. Broad stairs and ramps lead to galleries, which also serve as exhibition spaces. The rooms themselves are highly flexible, with rotatable and demountable walls which adapt easily to changing exhibition requirements.

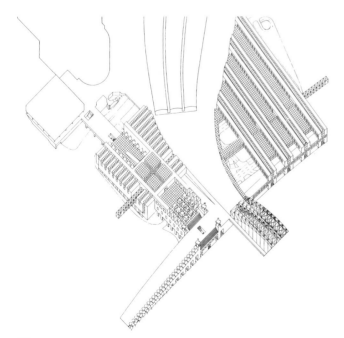

Axonometrie der Museumsanlage / Rechte Seite: Plateau am Rhein mit Plastiken / Zentraler Museumseingang mit Wegkreuzung / Eingangsplatz mit Plastiken nach de Chirico.

Axonometric of museum complex / Opposite page: Riverside terrace with sculptures / Central museum entrance with cross-axis / De Chirico-inspired entrance square with sculptures.

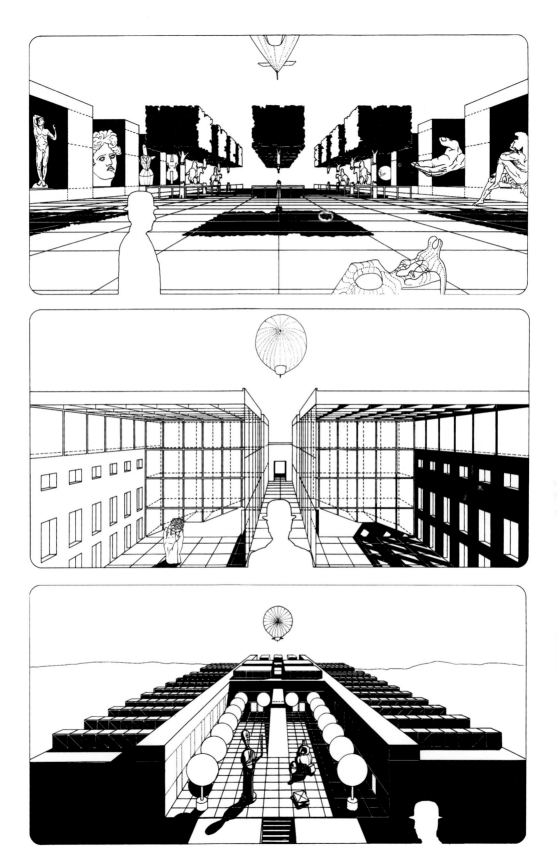

Wohnbebauung Ritterstraße 1976
Planung; Marburg

Auf modellhafte Weise macht dieser Bebauungsvorschlag deutlich, wie mit der bis zu diesem Zeitpunkt von Ungers erarbeiteten Systematik vorgegangen werden kann. Er verbindet hier die *morphologische Reihe* mit der Idee der *Vielfalt in der Einheit* bzw. der von der *Stadt im Kleinen*. Dabei wird die Nähe zur mittelalterlich geprägten Stadtmitte mit dem Marktplatz zum Anlaß genommen, mit der dort vorgefundenen Einzelkörperbebauung exemplarisch zu spielen. Die Verbindung zum Schloßaufgang und das abgerundete Erscheinungsbild der Ritterstraße waren ebenfalls Kriterien für die Grundstückswahl. Als Prämissen wurden individuelles Wohnen für die Mittelschicht, das Konzept des «Wohnens in der Stadt» – als Alternative zum Wohnen «vor der Stadt» – und die bauliche Struktur des Einzelhauses festgelegt.

Auf einem Blockgrundstück, bebaut mit einem denkmalgeschützten Haus, werden nun 13 Hausalternativen entwickelt, die alle auf dem Raster von 6,5 x 6,5 m basieren. Sockel- und Dachgeschoß sind in der Nutzung variabel, auf drei Vollgeschossen soll sich das «Wohnen» abspielen; immer in der Abfolge Küche/Eßplatz (1. OG), Wohnen (2. OG) und Schlafen (3. OG). Die Kombination der verschiedenen Haustypen, jeweils fünf finden Platz auf dem Grundstück, wird als morphologische Reihe verstanden – diese wird wiederum aus der «morphologischen Struktur der Altstadt» gewonnen. Das Konzept versteht sich ausschließlich als benutzerunabhängige Simulation, d.h. in einem nächsten (Realisierungs-)Schritt sollte mit den potentiellen Bewohnern der Grundriß anhand des vorgegebenen Programms durchgespielt und festgelegt werden. Das *Individuelle* des Stadtbewohners würde also eingebunden in ein übergeordnetes System, innerhalb dessen es aber als individueller Hauskörper erkennbar bliebe. In ihrer gegenseitigen Ergänzung läge wiederum der jeweilige Charakter des Einzelhauses *und* des Ganzen begründet.

Diese von Ungers für die Architektur (wieder-)gewonnene Entwurfssystematik sollte Vorbildcharakter nicht nur für diesen Ort haben – seither findet sie sich bei vielen ähnlichen Aufgaben und bei sonst unterschiedlich arbeitenden Architekten wieder.

Ritterstraße Housing 1976
Development plan, Marburg

This proposal showed the full potential of the system developed by Ungers, combining a *morphological range* of models with ideas on *variety within unity* and the *city in miniature*. The proximity of the medieval old town, with its market square, was seen as an opportunity to play in an extremely effective way with existing individual buildings. Other influences were the street's link to the hill up to the castle and its closed appearance. The basic proposal was for a variety of individual middle-income homes, presented as ideas for 'urban living' (as opposed to 'suburban living').

On a block site containing a historic listed building, 13 house variants were developed. All were based on an overall planning grid of 6.5m x 6.5m. The base and attic storeys varied in use, while the 'living' functions were set on the three full floors in between, with the kitchen and dining room on the first floor above ground, the reception rooms on the second floor, and the bedrooms on the third. The combining of different house types – with room for a total of five on the site – was inspired by the 'morphological structure of the old town'. The various proposals were understood to be feasibility studies. In the next stage (construction), the plans were to be shaped in consultation with potential residents. In this way, the overall system would accommodate the *individual desires* of the urban dweller. Each building would have its own distinctive character, but would complement the others, establishing a varied but unified whole.

Ungers' system of design was intended to serve as a model for development beyond this specific site. In subsequent years, it has been applied to similar projects undertaken by architects with quite different working methods.

Rechte Seite: Hausvarianten in morphologischer Verwandlung.

Opposite page: Morphological transformation of housing variants.

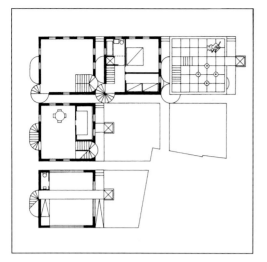

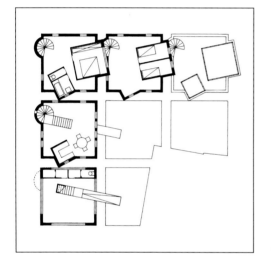

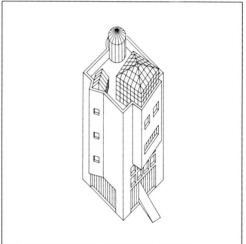

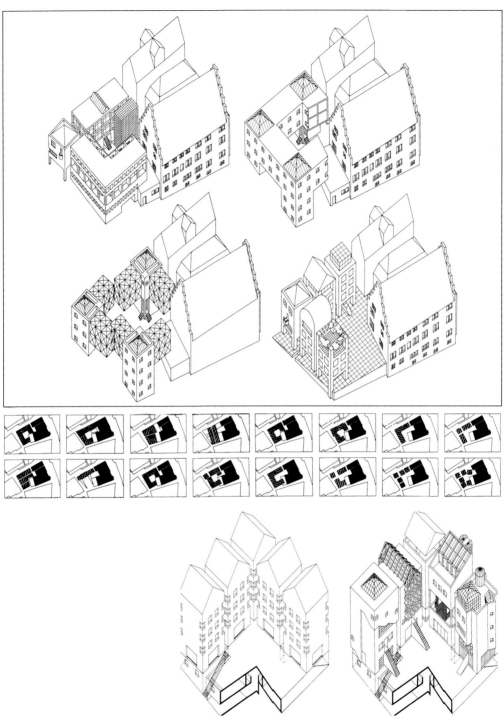

Linke Seite: Oben: Haustyp Nr. 12: das Spiel mit den Treppen und Ansicht / Mitte: Haustyp Nr. 13: das Spiel mit den zusammengesetzten Hauskörpern und Ansicht / Unten: Gruppierung einheitlicher und unterschiedlicher Hauskörper.

Opposite page, above: House type no. 12, a play on stairs, plan and projection / Centre: House type no. 13, a play on juxtaposed masses, plan and projection / Below: Clusters of uniform and varied house forms.

Analyse der raumbildenden Wirkung unterschiedlicher Hausgruppen / Zwei Beispiele der morphologischen Verwandlung.

Analysis of spatial and massing effects of various housing assemblies / Two examples of morphological transformation.

93

Umbauplanung Museum Schloß Morsbroich 1976

Um- und Neubauplanung; Leverkusen

Das Schloß Morsbroich sollte um einige Nebengebäude erweitert werden, in denen Ateliers, ein Café und ergänzende Ausstellungsräume vorgesehen waren. Das Schloß selbst steht in einer gartenähnlichen Anlage, die von einem nahezu ellipsenförmigen Wassergraben umgeben ist. Die Situation ist als Relikt der ursprünglich barocken Anlage zu lesen. Dieses barocke Element greift Ungers auf, um seinem Planungseingriff die nötige Signifikanz zu verleihen: er vollendet die Ellipse nun streng rechnerisch-geometrisch und ordnet dann parallel zu dieser Form – und zwar das Schloß halb umschließend, er spricht von einem «stehenden Korbbogen» – seine Ergänzungsbauten an. Durch diesen Eingriff werden sowohl die vorhandenen Bauten (Schloß und Remisen), als auch das neu gefaßte Park-Gelände in ihrer artifiziellen, *barocken* Bedeutung hervorgehoben.

Der Neubau bildet dabei einerseits – nach außen – eine abschirmende und schützende Wand. Diese wird als natursteinverkleideter Mauerwerksbau geplant. Nach innen, zum Park mit dem alten Baumbestand und zum Schloß hin, wird eine arkadenartige Wand inszeniert: große Wandöffnungen als Fenster oder Austritte. Außen und Innen verschmelzen nun derart, daß weiche und harte Übergänge zwischen Haus und Park sichtbar und erlebbar werden.

Die «Transformation des Innenraumes» ist ein weiteres Thema des Entwurfs. Schrittweise wird, beruhend auf einem quadratischen Querschnitt, das Gebäude aufgelöst, Geschoßdecken, Dächer und Oberlichter variieren diese Auflösung und führen an den Enden der Baukörper direkt in den Park, wo das Planungsraster im Boden sichtbar bleibt und über der Erde nur noch als «gebautes Grün» erscheint. Das Raster selbst erlaubt viele mögliche Wandstellungen. Das wiederum wirkt sich günstig auf die Funktion als Museum aus: der Grad der Flexibilität für die Hängeflächen ist äußerst groß.

Schloß Morsbroich Museum 1976

Plan for renovation and extension, Leverkusen

This project envisaged an annexe to Schloß Morsbroich to house workshops, a café and additional exhibition spaces. Ungers gives his plan the necessary presence by tying it to the *Baroque* heritage of the castle, still evident in its garden-like setting and essentially elliptical moat. He completes the ellipse of the moat in a rigorous geometric way and sets the new buildings parallel to it. This strong enclosing element, which Ungers describes as 'the bow-like rim of an upturned basket', accentuates the artificial, Baroque meanings of the castle and existing outbuildings, as well as the park.

Towards the exterior, the new building forms a shielding, protective wall of natural stone-faced masonry. On the inside, there is an arcade-like wall, with large openings serving as doorways or windows onto the mature trees of the park and the castle. Exterior and interior blend together, allowing both soft and hard transition points between the house and park to be experienced.

A further theme of the design is the 'transformation of the inner space'. The building is broken up in stages, using a square cross section varied with intermediate floors, roofs and toplights. This effect of dissolution projects beyond the ends of the building directly into the park, where the planning grid remains visible in the ground, as an architectural landscape. The grid itself allows many variations in the positioning of walls, supporting the building's function as a museum by providing a high degree of flexibility within the hanging spaces.

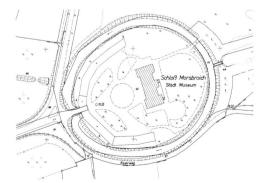

Lageplan des Geländes / Rechte Seite: Geplante Anlage / Die innere Wand des Museums / Die äußere Wand des Museums / Der Arkadenhof.

Site plan / Opposite page: Planned complex / Inner wall of museum / External wall of museum / Arcaded court.

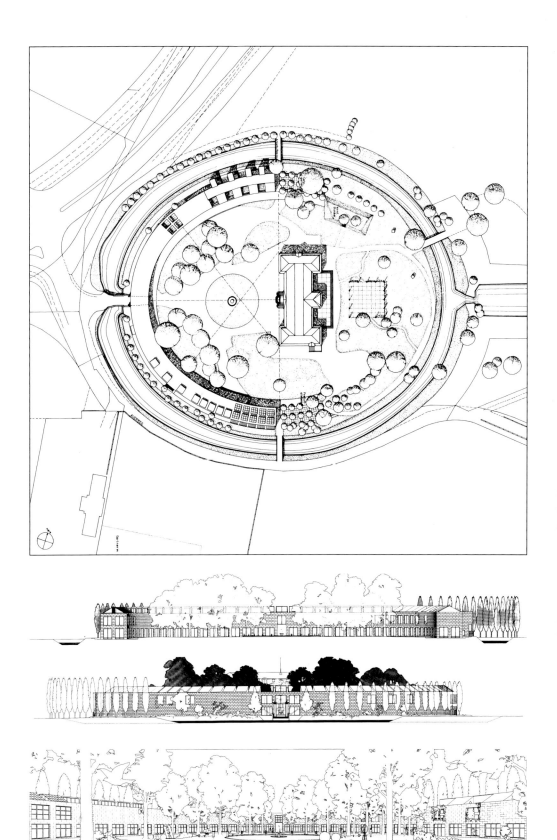

95

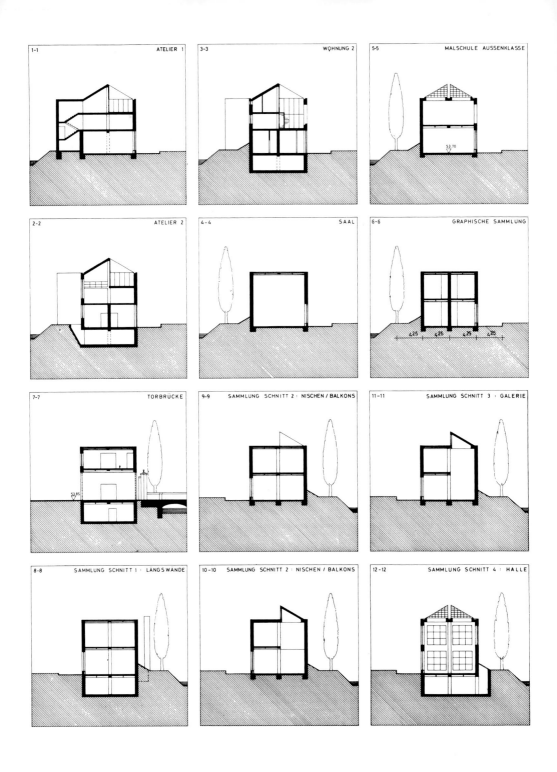

Transformation der Querschnitt-Typen / Rechte Seite: Axonometrie der Variante mit geschlossenem Oval / Entwurfsskizzen mit Varianten.

Exercise in varied cross-sections / Opposite page: Axonometric of closed oval variant / Design sketches with variants.

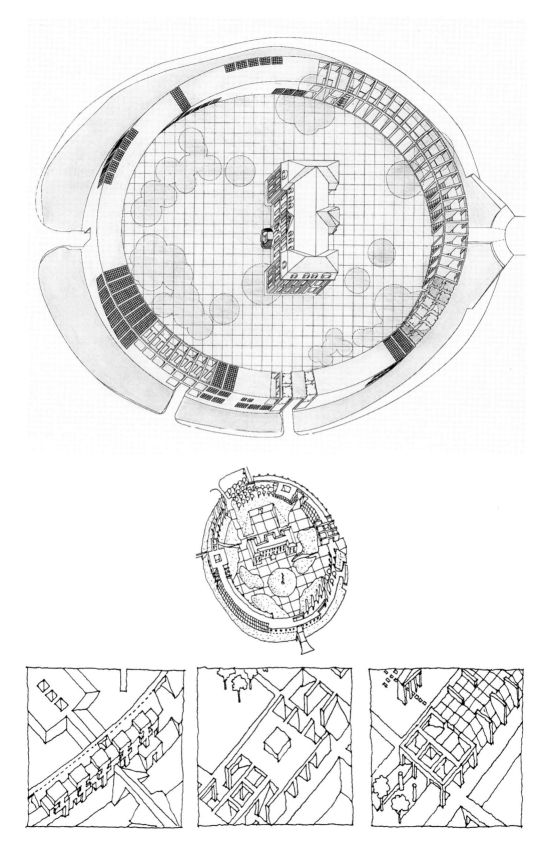

Schloßpark Braunschweig 1976

Gutachten/Planung; Braunschweig

«Der Untersuchungsvorgang ist methodisch ein morphologischer Prozeß.» Wieder ist es der Architekt selbst, der das Stichwort zur Interpretation seiner Arbeit liefert. – Seine heutige Form erhielt der innerstädtische Park Braunschweigs erst nach dem Zweiten Weltkrieg. Zuvor entwickelte er sich über Jahrhunderte von einer kleinen Gartenfläche (um 1700) zu einem Schloßpark (im 19. Jh.). Die Fläche soll nun zwar der stadtnahen Erholung dienen, ist aber nur halbherzig begrünt und durch eine heterogene Randbebauung ungenügend in das Stadtnetz eingebunden. Man versteht den Park eigentlich nur als *Restfläche*, die zudem von einem unmaßstäblichen Kaufhaus dominiert wird.

Diese Situation nimmt Ungers zum Anlaß, eine Reihe von Untersuchungen anzustellen, die den Park und seine unmittelbare Umgebung, aber auch die Stadt betreffen. Seine leitende Idee der Morphologie führt ihn vor Ort zu verschiedenen Feststellungen, mit denen sich jede zukünftige Planung zu beschäftigen hat, z.B.: Zwischen der stadträumlichen Erscheinung und den architektonischen Details der Einzelhäuser besteht eine Beziehung. Optische Bezüge sind durch Blickpunkte und Sichtachsen hergestellt. Die Randbebauung, als den Park erst konstituierende Wand und Grenze, erscheint stark überformungsbedürftig.

Daher entwickelt Ungers eine Reihe von Entwurfsalternativen für Schloßpark und Umgebung und Vorschläge für die Randbebauung an der Planstraße. Dabei werden erneut unterschiedliche Hausformen und Alternativen für die je spezifische Situation angeboten: ein schlangenförmiges «Galeriehaus» als Parkwand, zwei «Torhäuser» als signifikante Eingangsfiguren in den Park, «Hofhäuser» als Ergänzung eines Altstadtblockes oder etwa ein kammartiges Haus als Transformation der Blockrandbebauung des 19. Jh.

Die Untersuchung fand seinerzeit eine ungewöhnliche Resonanz in der Fachwelt wie auch innerhalb der Studentenschaft mancher Architekturfakultäten – gerade auch weil sie sich stark architekturimmanenten Fragen widmete und auf diese eine Antwort suchte.

Schloßpark Braunschweig 1976

Planning report, Braunschweig

'The process of investigation is, in methodological terms, a morphological process.' Once again, it is the architect himself who provides the key to interpreting his work. The park in Braunschweig assumed its current form only after the Second World War. Before that time, it had developed over centuries from a small garden (circa 1700) to a castle park (in the 19th century). Although the park is intended to be an urban recreation area, recent attempts at landscaping have been half-hearted. The heterogeneous nature of the surrounding buildings also means that it is not sufficiently tied into the existing urban fabric. The park can be understood only as a *piece of surplus land*, dominated, moreover, by a huge neighbouring department store.

Ungers used this situation as an opportunity to undertake a series of investigations into not only the park and its immediate surroundings but also the city as a whole. His theoretical interest in morphology led him to a number of conclusions concerning the issues that future planning would have to address. He established that there had to be a link between the overall appearance of the urban fabric and the architectural details of the individual houses, and set up optical connections by means of vistas and sightlines. He also began to rethink the surrounding buildings, which effectively created a barrier around the perimeter of the park.

The result was a range of design proposals for the Schloßpark, its surroundings and its perimeter buildings, which included not only different house forms but alternative treatments for specific situations. Ungers suggested a serpentine 'gallery house' to form the wall to the park, and two landmark towers to define its entry. He proposed to transform the 19th-century buildings on the perimeter into courtyard houses, like those in the old town, or into 'comb-like' blocks.

The study had an unusual impact both within the profession and amongst students in a number of schools of architecture – because it not only addressed questions of great relevance to architecture, but also attempted to put forward answers.

Rechte Seite: Stadt- und Raumkörperanalysen zur Gewinnung von entwurfbildenden Kriterien.

Opposite page: Functional analyses of figure-ground relationships.

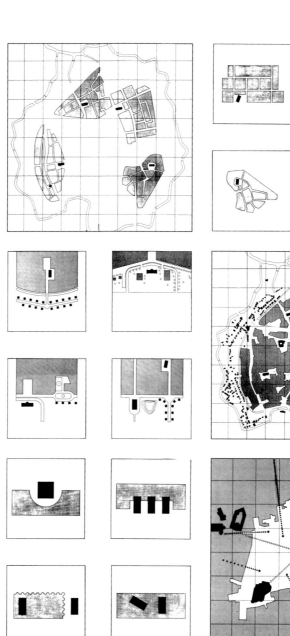

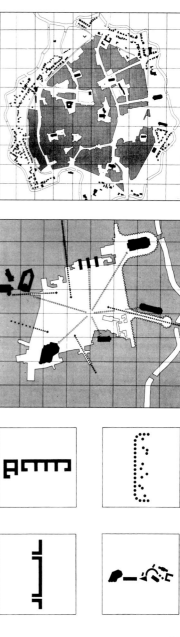

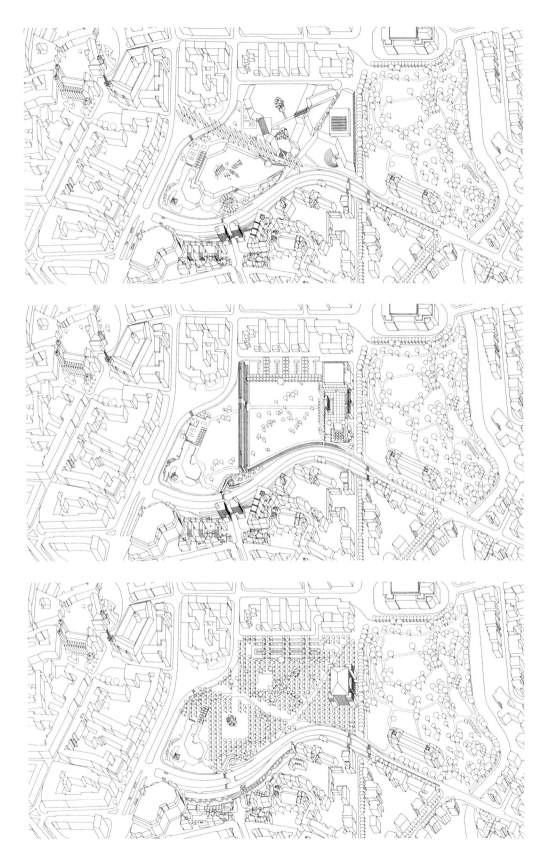

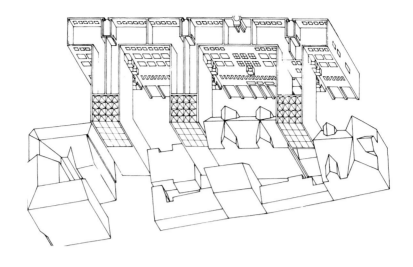

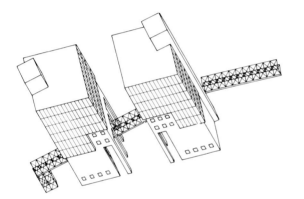

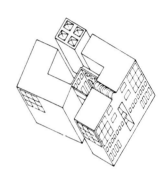

Kammhaus mit Althausbestand / Torhausvariante / Typ «Stadt-
villa» / Der geschlossene Block als Hofhaustyp / Linke Seite: Bebauungsvorschlag «Hügellandschaft» / Bebauungsvorschlag
«Doppelplatz mit Arkadenbau» / Bebauungsvorschlag «Baum-
raster mit Negativräumen».

Comb-shaped building with existing structure / Gatehouse vari-
ants / 'Urban villa' type / Fully closed courtyard housing type /
Opposite page: Development proposal for a 'hilly landscape' /
Development proposal for 'two squares with arcade building' /
Development proposal for a 'grid of trees defining spaces'.

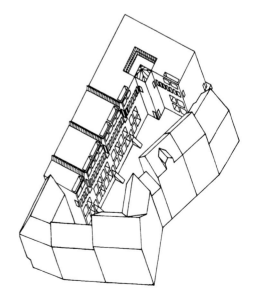

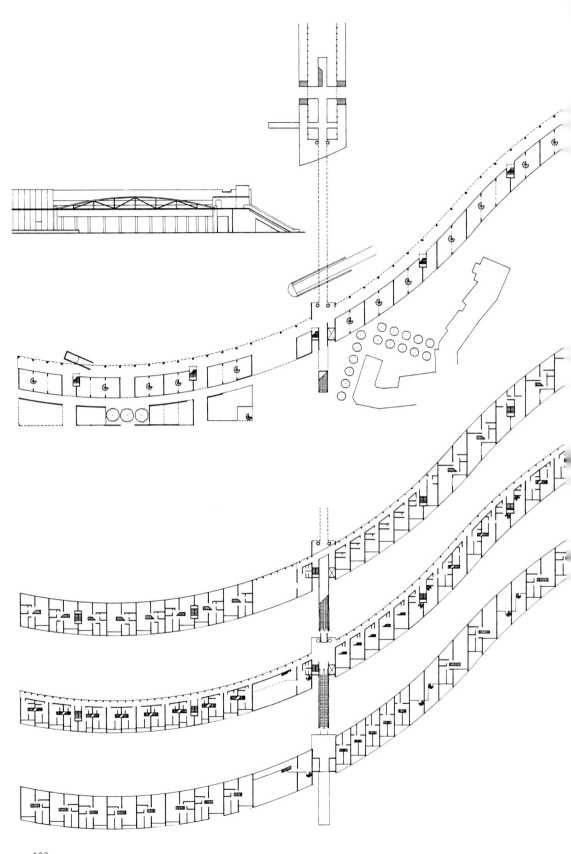

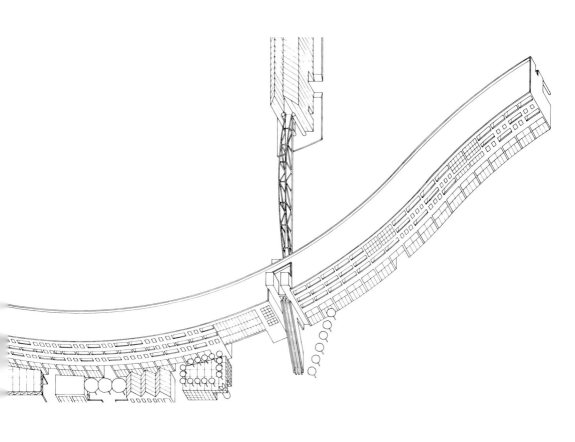

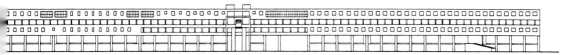

Axonometrie und Ansicht des Galeriehauses / Linke Seite:
Schnitt Fußgängerbrücke und das Galeriehaus mit Nutzungs-
vorschlägen.

Axonometric and elevation of gallery building / Opposite page:
Section through pedestrian bridge and gallery building with
proposals for use.

Hotel Berlin 1977

Wettbewerb; Lützowplatz, Berlin

Gefordert war ein An- und Neubau an ein vorhandenes Hotel. Das Gebiet war vor dem Zweiten Weltkrieg dicht bebaut und zwar in der für Berlin typischen Blockrandbebauung. Das spätere städtebauliche Chaos ist Resultat der Nachkriegsplanungen. Um diese bauliche und räumliche Unruhe zu dämpfen, schlägt Ungers einen ruhigen, monolithischen Baukörper vor, der einerseits aus der Transformation des städtischen Blockes, gleichzeitig aber auch aus der Monumentalität der *Grand Hotels* des 19. Jh. erarbeitet wird. Der bauliche Ausdruck ist der eines wirklichen Großstadt-Hotels: dicht, kompakt, repräsentativ und markant erscheinend. Die Höhe folgt allerdings der alten Traufkante der Umgebung. Der historische Lützowplatz und ein zum Grundstück gehörendes, freigebliebenes Geländestück werden formal in die Planung einbezogen: einmal als Grünblock, einmal als artifiziell mit einer Pergola eingefaßter Park-Raum. Um das gesamte Erdgeschoß herum verläuft ein Arkadengang mit diversen städtischen und nicht hotelbedingten Nutzungen.

Zentrum der Hotelanlage ist eine glasgedeckte, über alle Geschosse reichende Halle als großstädtisch interpretierter Platz: hier kommt man an, von hier verteilen sich die hoteleigenen Funktionen. Diese werden durch das kompakte, intensive Raumprogramm auf optimale Weise bedient.

Hotel Berlin 1977

Competition, Lützowplatz, Berlin

The brief called for an addition to and modification of an existing hotel. Before the Second World War the area consisted of the densely built-up perimeter buildings with internal courtyards that are typical of Berlin. But postwar urban planning brought chaos. In order to reduce the physical and spatial confusion, Ungers proposed a calm, monolithic building which reflected elements of both the urban block model and the 19th-century *grand hotel*. The architectural expression is that of a true metropolitan hotel: dense, compact, prominent and prestigious. Similar in scale to the surrounding city, its height relates to the established eaves line. Both the historic Lützowplatz and an undeveloped plot adjacent to the site are incorporated formally into the plan: one as a 'green' block, the other as a park defined by a pergola. The whole ground floor area is embraced by an arcaded loggia which serves a variety of urban uses not directly related to the hotel. At the centre of the hotel complex is a glass-roofed atrium which rises up through all the floors and acts as a city square: it is the point of arrival and the functional focal point of the hotel. This compact spatial arrangement allows for the most efficient working of the different parts of the hotel.

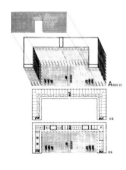

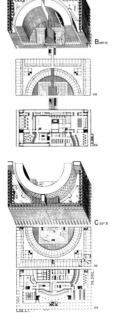

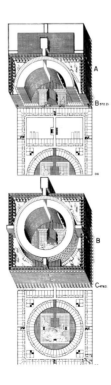

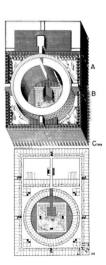

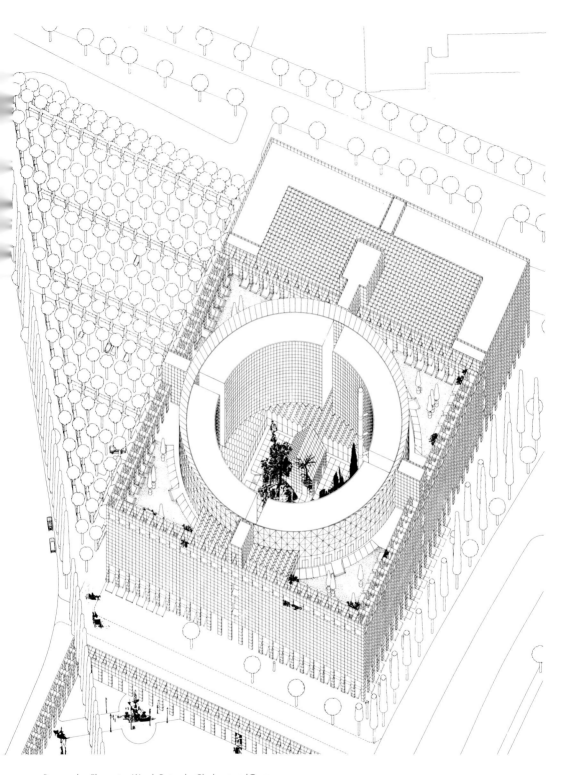

Der aus den Elementen Wand, Rotunde, Glashaus und Treppen-
türmen gebildete Hotelkomplex / Linke Seite: Baustufenplan.

Hotel complex with its composite elements of wall, rotunda,
glass house and stair towers / Opposite page: Phased development plan.

Planung Südliche Friedrichstadt 1977
Berlin
Diese Planung muß als Ergebnis einer Überlegung gesehen werden, die am Anfang des Projektes gestanden und in etwa gelautet haben könnte: Retten, was zu retten ist. Die Südliche Friedrichstadt mit der sie in Nord-Süd-Richtung durchtrennenden Friedrichstraße war während des Bombenkrieges sehr stark beschädigt worden. Ein Großteil der Bausubstanz war vernichtet, nur noch vereinzelt, wie übriggelassene Zähne in einem zerschundenen Stadtkörper, ragten Bauten aus dem Trümmerfeld. Den Rest der Abräumung und Vernichtung besorgte die an Arroganz grenzende Mentalität der Architekten und Verkehrsplaner in direktem Anschluß an den Krieg.

Die dominierende Figur des «Rondell» genannten Mehringplatzes etwa wurde ebenso überformt wie die angrenzenden Bau- und Straßenfluchten. Eine monströse Siedlung mit vielgeschoßigen Bauten entstand, hilflos im Raum mäandrierend, in der Höhe wahllos gestaffelt. Die Reste der übrigen Blocks wurden niedergemacht und unmaßstäblich bebaut. Hier nun, in diesem Rudiment von Stadt, setzt Ungers' Planung ein. Er nimmt sich der bestehenden Blockstruktur an und versucht, jedem dieser Blocks ein spezifisches Gepräge zu geben. Aber der Block wird nicht nur dort zum Thema, wo er sich als neue/alte Struktur (z.B. entlang der Mauer im Norden) anbietet; er ist auch Leitmotiv für die Ausformung von Parkgebilden und für die Ergänzung von bestehenden Hausfiguren dort, wo dies möglich scheint.

Damit greift Ungers eine Problematik auf, die in den folgenden Jahren, während der Internationalen Bauausstellung (IBA), zum Leitthema werden sollte: das Thema der sogenannten «Kritischen Rekonstruktion» der Stadt. Bei näherem Hinsehen entpuppt sich der Vorschlag abermals als ein Spiel mit Variationen, als Transformationsfolge des städtischen Blockes. Harmonisierungen erscheinen nicht, dafür Brüche, Überlagerungen und Verschneidungen. Die vermeintliche Strenge, die dem Plan innewohnt, wird immer wieder deutlich gemacht, besser: sie wird thematisiert und inszeniert.

Plan for Southern Friedrichstadt 1977
Planning, Berlin
This proposal should be evaluated as an attempt from the outset to 'save what could be saved'. Southern Friedrichstadt suffered massive damage during the bombing of Berlin. A large part of its built fabric was completely destroyed: the few remaining buildings stood out in the rubble like loose teeth in a shattered urban organism. And the arrogant mentality of the architects and planners in the postwar years ensured that the destruction continued. The Mehringplatz became an overpowering rounded form, as mannered as the buildings and street alignments around it. A monstrous housing estate was built, consisting of a disparate mass of aimlessly meandering, arbitrarily scaled blocks of flats. Existing housing was demolished to make way for new outsize buildings. Into this primitive urbanism, bisected by the north-south Friedrichstraße, Ungers inserted a plan. Adopting the existing block structure, he attempted to give each one of the elements a distinctive character. The block not only presented itself as a continuation of the existing urban fabric (for example, along the Wall to the north); it also became the leitmotif for the organization of the park and the completion of gaps in the existing buildings, wherever possible.

In this project Ungers addressed an issue that became the main focus of the International Building Exhibition (IBA) in Berlin in subsequent years: the so-called 'critical reconstruction' of the city. On closer inspection, however, the proposal presents itself as a game of variations, the outcome of the architect's attempts to transform the urban block. In place of harmony, there are ruptures, overlaps, cuts. The strength of the plan becomes ever clearer, as we can see a thematic principle put in place.

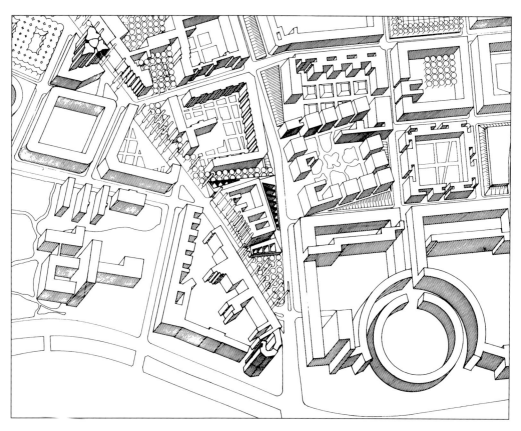

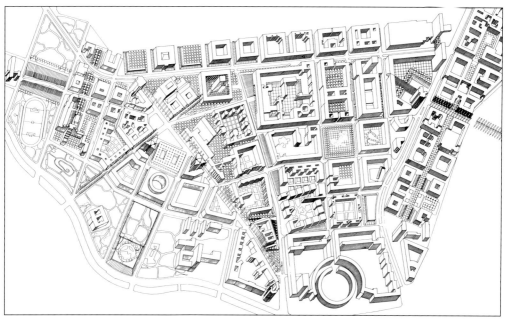

Ausschnitt aus dem Bebauungskonzept / Der Bebauungsvorschlag für das gesamte Areal Südliche Friedrichstadt.

Detail of development concept / Development proposal for the
whole Southern Friedrichstadt area.

Kammergericht 1978
Wettbewerb; Berlin

Bei diesem Entwurf gab es nach der ersten Auswahlrunde eine Überarbeitungsstufe. Ungers hat für die erste sowie für die zweite Stufe ein Konzept erarbeitet. Seine Grundidee war, die bestehende Situation städtebaulich und architektonisch zu ergänzen – in Ableitung der vorhandenen Bautypen. Die Funktionen Wohnen, Kammergericht und Türkisches Generalkonsulat werden erst einmal strikt voneinander geschieden: Wohnen am Wasser, das Gericht zentral und freigestellt und das Konsulat als Übergang von der Stadt in die Tiergarten. Diese Differenzierung wird in den Bau- und Raumprogrammen fortgeführt, wobei in der ersten Stufe das Raumprogramm des Konsulats übererfüllt und das für das Wohnen nicht erfüllt wurde.

Das Konsulat wird als kleine Stadt, als verdichtete, «räumlich umgekehrte» Villenbebauung mit introvertierten Höfen und Gärten interpretiert. Das Kammergericht wird auf einer Grundplatte von 90 x 90 Metern – gleich den benachbarten Bauten der Staatsgalerie (Mies van der Rohe) und der Kongreßhalle – als ruhige, monumentale Kubatur verstanden; dadurch wird das Gebiet städtebaulich geordnet. Die Wohnbebauung geht von einer breiten Palette von «Stadthäusern» mit Gärten und Terrassen aus – also von einer Bebauungsform, die den südlichen Tiergartenrand vor dem Kriege stark geprägt hat.

Supreme Court 1978
Competition, Berlin

This competition consisted of an initial selection round followed by a development stage. Throughout, Ungers built upon the concept of elaborating the existing urban fabric and building types. The various functions – residential accommodation, Supreme Court and Turkish General Consulate – were first strictly separated from each other, with the housing on the water, the court in an independent central position, and the Consulate acting as a transitional element between the city and the Tiergarten. This differentiation was carried through into the building and spatial programmes. In the first stage, however, the spatial programme of the Consulate was overly developed, while that of the housing remained unfulfilled.

In order to tie the scheme into the overall urban plan, the Supreme Court was conceived as a calm, monumental cube with a 90m x 90m footprint matching that of the neighbouring Staatsgalerie (by Mies van der Rohe) and Congress Hall. The Consulate was interpreted as a small city, as a compact 'spatially inverted' villa with internalized courtyards and gardens. The residential accommodation took the form of a broad palette of 'townhouses' with gardens and terraces, evidently inspired by a building type which characterized the southern edge of the Tiergarten before the war.

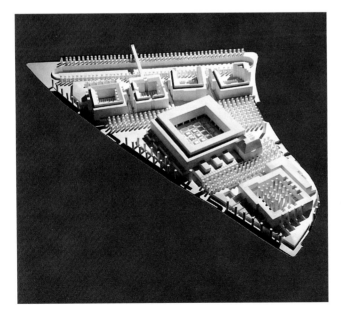

Wettbewerbsmodell der überarbeiteten Fassung / Rechte Seite: Blick in das Kammergericht / Axonometrie des Areals mit Neubauten (1. Fassung).

Competition model of revised version / Opposite page: View of Supreme Court / Axonometric of area with new buildings (first version).

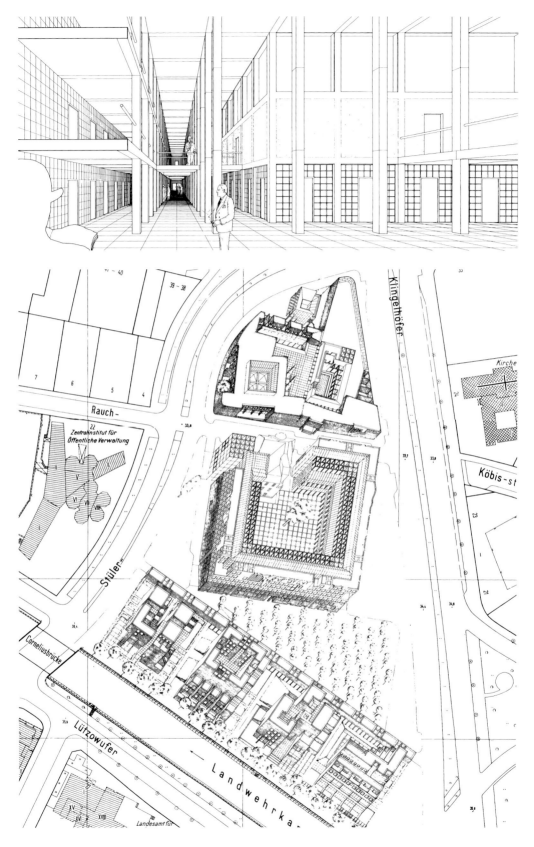

Abwasser-Pumpwerk Tiergarten 1978
Alt-Moabit, Berlin

Dieses erst 1985–87 realisierte Pumpwerk ist ein Kleinod moderner Industriearchitektur. Es verbindet auf sympathische Weise den Gedanken des technischen Bauwerkes mit dem, als städtisches Haus am Straßenrand in Erscheinung treten zu müssen. Die ruhigen, klaren geometrischen Formen, aus denen sich die gesamte Figur zusammensetzt, tragen zum Charakter des in sich ruhenden Objektes bei. Die Ansichtszeichnung verdeutlicht das Prinzip der *Komposition*: Quadratische Felder für die Gestaltung der Baukörper, ein gleichschenkliges Dreieck als klassische Form des Daches und aufrecht stehende steile Rechtecke für die Schornsteine.

Das Gebäude funktioniert wie ein *Eisberg*: die Abwassersammelbecken und die Pumpen (die eigentlichen Funktionsteile) befinden sich in einem zwölf Meter unter der Erde befindlichen Caisson. Das überirdische Gebäude selbst birgt die Leitwarte, Heizungs- und Lüftungsanlagen, Trafo und Handräder für den Notfallbetrieb.

Die Großform ist dem Basilikatyp, wie im frühen Industriebau, und auch dem benachbarten alten Pumpwerk nachempfunden. Das sichtbare Material besteht aus Verblendriemchen für den Sockelbau und brand- und formgleichen Hochlochziegeln für die Schornsteine. So entsteht diese wie aus einer Steinmasse herausgearbeitete klare symmetrische Figur, die den Altbaubestand sinnfällig weiterdenkt und ergänzt.

Tiergarten Pumping Station 1978
Alt-Moabit, Berlin

This pumping station is a jewel of modern industrial architecture, tying together in a sympathetic manner the idea of an industrial building with that of an urban house set by the roadside. Designed in 1978, but not built until 1985–87, it consists of calm, clear geometric forms which give it the character of a self-contained, figurative object. The perspective drawing makes clear the *compositional principle*: a square grid for the body of the building, an equilateral triangle the classic roof form, and steep, upright rectangles for the chimneys. The building functions like an *iceberg*: the real functional parts, the sewage collection basins and pumps, are placed in a caisson 12 metres underground. The part of the building above ground contains the main control centre, heating and ventilation plants, electrical transformers and access rails for the emergency services.

The overall plan of the building is based on the model of the basilica, which relates it to early industrial architecture in general, and to its predecessor, the old pumping station, in particular. The materials of the facade consist of roman facing bricks for the base and fire bricks for the chimneys. This gives rise to a clearly symmetrical composition seemingly hewn out of a solid mass, which manifestly maintains and completes the solidity of the old building.

Entwurfsskizze / Zeichnung: Pumpe von der Straße im Kontext / Rechte Seite: Ansicht vom Blockinnenbereich / Ansicht von der Straße.

Design sketch / Drawing showing pump in the context of the street / Opposite page: View from interior of block / View from street.

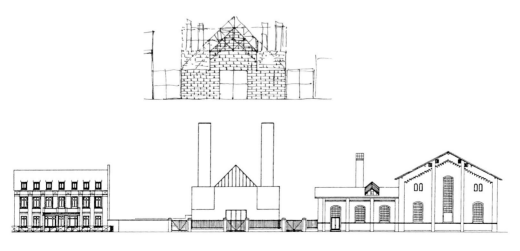

110

Mehrfamilienhaus 1978

Schillerstraße, Berlin

Das Haus vermittelt zunächst einen sehr fremden Eindruck, vor allem angesichts der eher homogenen Nachbarbebauung, die aus dem 19.Jh. stammt. Wie bei kaum einem anderen Projekt von Ungers ist am Gebäude die Suche nach einer modernen Ausdrucksweise bzw. das gewählte *Thema* deutlich abzulesen. Es versteht sich als transformiertes «Stadtpalais». Das Haus *ist* Thema. Und hierin wiederum ist es kompromißlos. Ungers versucht an dieser Stelle auf die ungünstigen äußeren Bedingungen, wie Emmissions- und Lärmbelastung zu reagieren, indem er das Haus auf einen aus der klassischen Berliner Bebauung abgeleiteten Innenhof orientiert. Alle Wohnungen, im Erdgeschoß und im Obergeschoß Maisonetten, ansonsten Typengrundrisse, verhalten sich introvertiert zu diesem Hof.

Das fast abweisende, etwas unterkühlte und fremde Erscheinungsbild zur Straße ist Folge eines Kompositionsschemas, das nicht das Prinzip Stapelung und Reihung von Wohnungen der Berliner Mietshausbebauung, sondern den Palais-Typ zum Vorbild hat. Ein Versuch, der im Ergebnis zwar nicht zwingend befriedigt – als Fremdkörper bleibt es dem Straßenraum eingeschrieben –, aber doch eine selbständige und originäre Erfindung innerhalb des Kanons der zu dieser Zeit gebauten Stadthäuser in Berlin ist.

Apartment Building 1978

Schillerstraße, Berlin

At first this building creates a very strange impression, especially in relation to the rather homogeneous 19th-century buildings which surround it. More than any other project by Ungers, it clearly demonstrates the search for a modern means of expression – and the uncompromising pursuit of a *theme*.

The building is conceived as a transformation of the 'urban palazzo' model. Ungers compensates for unfavourable external conditions, such as traffic fumes and noise pollution, by orienting the accommodation around an inner courtyard in the classic Berlin manner. The ground and top floors contain maisonettes, the floors in between apartments.

The rather cold elevation to the street is the result of basing the compositional scheme on the model of the palazzo rather than on the grid-like stacking of units typically found in Berlin public housing. Ultimately, the building gives the impression of being a foreign body superimposed onto the urban space. As an attempt to create something new, it is not entirely satisfactory. Within the context of the urban housing built in Berlin at the time, however, it remains an unique and original achievement.

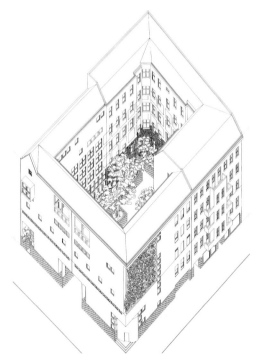

Axonometrie des Alt- und des Neubaues / Fassadenzeichnung von der Schillerstraße / Rechte Seite: Eckansicht des Wohnhauses / Blick in den Innenhof.

Axonometric showing old and new building / Drawing of facade from Schillerstraße / Opposite page: Oblique view of housing / View into internal courtyard.

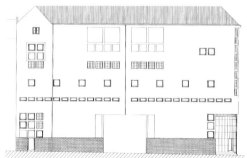

Deutsches Architekturmuseum 1979

Schaumainkai, Frankfurt/Main

Das Architekturmuseum ist abermals das Ergebnis eines morphologischen Konzeptes, bei dem der architektonische Raum und seine Verwandlung zum Innen- und zum Außenraum im Mittelpunkt steht. Dieses *Raum im Raum* findet sich bei der Durchschreitung des Gebäudes auch wieder im hier beinahe obsessiv durchkonjugierten Prinzip des *Haus im Haus*. Dabei wurde eine alte Villa in einen Mauerraum – gleich einer Stadtmauer – gestellt, ausgekernt und mit neuen Raumstrukturen regelrecht durchwirkt. Die das Haus umgebende Schale wird als Mauer erhalten, diese Mauer aus schwerem Stein wird aber mit Nischen und Kammern versehen. Die nächste innere Schicht wird als klassische Architekturwand mit Fensteröffnungen, Säulen, Pilastern, Profilen und Lisenen interpretiert – sie ist aus verputztem Stein. Den Kern bildet eine Gitterstruktur, die als strenges, gerastertes Gestell – eben wie ein Tisch hineingestellt – erscheint. Das glatte Weiß des Materials wirkt hier bis zu einem gewissen Grade entmaterialisierend. Dieser Kern wirkt dadurch eben nicht hermetisch wie ein *Kerngehäuse*, sondern vermittelt optisch die verschiedenen Schalen, die jeweils die Räume *und* die Raumabfolge organisieren, untereinander.

Die Orientierung im Gebäude wird zwar durch dieses Organisationsprinzip teilweise erschwert – aber als *Architekturmuseum* macht das schon deshalb Sinn, weil das Haus selbst zum (Ausstellungs-)Gegenstand stilisiert wird: es ist Museum und steht selbst im Museum.

Das Gebäude, längst eine Inkunabel der deutschen Nachkriegsarchitektur, ist nicht immer leicht *bespielbar* im funktionstechnischen, musealen Sinne, auch manche Arbeitsräume sind eher unbefriedigend. Es ist aber als «Manifest», als komprimierte Architektur-Idee von einer Subtilität, die sich einzig dem ständigen Weitertreiben der Ungersschen Auffassung von einer zeitgenössischen *Baukunst als Kultur* verdankt. Es enthält alle ihre Themen.

German Architecture Museum 1979

Schaumainkai, Frankfurt/Main

The German Architecture Museum is again the result of a morphological concept, focusing on the transformation of an architectonic space into a series of internal and external volumes. In going through the building, we discover the obsessively conjugated principle of a *room within a room*, a *house within a house*. An old villa is placed into a new space defined by walls – similar to a city wall – which are hollowed out and reworked to form new spatial structures. The shell surrounding the house is maintained as a wall, but niches and small rooms are cut into its heavy stone. The next, inner layer is of rendered stone, and is interpreted architecturally as a classical wall with fenestration, columns, pillars, profiles and panelling. Inserted into this space is the *core* – a strong, gridded frame formed like a table. This core does not act as a separate enclosure, like a service core, but visually presents the various layers, organizing the spatial sequence and the spaces themselves.

Although this organizational principle makes orientation within the building harder in some respects, it is not out of place here, because the building itself is presented as an object on display: it stands within the museum and *is* the museum.

The building has for a long time been a textbook example of German postwar architecture, yet it is not always easy to appreciate as a functional museum and some of the workspaces are rather unsatisfactory. None the less, it remains a condensed 'manifesto' – a subtle architectural idea arising solely out of Ungers' belief in the *culture of contemporary architecture*. It contains all his themes.

Das Haus im Haus / Ansicht vom Mainufer.

The house within the house / View from riverside.

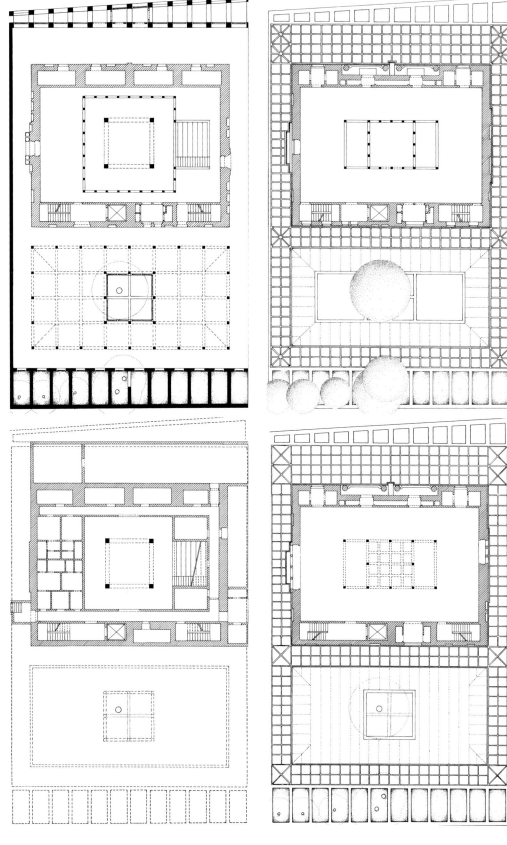

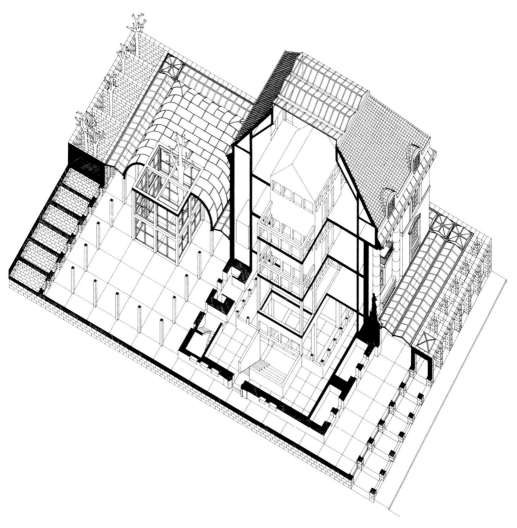

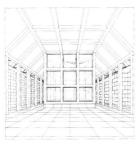
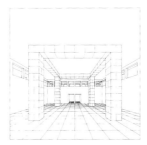
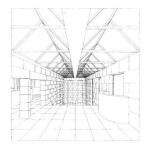

Axonometrischer Schnitt / Raumtypen: Ausstellungshalle, Vortragssaal, Eingangshalle / Linke Seite: Eingangsebene / Dachgeschoß / Untergeschoß / Ausstellungsebene.

Axonometric section / Room types: exhibition hall, lecture hall, entrance hall / Opposite page: Entrance level / Roof level / Lower level / Exhibition levels.

Ausstellungshalle / Linke Seite: Das Innenhaus / Ausstellungs-
geschoß.

Exhibition hall / Opposite page: Inner core / Exhibition level.

Wohnbebauung 1979

Lützowplatz, Berlin

Die städtebauliche Situation ist für eine reine Wohnbebauung eher ungünstig. Der ehemalige Stadtplatz ist durch die Kriegszerstörungen und Nachkriegsplanungen stark rudimentiert. Die Platzwand mußte also neu gestaltet werden, um der Fläche Halt und eine neue Form zu geben. Hinzu kommt eine starke Verkehrsbelastung, die es notwendig machte, die *Funktion Wohnen* vom öffentlichen Platz abzuwenden und für diese einen halböffentlichen Binnenraum zu schaffen. Dieser Gegensatz wurde zum Leitgedanken der Planung.

Die Platzwandbebauung wird als Ummantelung mit einer reinen Lochfassade durchgebildet. Hinter dieser *Wand* befinden sich fast ausschließlich die Nebenräume, Küchen und Bäder, sowie die Treppenhäuser. Im Binnenraum werden die Bauformen in Einzelhäuser aufgelöst und entlang einer geschwungenen Erschließungs- und Spielstraße organisiert. Diese Durchwegung steigert den intimen, halböffentlichen Charakter. Die Einzelhäuser treten zum Platz hin nur noch durch aufgestellte Dreiecksgiebel-Flächen in Erscheinung, die diese lange Wand, im Zusammenspiel mit den aufrechten Fensterbändern der Treppenhäuser, rhythmisieren.

Das ursprüngliche Gestaltungskonzept der Platzwand, neben der inneren Erschließungsstraße das signifikanteste Merkmal dieser Wohnanlage, war das einer verklinkerten Stein-Mauer und kam dem Charakter einer intendierten Verdeutlichung der Schutzfunktion näher. Es wurde aus finanziellen Erwägungen – es handelt sich um Sozialwohnungen – vom Bauherrn gestrichen. Die jetzige helle Putzfassade wirkt dagegen eher wie eine dünngespannte Haut und nimmt dem Konzept leider die von Ungers ursprünglich angestrebte Strenge.

Housing 1979

Lützowplatz, Berlin

This site was a difficult one for regular housing. The Lützowplatz had been much reduced by war damage and postwar planning, and in order to define and reform its open area, it was necessary to reconstruct the built wall around it. The problem of heavy traffic also meant that the *housing* had to be turned away from the square and placed around an interior space. This contrast between the public square and semiprivate interior became the main conceptual theme of the project.

The wall facing the square consists of a perforated facade designed to serve as an enclosing curtain. Behind this *wall* for the most part are the service spaces, the kitchens and baths, and the stairwells. Towards the interior, the building forms are broken up into individual houses and set along a curved access street, which is also a play area. This thoroughfare reinforces the intimate, semiprivate character of the scheme. From the outside, on the square, all that can be seen of the individual houses are the upright triangular gables which give rhythm to the wall, along with the vertical bands of windows over the stairwells. The long wall is the most significant feature of the housing complex, next to the inner access street, and the architect originally wanted to build it in rough faced brick to express its protective function. The client, however, ruled this out for financial reasons (for this was public housing) and it was replaced by a light-coloured rendered facade, resembling a rather taut skin, which unfortunately lacks the power of the original concept.

Rechte Seite: Blick vom Lützowplatz auf die Straßenfassade / Grundriß der Gesamtanlage; links: Duplexwohnungen im Erdgeschoß, rechts: Zwischengeschoß.

Opposite page: View of street facade from Lützowplatz / Plan of overall complex with duplex apartments on ground level (left) and mezzanine level (right).

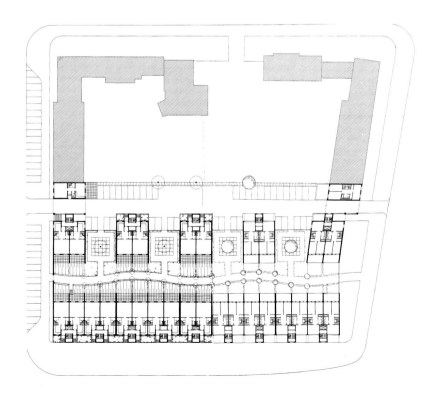

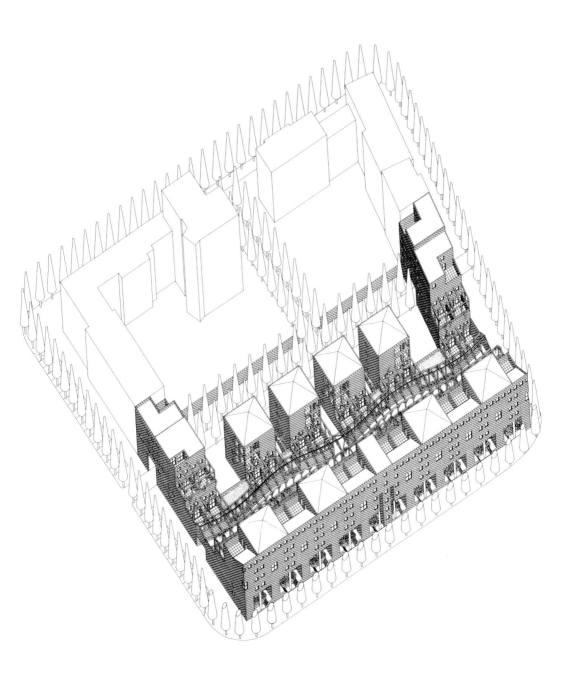

Ursprünglicher Entwurf / Rechte Seite: Axonometrie des ausgeführten Entwurfs / Blick in die innere Erschließungsstraße.

Original design concept / Opposite page: Axonometric of executed design / View of inner access road.

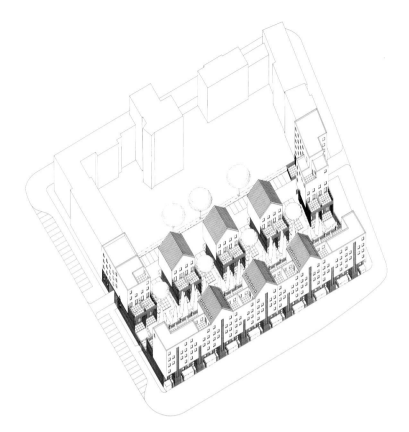

Alfred-Wegener-Institut für Polarforschung 1980
Bremerhaven

Der Baukörper ist, man sieht das auf den ersten Blick, eine gelungene Synthese aus traditioneller norddeutscher Backsteinbauweise und einer modernen Haltung, die sich sowohl des Rationalismus als Ausdruckskultur als auch des symbolischen Dampfermotivs bedient. Dabei wird das alte Blockraster der Stadt wie auch der Übergang zur Nordsee thematisiert. So wird das Gebäude seiner Rolle, städtebaulich zwischen der Altstadt und dem Hafen zu vermitteln, auf sinnfällige Weise gerecht.

Neben dieser städtebaulichen Einbindung galt es die funktionale Gliederung zu lösen. Vier Funktionsbereiche waren hier unterzubringen: Labor- und Forschungseinrichtungen (Geologie, Biologie, athmosphärische und ozeanografische Wissenschaften); Lagerhaltung, Werkstätten und Logistik; Sozialräume, Bibliothek und Vortragssaal und zuletzt die Räume für den technischen Betrieb. Die in der Kubatur erscheinende, relativ große Gebäudetiefe wurde deshalb gewählt, weil ein Großteil der Programmflächen künstlich belichtet werden konnte.

Auffallendstes Merkmal ist wohl die aus einer Klinkervermauerung bestehende Wand, die sich wie ein Mantel als Lochfassade um das Gebäude legt. Der Rhythmus der Fensteröffnungen über dem Sockelgeschoß ist gleichmäßig ruhig. Darüber erhebt sich der verputzte und abgetreppte Gebäudeteil, der durch seine Gliederungselemente wie ein gigantischer Schiffsaufbau erscheint. Durch die drei Schornsteine wird dieser Effekt noch gesteigert.

Alfred Wegener Institute for Polar Research 1980
Bremerhaven

In this institute Ungers successfully synthesized the brick building tradition of Northern Germany with a modern approach that drew on both the vocabulary of Rationalism and the symbolic motif of the ocean liner. This combination gave a theme to the old block grid of the city and to the transition between the urban fabric and the waters of the North Sea. It also lent obvious legitimacy to the building's urban planning role, which was to provide a point of connection between the old town and the harbour.

In addition to integrating the building into the urban fabric, Ungers had to respond to a specific functional plan. Four areas were to be accommodated: laboratory and research facilities (for geology, biology, atmospheric and oceanographic sciences); storage, workshops and logistics; social rooms, library and lecture hall; and technical plant. Ungers decided on a relatively large building depth, in the form of a cube, because a large part of accommodation could be lit artificially.

The most striking feature of the scheme is the rough brick wall which wraps around the building as a perforated facade. The fenestration above the base has a balanced, calm rhythm. The upper part of the building is rendered and steps back: its formal organization is reminiscent of the superstructure of a gigantic ship – an effect accentuated by its three chimneys.

Blick in die Eingangshalle / Rechte Seite: Das Gebäude in der Gesamtwirkung / Entwurfsskizze.

View of entrance hall / Opposite page: Final form of building / Design sketch.

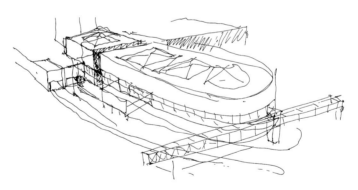

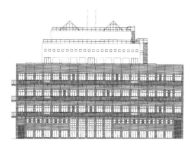 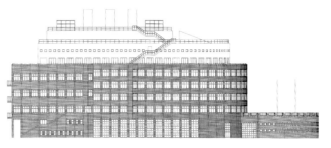

Seitenansicht / Ansicht vom alten Hafen / Eingangsebene / Grundriß Normalgeschoß.

Side elevation / View from old harbour / Entrance level / Typical floor plan.

Rechte Seite: Ansicht vom Hafen / Seitenansicht.

Opposite page: View from harbour / Side elevation.

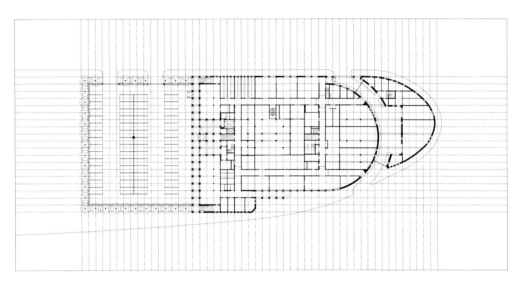

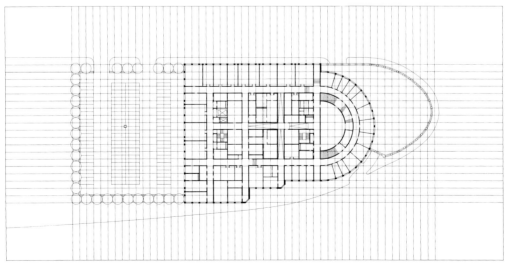

Badische Landesbibliothek 1980
Karlsruhe

Der Gebäudekomplex wird von Ungers bewußt «als Hommage an das klassizistische Erbe Karlsruhes» begriffen. Ist es bei seinen Berliner Projekten Karl Friedrich Schinkel, so ist es hier Friedrich Weinbrenner, dessen formale Sprache und architektonisches Vokabular er nach der Analyse zu transformieren sucht. Städtebaulich der Weinbrennerschen Stephanskirche gegenüber gelegen, mußte sich Ungers natürlich herausgefordert fühlen, bei diesem Projekt eine Ergänzung in dessen Sinne zu erreichen. Vornehmlichstes Merkmal schien ihm die hier und andernorts in der Stadt zu beobachtende Giebelständigkeit der Häuser zu sein. Architektonisch wird die ruhige Wand mit einem durchkomponierten Wechsel von Fläche zu Öffnung thematisiert – einem Motiv auch des romantischen Klassizismus im 19.Jh.

Auf dieser Basis operiert nun der Architekt. Das Grundstück und die vorhandene und zu ergänzende Bebauung ist ihm zum wiederholten Male eine «morphologische Reihe»: eine kleinmaßstäbliche Wohnbebauung, gebildet durch ausgehöhlte Bauvolumen, ein begrünter Freiraum mit objekthaft eingestellten Gebäudeteilen und die Bibliothek selbst als Pergola bzw. Arkade, die einen Innenraum umschließt. Mit der Transformation dieser vorgefundenen und neuerstellten Einzelteile wird die historische Kontinuität des genius loci gewahrt, und auf ihr aufbauend wird die Kubatur der Bibliothek konzipiert.

Die Architektur wiederum thematisiert Körper- und Raum-Form: als Block, als Einzelkörper, als Freiraum. Als Bausteine werden dabei die Grundformen der Kirche – Vierung, Giebel, Rotunde, Quadrat – in das Spiel einbezogen. Eine zentrale Halle bildet den Kern der Bibliothek. Sie wird als nach oben offener «Pantheonraum» interpretiert und ist als großer Lesesaal konzipiert, was den kontemplativen Charakter der Funktion Lesen unterstützt. Zugleich wird die Erinnerung an die großen europäischen Bibliotheken des 19. Jh. wachgehalten.

Die Modernität der Bibliothek entfaltet sich, im Gegensatz zum eher verhaltenen, klassizistischen äußeren Ausdruck, erst hier in den Innenräumen, wo besonders der Übergang von ineinandergeschachtelten Räumen und Treppen durch offen inszenierte Durchblicke auffällt. Dies alles aber innerhalb der strengen Ordnung und Hierarchie, die auch in der Gestaltung und der Materialwahl zum Ausdruck kommt.

Baden Regional Library 1980
Karlsruhe

This building complex was conceived by Ungers a 'homage to the classical heritage of Karlsruhe'. It attempts to analyze and transform the architectural vocabulary and formal language of Friedrich Weinbrenner, in the same way that a number of the Berlin projects seek to transform the architecture of Karl Friedrich Schinkel. The main source of reference was Weinbrenner's St Stephen's church, which is located opposite, but the design adopts a further characteristic of the architecture in Karlsruhe: the gable. The calm wall of the library also reflects a theme found in 19th-century Romantic Classicism: the carefully composed alternation between surface and opening.

The architect created a morphological range of ideas covering the site and both the existing and the new build: small-scale housing carved from larger building masses, a green open space with structures set into it like objects, and the library itself as a pergola or arcade enclosing an inner space. This transformation of both existing and new elements preserved the historical continuity of the genius loci while at the same time establishing the foundations for the concept of the library as a cube.

The architecture again thematicizes the forms of the mass and space – as blocks, individual elements, and open spaces. The basic forms of the church – the crossing, gable, rotunda and square – are essential elements of the scheme. The core of the library is formed by a central hall, a 'Pantheon'-like room open to above. Designed as a large reading room, this space reinforces the contemplative character of the 'function of reading' and at the same time evokes the memory of grand 19th-century libraries. The modern nature of the library only really unfolds in the interior spaces, in contrast to the rather reserved Classicist expression of the exterior. Spaces and stairs are made to blend together in a striking way by means of clearly defined penetrating sightlines. All of this is achieved within the framework of a strongly ordered and hierarchical design, a theme also reflected in the choice of materials.

Detailansicht / Lageplan des Grundstückes / Gesamtansicht der
Bibliothek.

Detailed view / Site plan / General view of library.

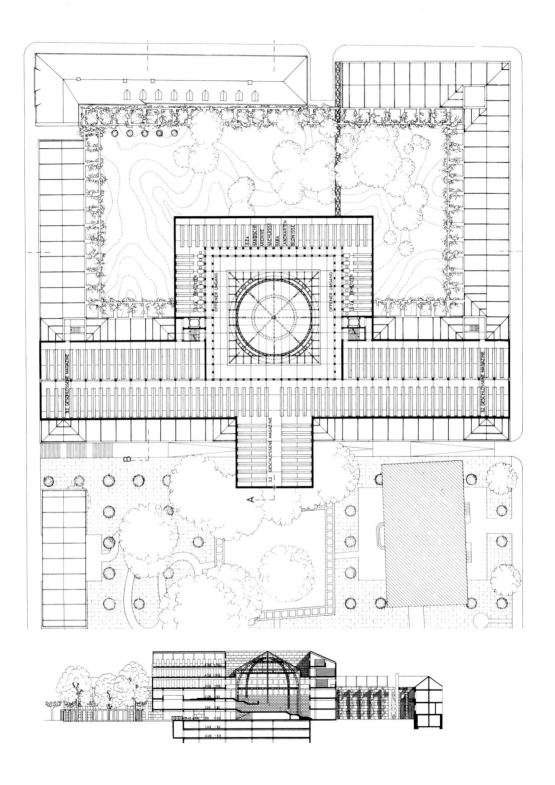

Situationsplan mit Grundriß / Schnitt durch das Gebäude.

Site and ground plans / Section through building.

Rechte Seite: Fassadenansicht mit Kuppel / Axonometrie der Anlage.

Opposite page: View of facade with dome / Axonometric of complex.

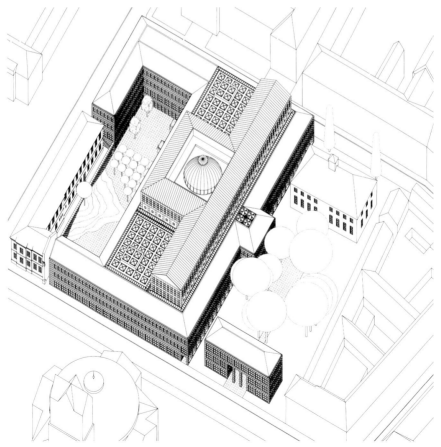

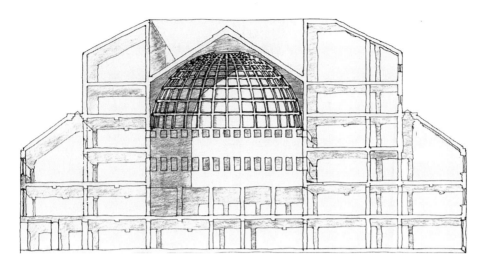

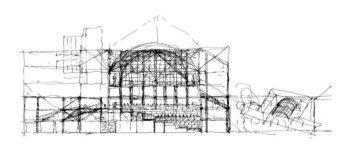

Schnitt durch den Kuppelsaal / Skizzen von Raumvarianten /
Entwurfs- bzw. Proportionsstudie / Rechte Seite: Blick gegen
die Kuppel im Lichthof.

Section through domed space / Sketches of room variants /
Design and proportional study / Opposite page: View up to
dome over lightwell.

Messehaus 9 und Galleria 1980
Frankfurt/Main

Schon von der Größenordnung her spielt dieses Projekt eine besondere Rolle in Ungers' Œuvre – sowohl architektonisch als auch städtebaulich. An einer der großen Straßen gelegen, die in Frankfurts City bzw. aus ihr herausführen, wird das Messegelände als «Tor zur Stadt» interpretiert. Ungers' Erweiterungsvorschlag sah ein neues Messehaus 9, eine als «Galleria» erscheinende innere, *ordnende* Erschließungsstraße und die Neuordnung des Messeforums, also des Platzes hinter dem alten Festhaus, zu einer «Agora», vor.

Das Messehaus 9 wird schon wegen der immensen Dimensionen in seinen Volumina beschnitten. Es wird an den Schmalseiten nach oben hin abgetreppt und mittels Öffnungen in den oberen Etagen optisch aufgelöst. Die Fassade wird aus einem sandsteinähnlichen Material, als Reminiszenz an den roten Mainsandstein, hergestellt. Dabei wird ein fast einheitliches, quadratisches Raster von 1,2 m Seitenlänge als Ordnungsmodul über das Gebäude gezogen. Zugleich erhält es eine Sockelzone, die dem benachbarten Messehaus 5 angeglichen wird und eine architektonisch zwar geschiedene Kopfzone, die ihrerseits aus diesem Sockel erwächst: architektonische Gliederung und Ordnung also als Maßnahmen für die Bewältigung der Größenordnung eines ansonsten eher technischen oder Ingenieur-Bauwerkes. Der Versuch der Differenzierung ist überall zu spüren – aber auch der, eine Einheit zwischen den unterschiedlichen Teilen herzustellen.

Hauptfunktion kommt aber der Galleria zu: als öffentliche und als Erschließungs-Straße, als Symbol für Handel und Verkehr, als Bazar und Tauschplatz. Sie verläuft zwischen der alten Halle 5 und dem Messehaus 9. Sie erinnert an die großen Galerien bzw. *Passagen*, einem großstädtischen Bautyp des 19. Jahrhunderts, wie er vor allem in Paris, aber auch in Mailand und Neapel zu finden ist. Dabei wird als prägendes und signifikantes Merkmal das einfache Tonnengewölbe gewählt, ausgeführt als verspanntes Stahlfachwerk. Im Innenraum ruht dieses Gewölbe jeweils auf den Außenmauern der anstoßenden Messehäuser: so entsteht gleichzeitig der Eindruck von Straßen(-Fassaden), wie auch der eines separaten Raumes, von dem aus andere Haus- und Raumeinheiten erschlossen werden können – gleich Nebenstraßen.

Trade Fair Hall 9 and Galleria 1980
Frankfurt/Main

This project plays a special role in Ungers' architecture and urban planning on account of its size alone. Set along a major road leading into Frankfurt's financial district, the trade fair forms a kind of 'gateway to the city'. Ungers' proposal envisaged a new trade hall, an internal access street in the form of a 'galleria', and an 'agora' within the square behind the old festival hall.

To lessen the visual impact of the immense volume of the new hall, he set it back towards the top along its narrow side and placed openings in the upper floors. The building is ordered by an almost uniform grid based upon a module of 1.20 metres. The facade is of a material similar to the traditional red sandstone of the Main region. The plinth-like base responds to the neighbouring trade hall but also supports a distinctive upper mass – an example of the principles of architectural structuring and ordering being used to deal with the huge scale of an otherwise rather technical building or piece of engineering. Evident throughout is an attempt to differentiate – and to establish a unity amongst the different parts.

However the main functional emphasis is placed on the galleria, as a public place and access street, as a symbol for business and trade, as a bazaar and place of exchange. The galleria runs between the new hall and hall 5, and is reminiscent of the grand *arcades* that were built during the 19th century in major cities – in Milan, Naples and especially Paris. The distinctive characteristic of the galleria is its simple barrel vault, achieved using a braced steel framework. The inside of the vault rests on the outer walls of the adjoining halls, creating the impression of street facades, or of separate secondary spaces, which can be reached from other buildings and spaces – in the same manner as side streets.

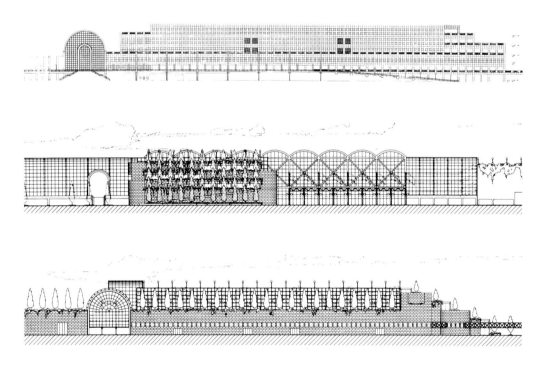

Ansicht über Eck des Messehauses 9 / Ansichten Messehaus
und Galleria.

Oblique view of Hall 9 / Elevations of the Hall and Galleria.

Ostfassade des Messehauses 9 / Eingang Galleria / Ausschnitt
Südfassade des Messehauses 9.

East elevation of Hall 9 / Entrance to Galleria / Detail of south
elevation of Hall 9.

Rechte Seite: Die Konstruktion der Galleria / Konstruktions-
varianten / Schnitt durch die Galleria.

Right page: The construction of the Galleria / Alternative
methods of construction / Section through Galleria.

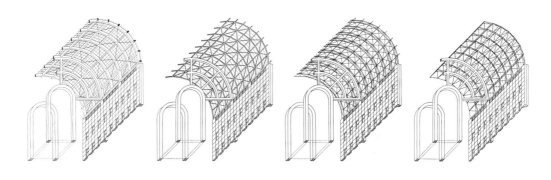

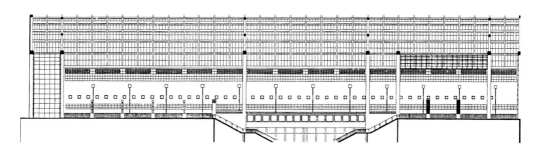

Ansicht der geschlossenen Galleria / Rechte Seite: Das Innere der Galleria.

View of enclosed Galleria / Opposite page: Interior of Galleria.

Mehrfamilienhaus 1980

Miquelstraße, Berlin

«Mehrfamilienvilla als Haustyp» – dies war das Programm für ein zwischen vier Straßen gelegenes Areal, für das vier Architekten unterschiedliche Entwürfe vorlegten. Zuletzt baute jeder dieser Architekten seine Interpretation dieses Haus-Typs. Und erst in dieser jetzt möglichen Gegenüberstellung wird das stringente Konzept des Entwurfes von Ungers, bei dem wegen des alten Baumbestandes um diverse Bäume herumgebaut werden mußte, deutlich. Im Kontext mit der benachbarten villenartigen Einzelhausbebauung wirkt diese Anlage modern, vom Charakter her arbeitet sie mit ‹Ähnlichkeit›, im Architektonischen operiert sie mit Analogien zur bürgerlichen Stadtvilla.

Zwei Häuser stehen je winkelförmig um einen überdachten Innenhof. In jedem dieser Häuser sind 6-8 verschieden große Wohnungen. Zum Garten hin bilden die beiden Hauskörper einen intimen Hof. Atrium, Arkade, Galerie – die Themen der Villa: architektonisch werden sie durch einen umlaufenden Sockel zusammengehalten, in dem sich Fenster- und Türöffnungen, aber auch Spalierfelder befinden. In den Zwischenräumen – als Positiv der negativen Einschnitte – entsteht somit eine Pfeiler- bzw. Sockelzone, die gleichzeitig eine Art Arkade (als Bildthema) formuliert. Das Zusammenspiel der geometrischen Grundformen, mit dem Thema Sockel- und Aufbau, mit den japanisierenden Spalieren und dem flachen Dach vermittelt einen unbedingt ruhigen Eindruck, den einer in sich gekehrten, harmonischen Anlage.

Apartment Building 1980

Miquelstraße, Berlin

For this site located between four roads, four different architects put forward their interpretations of the same theme – the 'multiple-family dwelling type'. Ultimately all of the schemes were built, allowing an easy comparison of the different approaches. While the other architects designed individual, villa-like structures, Ungers created a building with a stringent, modern character. His work plays on the idea of 'similarity', drawing analogies with the middle-class urban villa.

Two buildings, each containing six to eight apartments of varying size, are set at angles to each other across a covered inner court. The buildings are arranged around existing mature trees and form, towards the garden, a smaller, intimate courtyard. The thematic elements of this 'villa' – atrium, arcade, gallery – are tied together architecturally by a continuous plinth containing windows, doors and trellises. The plinth zone, with its positive surfaces and negative incisions, forms a kind of arcade. The interplay of all the elements – the basic geometric forms, the themes of the plinth and the superstructure, the orientalizing trellises and the flat roof – creates the impression of a calm, introspective, harmonious complex.

Erdgeschoßgrundriß / Obergeschoßgrundriß / Rechte Seite: Ansicht von Westen / Blick in den Gartenhof / Axonometrie der Anlage.

Plan of ground floor / Plan of upper floor / Opposite page: View from west / View into garden courtyard / Axonometric of complex.

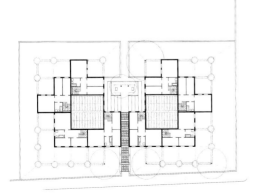

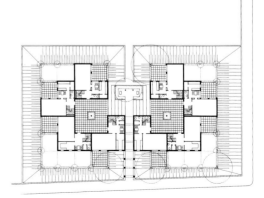

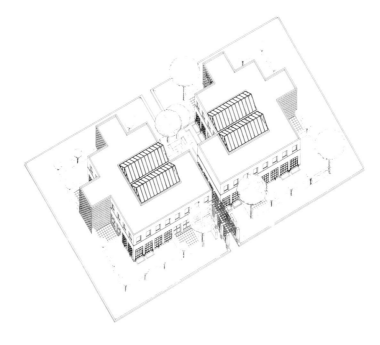

Planung Friedrichstadt 1981

Städtebauliche Untersuchung; Berlin

Wie schon bei Ungers Projekt für die Südliche Friedrichstadt im Jahre 1977 wird auch hier versucht, in das exakt begrenzte Gebiet wieder eine Struktur hineinzubringen, die durch den Zweiten Weltkrieg und durch die Planungen der Nachkriegsjahre vernichtet und nicht mehr ablesbar war. Im Zuge der Vorbereitung zur «Internationalen Bauausstellung» – mit dem Oberthema «Kritische Rekonstruktion der Stadt» – wurde Ungers beauftragt, diese städtebauliche Untersuchung durchzuführen.

Das Gebiet wird aus der Stadt ‹natürlich› herausgetrennt: durch den südlichen Landwehrkanal, durch die Stadtbrache des Geländes des ehemaligen Potsdamer Bahnhofes im Westen und durch die Verkehrsschneise Stresemannstraße im Osten.

Erneut ist es die ehemals hier vorherrschende Blockstruktur und Straßenrandbebauung, die Ungers thematisiert und deren System er folgt. Dabei werden – ausgehend von der Rudimentierung des Gebietes – die Bebauungsmuster ebenso untersucht wie die Frei- und Grünflächen. Ungers ergänzt, strukturiert neu, bietet Variationen einer möglichen Bebauung an und versucht jeweils, für jeden Ort innerhalb der Friedrichstadt, eine spezifische Thematik bzw. Charakteristik herauszuarbeiten. Die verloren gegangene Identität wiederherzustellen – dies war der leitende Gedanke bei dieser Untersuchung.

Friedrichstadt Planning 1981

Urban planning study, Berlin

As in his 1977 project for the Southern Friedrichstadt, Ungers tried to recreate within the limits of the site a structure that had been erased by the Second World War and the planning of the postwar years. The study was commissioned within the context of the International Building Exhibition (IBA), which took as its principal theme the 'critical reconstruction of the city'.

The site was 'naturally' separated from the city by the Landwehrkanal to the south, the disused site of the old Potsdam station to the west, and a major road, Stresemannstraße, to the east.

Ungers once again took up the old block structure and building forms and developed their thematic potential. Starting from the fragmentary remains of the area, he explored models for both buildings and open green spaces. By completing gaps, restructuring existing elements and proposing variations on a possible building plan, he attempted to develop a specific theme or characteristic for each place within the Friedrichstadt. His principal concern: to re-establish the lost identity of the place.

Gebäudebestand 1888 (Liebenow-Plan) / Gebäudebestand 1940 / Rechte Seite: Bestehende Bausubstanz / Bebauungsvorschlag / Neuer Gesamtplan / Neue Bebauungsstruktur / Ausschnitt nördliches Areal / Ausschnitt südliches Areal.

Building plan in 1888 (Liebenow) / Building plan in 1940 / Opposite page: Actual state / Development proposal / New masterplan / New structures / Detail northern part / Detail southern part.

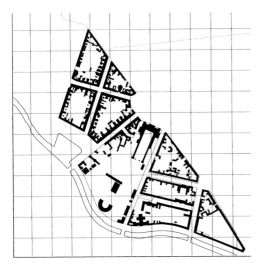 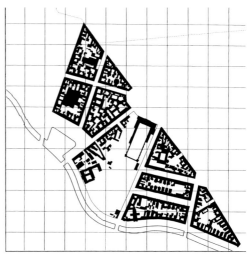

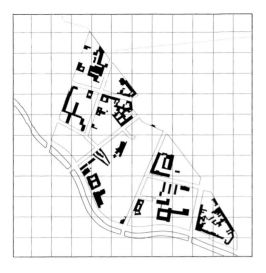
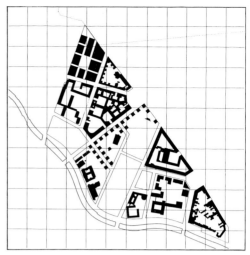

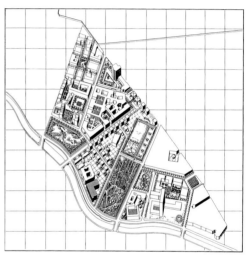
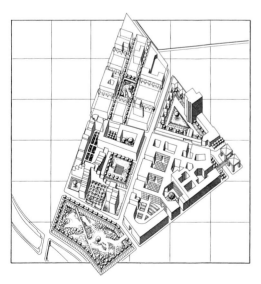
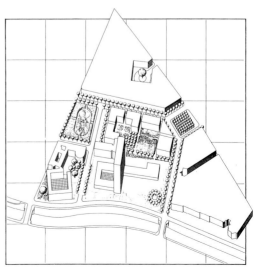

143

Deutsche Bibliothek 1982

Wettbewerb; Frankfurt/Main

Signifikantestes Merkmal dieses Entwurfes ist die klare Gliederung in einen zweigeschossigen Sockelbau und einen achtgeschossigen Magazinbau, der als gläserner Kubus weit in die Stadt strahlt. Dabei folgt der untere Komplex exakt dem Straßenverlauf und reflektiert in seiner Maßstäblichkeit die umliegende Villenbebauung – aber als geschlossene, abweisende Wand. Hinter dieser befinden sich fast ausschließlich Verwaltungs- und Katalogräume.

Damit wird das Motiv der nach innen orientierten Bibliothek gleich erkennbar. Die Benutzerräume sind auf einen begrünten Hof orientiert, der wie ein Klostergarten beziehungsweise Kreuzgang erscheint. So wird auch das Thema «Kontemplation», das In-sich-gekehrt-Sein bei der Lektüre betont. Dessen quadratische Grundrißfigur wird exakt auf den Grundriß des Magazinbaus übertragen, der nun, innerhalb des Ensembles verkantet, aus diesem Sockel als überdimensionaler Kristall, als ein artifizielles Gebilde herausragt. Das Thema eines Glaskörpers wird noch zweimal innerhalb der Bibliothek, und zwar jeweils als glasgedeckter Luftraum, aufgenommen: zur Belichtung und Betonung der Eingangshalle und als Binnenhof mit umlaufenden Fluren.

German Library 1982

Competition, Frankfurt/Main

The most significant characteristic of this design is its clear organization as a two-storey plinth topped by an eight-storey storage structure, which forms a glass cube visible from afar. The lower part of the complex follows the line of the street exactly. Its scale matches that of the surrounding villas but it appears as a closed, deflecting wall. It contains, for the most part, the administrative and cataloguing rooms.

The introspective orientation of the library is immediately evident. The reading rooms are grouped around a landscaped courtyard which has the feel of a monastery garden or cloister, further reinforcing the theme of 'contemplation' – the introspection of reading. The basic square form is projected unchanged into the plan of the storage building, which rises out of the plinth at a skewed angle, like an oversized crystal. The theme of the glass form is repeated twice again within the library itself, in the entrance hall and an interior circulation court, to create glass-roofed, light-filled, airy spaces.

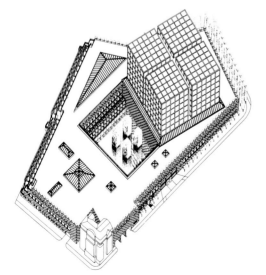

Axonometrie des Baukomplexes / Rechte Seite: Sockelbauwerk und Bibliotheksturm / Innenhof der Bibliothek / Grundrißplan Eingangsebene.

Axonometric of building complex / Opposite page: Plinth building and library tower / Interior courtyard of library / Plan of entrance level.

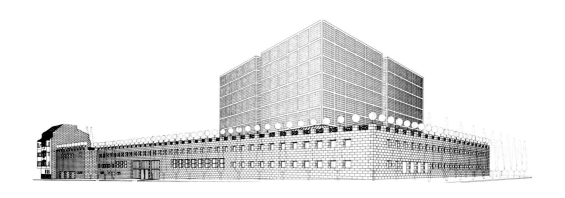

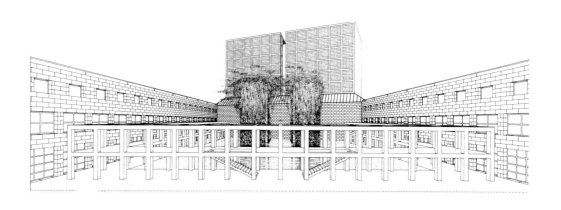

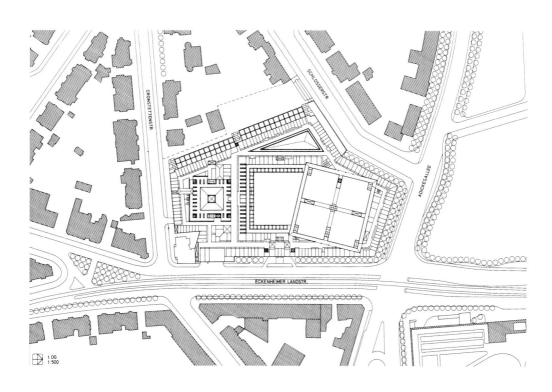

1.OG
1:500

Deutsche Botschaft 1982; 1987–95

Wettbewerbsstufen und Realisierung; Washington D.C. (USA)

Im ersten Wettbewerb (1982) ging es dem Architekten noch um die Integration der auf dem Grundstück stehenden Villa aus frühen 19. Jh. Um diese herum plante er eine «palladianische Anlage» mit zwei sich ergänzenden Höfen, die in ihrer Gestaltung und Durchformung verschieden sein und das Ensemble als *kleine deutsche Stadt* erleben lassen sollten. Durch die Einbettung der Anlage in den Park und durch Anklänge an deren Architekturvokabular sollte aber zugleich der Landhaus- bzw. Villencharakter durchscheinen.

'n der zweiten und jetzt ausgeführten Überarbeitungsstufe wurde die alte Villa nicht mehr berücksichtigt. Das gesamte Konzept ist etwas strenger und im intellektuellen Sinne auch abstrakter geworden. Der Stadt-Gedanke ist zwar noch vorhanden, das Ensemble nun aber kompakter gefaßt. Das architektonische Vokabular, das sich bewußt an tradierte Formen erinnert, diese aber mit neuen Materialien zu transformieren sucht (z.B. Stahlstützen für den Portikus), ist ständig in der Bewegung zwischen Modernität und Klassik. Diese Irritation wird im Innern des Gebäudes noch einmal verstärkt – durch die Zusammenarbeit mit konzeptionell arbeitenden Künstlern, die ihre Arbeiten raumbezogen und somit speziell für diesen Ort erarbeiteten.

Das Gebäudeensemble versagt sich jeder vorlauten Modernität: es will vielmehr unaufdringlich, bescheiden und doch mit Würde auftreten: einer «Residenz des Botschafters» also angemessen sein. Die Materialien, die nach außen in Erscheinung treten, haben an dieser Kippfigur, die sich einem rationalen Entwerfergeist verdankt, großen Anteil: sie kombinieren und transportieren auf ihre Art den Gedanken dieses Wechselspiels von Tradition und Moderne. Ein Wechselspiel übrigens, das jedweder übertriebenen Repräsentation die Grundlage entzieht.

German Embassy 1982; 1987–95

Competition and built project, Washington D.C.

In the initial competition (in 1982) the architect was concerned to integrate an early 19th-century villa on the site. The project was given a 'Palladian' plan, with two courtyards of varied but complementary form. The complex as a whole was intended to be experienced as a *small German city*, but at the same time it was set in a park and its architectural vocabulary reflected that of a country house.

In the second development stage, now realized, the old villa was no longer part of the brief. The overall concept has consequently become stronger and more intellectually abstract. The idea of the city is still present, but the complex is conceived in a more compact manner. The architectural vocabulary consciously evokes traditional forms, but attempts to transform these through the use of new materials (such as steel columns for the portico). The sensitive balance of classical and modern on the exterior is reinforced in the interior by the architect's collaboration with conceptual artists who conceived works specifically for the site.

Rather than being obtrusively modern, the building expresses a discreet, modest dignity appropriate to an 'ambassador's residence'. In keeping with the Rationalist spirit of design, it shys away from any exaggerated formality.

Rechte Seite: Axonometrie des ersten Entwurfes mit der Doppelhofanlage / Erdgeschoßebene / Dachgeschoßebene.

Opposite page: Axonometric of inital design concept with double courtyard / Ground level / Roof level.

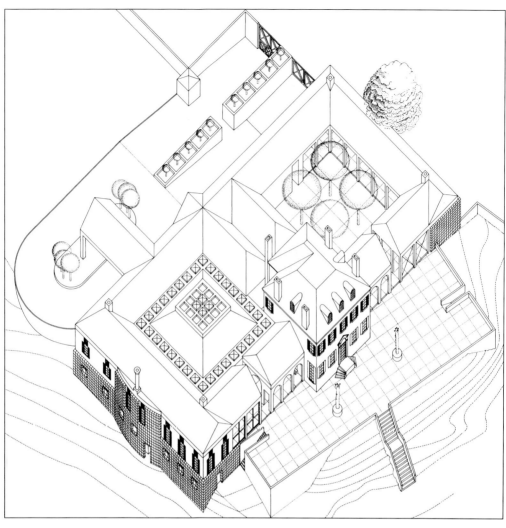

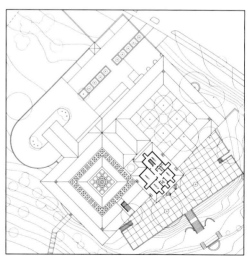

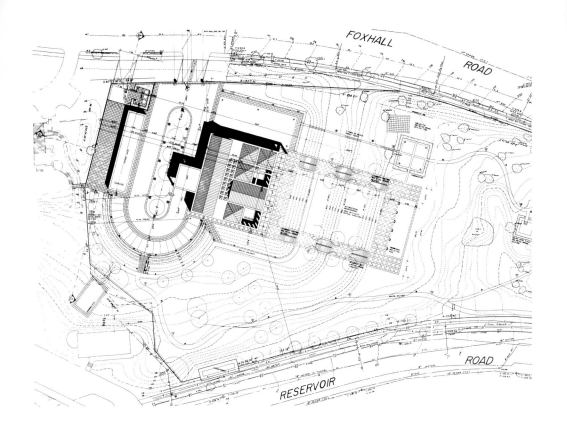

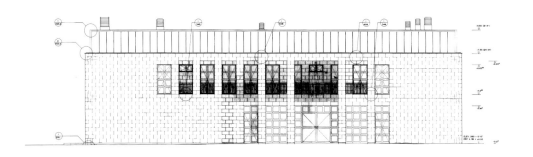

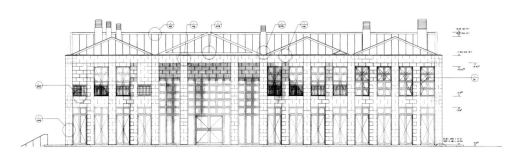

148

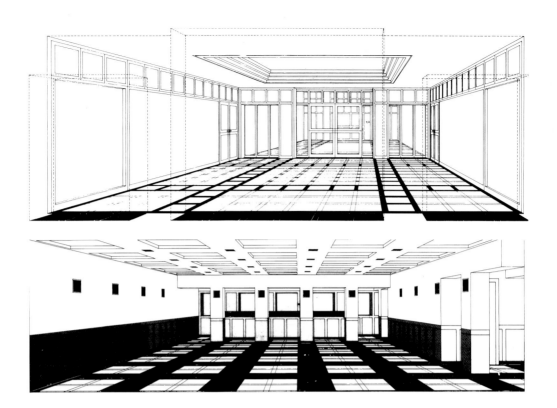

Perspektivische Innenraumansichten / Schnitt / Linke Seite:
Lageplan / Fassadenaufriß West / Fassadenaufriß Ost.

Interior perspectives / Section / Opposite page: Site plan / West
elevation / East elevation.

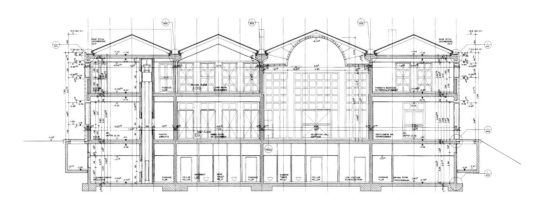

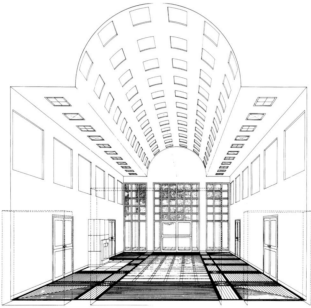

Ansicht / Perspektivische Innenraumansicht / Rechte Seite:
Arkadengang.

View / Interior perspective / Opposite page: Arcaded walk.

Kulturforum 1983
Wettbewerb; Berlin

Dies ist wohl eine der kühnsten Visionen, die Ungers für den Südlichen Tiergartenrand und das sogenannte «Kulturforum» vorgeschlagen hat. Dabei versucht er eben nicht, sich auf den Kemperplatz, also das unmittelbare Museumsensemble mit der Philharmonie und der Staatsbibliothek von Scharoun und der Nationalgalerie von Mies van der Rohe zu beschränken, sondern gleichsam eine darüber hinausgehende Folge von städtischen Bautypologien in ein System einzubinden, das er für dieses Gebiet, für die *Stadt* entwirft. Sein Entwurfsgedanke speist sich einmal mehr aus der Kritik an den Planungen der Nachkriegszeit, die mit einer an Arroganz grenzenden Respektlosigkeit die Geschichtlichkeit des Ortes und der Stadt als ganzes negierten.

Zentraler Gedanke ist die Komplettierung der Brache, die Ergänzung von rudimentösen Eingriffen der Planer-Architekten, Politiker und Verkehrsstrategen. Ungers will städtische Räume schaffen, die ihm einzig der Garant dafür zu sein scheinen, *Ordnung* in das städtebauliche und architektonische Chaos bringen zu können. Sein Vorschlag reicht von einer Zeilenbebauung im Westen, so, wie sie in Berlin seit den 20er Jahren Tradition hat, über ein wirkliches «Forum» mit Hierarchien und Straßen- und Platzfiguren, die der europäischen Großstadt entlehnt sind, bis hin zu gartenstadtähnlichen Siedlungsmustern, wie sie in Berlin am Stadtrand zu finden sind.

Ein das Gebiet markierender und überragender Campanile wird vorgeschlagen, um die Möglichkeit des Überblickens der stadträumlichen Gestalt und Profile zu ermöglichen – als bewußte Wahrnehmungsvariante zu dem sich im Straßenraum bewegenden Fußgänger. Zum Verständnis dieses Entwurfes gehört der Umstand, daß zur Entstehungszeit des aus einem Wettbewerb hervorgegangenen Konzeptes das Kulturforum am Rand der Stadthälfte Westberlins lag, also unmittelbar an der Berliner Mauer, die das Planungsgebiet vom alten Zentrum der Stadt trennte.

Kulturforum 1983
Competition, Berlin

Ungers has proposed a number of visions for the southern edge of the Tiergarten and the so-called 'Kulturforum' over the years. This is one of the boldest. It extends beyond the Kemperplatz – that is, the immediate location of the museum complex, with Scharoun's Philharmonie and State Library and Mies van der Rohe's Nationalgalerie – and incorporates a variety of additional urban building types into a system specifically conceived for the site. Ungers' proposal was once again fuelled by a critique of the arrogant planning of the postwar era which negated the history of the site and the city as a whole.

The principal idea was to complete the site; to consolidate the rudimentary interventions of past urban and traffic planners, architects and politicians. *Order* was brought into the chaos by the creation of a variety of urban spaces: row housing of the kind built during the 1920s, a true 'forum' with landmarks and distinctive patterns of streets and squares, and a garden city development similar to those found on the outskirts of Berlin. As an urban landmark, Ungers proposed a towering campanile offering views over the whole form and profile of the city – in deliberate contrast to the views available to pedestrians on the street.

To understand this design, it helps to know that when it was conceived the site lay on the edge of West Berlin, right by the Berlin Wall, which divided the development area from the former heart of the city.

Rechte Seite: Planung des Kulturforums / Lage des Planungsgebietes in der Stadt.

Opposite page: Plan for Kulturforum / Site of planning area within the city.

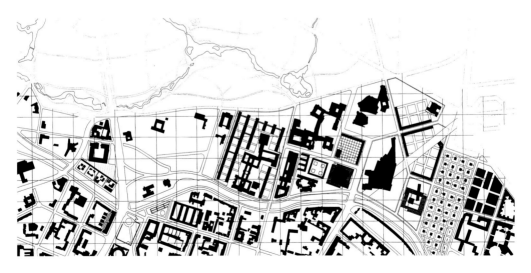

Torhaus Gleisdreieck 1983
Frankfurt/Main

Das Gebäude sollte verschiedene Aufgaben erfüllen: die durch das Bahngelände geteilten Messehälften funktional miteinander verbinden, dem Messegelände die nötige Signifikanz verleihen, der Messestadt Frankfurt zu einem überdimensionalen Stadt-Tor verhelfen und nicht zuletzt Servicefunktionen erfüllen und Büros und Konferenzräume schaffen.

Städtebaulich war also der *Typ Hochhaus* mehr oder weniger unabdingbar. Ungers wäre aber nicht Ungers, hätte er diese Aufgabe nicht mit typologischem bzw. thematischem Denken aufgeladen. Er wollte diesen Bautyp für sich neu erarbeiten, ihm architektonisch vielleicht auch einen neuen Sinn geben. Sockel- und die eigentliche Hochhauszone werden dabei jeweils gesondert untersucht und durchformt – um sie aber schließlich als Einheit aufgehen zu lassen. Der Sockel ist praktisch der Ausfüller des Grund und Bodens, er nimmt mit seiner Grundfläche, fünf Geschosse hoch, das gesamte zur Verfügung stehende Bauland ein. Das Hochhaus setzt sich wiederum aus zwei Teilen zusammen: aus einem Steinhaus (in seiner Gestalt eine Art Hocker mit den Büros) und einem Glashaus (überwiegend Konferenzräume), das in diesem Hocker steht und sich auf spannungsvoll-geometrische Weise mit diesem verschränkt.

Auf einer Seite bilden Sockel und Hochhaus die gleiche, ebene Wand: dadurch entsteht im Mittelteil ein überdimensioniertes *Fenster*, das als Thema auch in der strengen Rasterung der Fensteröffnungen wieder auftaucht. Die angestrebte «unverwechselbare Identität» wird durch den hohen Wiedererkennungswert – optisch wie auch gedanklich-thematisch – souverän erreicht.

Railway Junction Tower 1983
Frankfurt/Main

The building had to fulfil a variety of functions: it had to bring together two halves of the trade fair separated by a railway line, endow the complex with a necessary presence, create a monumental urban gateway and, not least, provide offices and conference rooms.

The *high-rise type* was more or less dictated by the urban planning issues. Ungers would not have been Ungers, however, if he had not loaded this task with a series of typological and thematic concepts. He aimed to rework the high-rise type and perhaps give it new meaning in the process. The plinth and high-rise proper were investigated and formulated separately, but ultimately combined into a single form. The plinth is five storeys high and practically fills the site, taking up all of the available building land. The tower above consists of two elements: a stone part containing offices, which is shaped a bit like a stool, and a glass part, predominantly filled with conference rooms, which bridges over the stool in a geometrically dynamic way. Together, the plinth and tower form an even, smooth wall, pierced in the centre by a huge *window* – a theme returned to in the strong grid of the fenestration. The building achieves the desired 'unique identity' by means of its easily recognized, visually and conceptually grandiose theme.

Rechte Seite: Das Torhaus im Messegelände / Seitenansicht / Fenster- bzw. Toransicht.

Opposite page: Gatehouse in the Trade Fair / Side elevation / Elevation of window/gate.

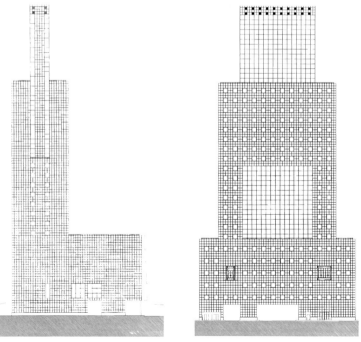

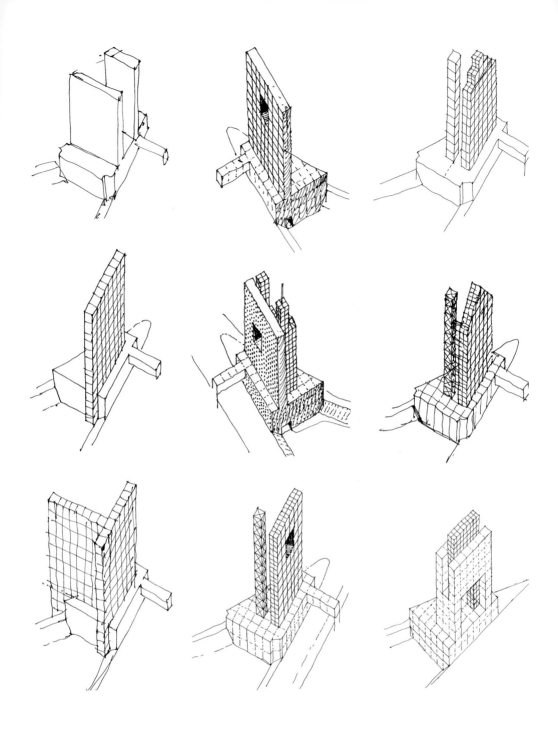

Typologische Studien zum Hochhaus / Rechte Seite: Ansicht von Westen.

Typological studies of the high-rise / Opposite page: View from west.

Wohnbebauung Forellenweg 1984
Salzburg

Dieses Projekt hat seinerzeit in der öffentlichen Diskussion immense Bedeutung, auch über die Grenzen Österreichs hinaus, erlangt. Aus einem beschränkten Gutachterverfahren siegreich hervorgegangen, wurde die Konzeption bald in hohen Tönen gelobt, bald mit teilweise diffamierenden Äußerungen belegt. All das aber zeigt, daß es sich um einen streitbaren aber starken, um einen nicht harmonisierenden, sondern um einen konzeptionellen Entwurf handelt. Bei aller vermeintlichen Strenge ist er in sich flexibel und elastisch.

Innerhalb einer von Ungers vorgeschlagenen «kleinen Stadt mit eigener Identität», die nach außen – zur einen Seite zum Landschaftsraum und zur anderen Seite zu einer diffusen Mischbebauung – als geschlossene Form auftritt, wird mit Elementen operiert, die eine *Idee von Stadt* erkennen lassen: Plätze, Arkaden, Straßen, Gassen, Durchgänge, Einzelhäuser und Zeilenbauten. Diese Elemente werden in eine übergeordnete, fast monumentale Ordnung einbezogen, lassen aber im einzelnen eine je eigene Interpretation durch die verschiedenen Architekten zu.

Ungers selbst realisierte innerhalb seines Konzeptes die Bebauung, die die Anlage in einem Halbbogen abschließt. Sie erscheint in der Architektursprache des verfeinerten *Rationalismus*: kubische Raumauffassung, glatte Wandscheiben, Lochfassade, scharfe Dachkantungen, einheitliches Raster. Diese Bebauung entspricht wohl auch am ehesten dem ursprünglichen Gedanken – im Gegensatz zu einigen anderen Häusern der Gesamtanlage.

Forellenweg Housing 1984
Salzburg

This project was the winning result of a request for development proposals. When it appeared, it prompted immense public debate, even beyond the borders of Austria, attracting the highest praise from some, and condemnation from others. The reason for the controversy? The design did not attempt to seek harmony. It was intended to be strong, but also flexible and open to a variety of interpretations.

Ungers proposed a 'small city with its own identity' which presents a closed form to the outside, facing countryside in one direction and scattered development in the other. Within this scheme, he operated with elements relating to the *idea of the city*: squares, arcades, streets, alleyways, passages, individual houses and terraces. These elements are drawn into an overall, almost monumental order, but their details vary according to the individual interpretations of the different architects contributing to the scheme.

Ungers himself designed a crescent of housing which closes off the complex. The expression of the building draws on the vocabulary of a refined *Rationalism*, with its cubic spatial conception, smooth ribbons of wall, perforated facades, sharp roof lines and unifying grid. The end result corresponds closely to Ungers' original concept – unlike some of the other buildings on the site.

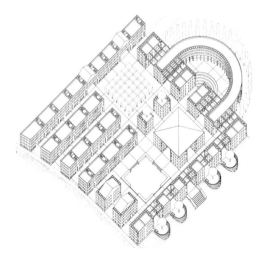

Isometrie des Wettbewerbsentwurfes / Rechte Seite: Ausgeführte Platzsituation / Ansicht des halbrunden Wohnhauses / Perspektivzeichnung.

Isometric of competition design / Opposite page: Situation of the square as built / View of semicircular housing block / Perspective drawing.

Neubau Universitätsklub 1985
Bonn

Das Haus des Universitätsklubs hat folgende Funktionseinheiten: Eingangshallenbereich mit Restaurant und Bierstube, Kommunikationsräume mit erweiterbarem Vortragssaal, Konferenzraum, Seminarraum, Bilbliothek mit zusätzlichem Arbeitsraum sowie Gästeappartements in den oberen Geschossen. Es liegt in unmittelbarer Nähe der Universität in einem Park mit teilweise sehr altem Baumbestand.

In das neue Gebäude war ein schon bestehendes, kleineres einzubeziehen. Zugleich galt es, auf die alten Bäume Rücksicht zu nehmen. Der Altbau bestimmte zuletzt die Maßstäbe: Fassadengliederung, das Achsmaß für die Fenster, die Höhe des Gebäudes. Ungers wollte einen unprätentiösen Baukörper entwerfen, was ihm zweifelsohne gelungen ist: ein ruhig liegender rechteckiger Körper, im Aufriß gegliedert in einen dunklen Sockelbereich, in eine hell verputzte mittlere Zone mit einem durchgehend gleichmäßigen Fassadenraster und in einen Satteldachbereich. Das Äußere des Gebäudes entbehrt bis auf den Eingangsbereich und die Vortragshallenfenster jeder Hierarchisierung. Es erscheint als Kippfigur: ländliche Großform und zugleich städtische Nutzbautenform. Auch im Innern setzt sich das Einfache aber Gediegene, das Freundliche aber Unaufgeregte fort: einfach erschlossene, schlichte, klar gegliederte, helle Räume, offen gestaltete Appartements und im Dachgeschoß zwei Innenhöfe als Atriumterrassen. Insgesamt strahlt dieser Bau eine zurückhaltende, fast karg-mönchische Bescheidenheit aus.

University Club Building 1985
Bonn

The University Club Building contains the following functions: an entrance hall area with restaurant and bar, reception rooms with an adaptable lecture hall, a conference room, seminar room, library with additional work area, and guest rooms in the upper storeys. It is located in a park directly next to the university.

The new building had to incorporate an existing, smaller building. It also had to preserve a number of very old trees. Ultimately, the old determined the scale of the new: the overall organization of the facade, the pattern and size of the windows, and the height. It was Ungers' intention to design an unpretentious building, and he undoubtedly succeeded. The overall mass is calm, horizontal and rectangular. The elevation is organized into a dark plinth area, a light, rendered middle articulated by a continual, regular grid across the facade, and an upper storey under a hip roof. The exterior of the building is completely non-hierarchical, with the exception of the entrance area and the windows to the lecture hall. It has a dual character, appearing alternately as a large, rural form and as a functional, urban building. This simple, calm character is continued in the interior. The spaces are welcoming, clearly ordered and light; the guest rooms are openly formed and relate, on the top floor, to two inner courtyards which serve as atrium terraces. As a whole, the project communicates a reserved, almost spartan, monkish modesty.

Grundriß Erdgeschoß / Rechte Seite: Ansicht des Baukörpers / Blick in die Eingangshalle.

Plan of ground floor / Opposite page: View of building mass / View into entrance hall.

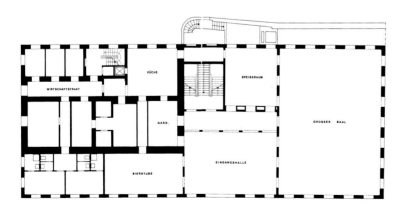

Museumsinsel 1986–95

Hamburg

Wie immer, wenn Ungers in einem innerstädtischen Kontext plant, untersucht er zuvor die stadträumlichen Bedingungen und die architektonischen Elemente, die diesen definieren. Sein eigenes Konzept wird dann stets zu einem Reagieren – als Verdichtung vorhandener Themen, als Transformation, als komplementäre Ergänzung. So auch in diesem Fall, bei dem er die herausragende Rolle der alten Kunsthalle unterstreicht. Er rückt nämlich mit seinem Neubau so weit wie möglich von dieser ab. Damit gewinnt er zwei gleich große Plätze, von denen er den einen bebaut, den anderen als große, artifiziell gestaltete Freifläche für Skulpturen vorsieht. Der Neubau der Kunsthalle wird, analog den vorhandenen Bauten, auf einem angeschütteten Plateau errichtet; dieses wiederum wird als mächtiger Steinsockel – gleich einer Kaimauer – zusammengefaßt. Der *Inselcharakter* wird also unterstrichen.

Die Architektursprache von Ungers Kunsthalle ist sehr zurückhaltend – es wird erneut ein hoher Abstraktionsgrad erreicht. Ein quadratischer Steinkubus, einzig mit im Sockelgeschoß befindlichen großen Fenstern; ansonsten glatt, kantig, ohne Dachvorsprung und ohne jedweden Architekturschmuck oder Applikationen. Direkt gegenüber der alten Kunsthalle, werden derart deren Architekturmotive zum Sprechen gebracht – sie treten durch die radikale Zurückhaltung des Neubaues erst richtig hervor. Ungers besteht hier einmal mehr auf einem *dialektischen Gegensatz* und nicht auf einer vorlauten Konkurrenz.

Museum Island 1986–95

Hamburg

Whenever Ungers designs in the context of the inner city, he starts by investigating its defining urban planning conditions and architectural elements. His proposal is then always a reaction to this investigation – an intensification of existing themes, a transformation, an act of completion. This was the case with this project, which responds to the dominant role of the old art museum.

By setting the new building as far away as possible from the old museum, Ungers created two squares of equal size; one for architecture, the other – a large, artificial open space – for the display of sculpture. The new art museum, like the existing buildings, is constructed on a levelled escarpment – a powerful stone plinth, akin to a quayside wall, which underlines the *insular character* of the site.

The architectural language of Ungers' museum is reserved, achieving a high degree of abstraction. The building takes the form of a square stone cube. It has large windows at ground level, but is otherwise smooth and angular, without overhanging eaves, without any form of architectural decoration or appendage. Its radical reserve acts as a foil for the architectural motifs of the older building which faces it. Here Ungers insists once again upon *dialectical opposition*, rather than competition.

Proportionsstudie / Grundrißschema.

Proportional study / Schematic ground plan.

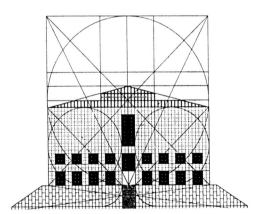 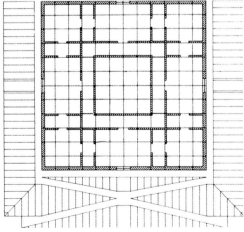

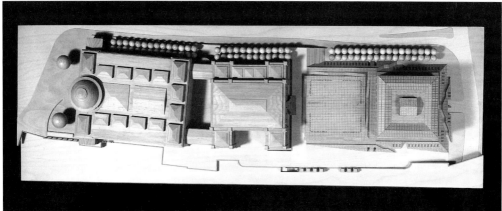

Modellansicht und -aufsicht der aktuellen Entwurfsfassung /
Ansichtsschema / Schnitt.

Views of model showing final design concept / Schematic
elevation / Section.

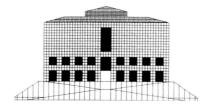
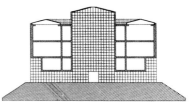

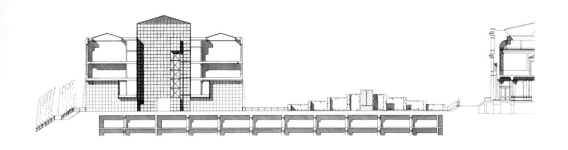

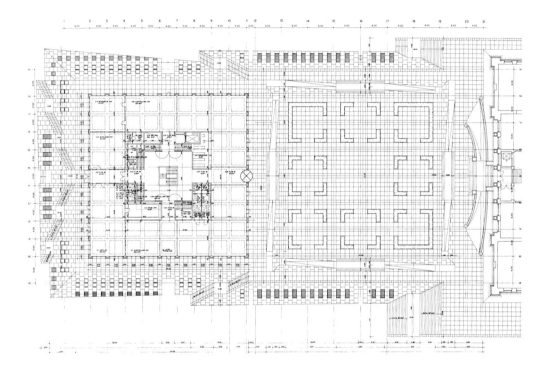

Schnitt durch die Halle und den Sockel / Erdgeschoßebene.

Section through hall and plinth / Ground floor.

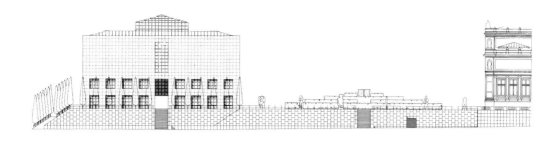

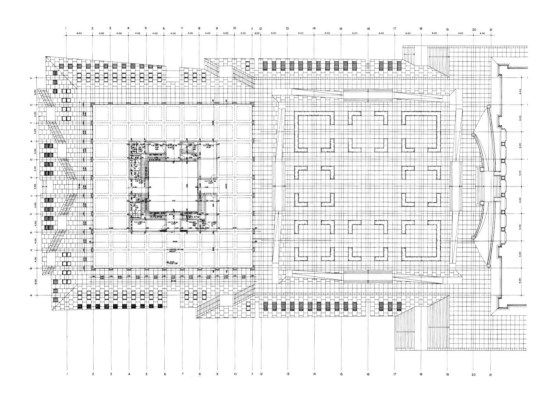

Ansicht von Südwesten / Grundriß Normalgeschoß.

View from southwest / Typical floor plan.

Wohnhaus Glashütte 1986
Glashütte/Eifel

Disziplinierte Reduktion: mit diesem Begriffspaar lassen sich einige der in diesen Jahren entstandenen Projekte beschreiben (Uni-Klub in Bonn, Wohnhaus Miquelstraße in Berlin). Ungers geht es hier wie andernorts offensichtlich um die Suche nach dem *Eigentlichen*, um die Suche nach dem *Haus als solchem*, um dessen Ummantelung mit einer einfachen Mauer aus Stein, um die ausgewogene Haltung, die dieses Haus anzunehmen hat mittels einer optimalen Durchproportionierung im Sinne klassischer, in diesem Falle: römischer Vorbilder.

In der Südeifel gelegen, dort also, wo es jahrhundertelang diese römische Bautradition gab und wo sie allerorten, vor allem im nahen Trier, anwesend ist, ist dieses Haus, ein wenig archaisch anmutend, eingebettet in eine leicht artifiziell überhöhte Landschaft: zwei Teiche, ein Kreuzgarten, eine alte Kapelle und ein Atelierbau umgeben es. Fast «bukolisch» mutet der abgelegene Ort an, der durch dieses private Wohnhaus bereichert wird, wie umgekehrt die Landschaft zu seiner eigenen Stimmung beiträgt.

Auf einem quadratischen Grundriß wird der Typ der Landvilla in einer möglichst einfachen, aber in der Gestaltung zwingenden Logik ausformuliert: außenliegende, fast durchgehend miteinander verbundene Räume umschließen die einfache Treppenhalle. Die diese Räume bergenden glatten Außenmauern sind aus einem südlich von Nancy gebrochenen Stein. Sie wirken fest stehend und bilden als scharfkantige, eingeschnittene Scheiben mit einem flachen Satteldach das Haus, von dem eine bezwingende Ruhe, die auch dem Naturraum hier eigen ist, ausgeht. Der Architekt arbeitet hier weiter am Zusammenspiel von elementaren Formen und Landschaft, am «Gegensatz im Sinne einer gegenseitigen Überhöhung».

Glashütte House 1986
Glashütte/Eifel

The phrase 'disciplined reduction' provides the key to interpreting and describing a number of the projects designed in this phase of Ungers' career, such as the University Club in Bonn and the Miquelstraße apartment building in Berlin. Here, as elsewhere, Ungers was evidently concerned to develop the model of the *archetypal house* with simple stone walls and balanced, classical – in this case Roman – proportions. The building is located in Southern Eifel, where there is a centuries-old tradition of this Roman building type, particularly in Trier. It is set into an artificially raised landscape defined by two ponds, a cross-axial garden, an old chapel and a building with workshop spaces. This remote, archaic, almost 'bucolic' site enriches and is in turn enriched by the private apartment building.

The country villa type is formulated in an extremely simple but compellingly logical way, on the basis of a square ground plan. The simple internal stair hall is surrounded by interconnected spaces. The smooth outer walls are built of a stone quarried south of Nancy. Their solid, vertical presence, with sharply edged, well-defined individual courses, combines with the shallow hip roof to give the building the same captivating calmness that pervades the surrounding countryside. The architect continues his characteristic interplay of elementary forms with the landscape, striving for an 'elevation through mutual contrast'.

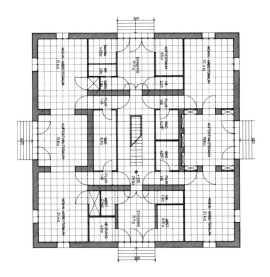

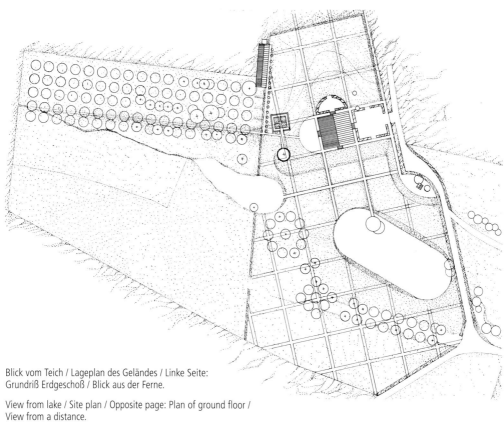

Blick vom Teich / Lageplan des Geländes / Linke Seite:
Grundriß Erdgeschoß / Blick aus der Ferne.

View from lake / Site plan / Opposite page: Plan of ground floor /
View from a distance.

Galerie- und Wohnhaus Max Hetzler 1986
Köln

Auf fast quadratischem Grundriß (10,6 x 12 m) wird dieses Gebäude bewußt als Turm interpretiert. Ungers nimmt zwar die Höhe der Nachbarbebauung in etwa auf, verhält sich aber ansonsten völlig autonom innerhalb des Block- und Straßenraumes. Er biedert sich nicht dem Kontext an (den zufälligen Architekturformen), sondern er stellt diesen Kontext praktisch neu her: alles scheint sich jetzt diesem Baukörper gegenüber unaufrichtig zu verhalten. Das Haus schafft sich derart den notwendigen *Kunst*-Raum.

Die einzelnen Geschosse (fünf Galeriegeschosse, ein Wohngeschoß) werden durch ein rückwärtig gelegenes Treppenhaus erschlossen. Die jeweilige Etage wird entweder fast-quadratisch belassen, oder aber quer- bzw. längsgeteilt. Nach außen tritt diese trocken-pragmatische Haltung ebenso selbstbewußt auf: drei Zonen, Fein- und Grobrasterung (Putz mit aufgetragenem Fugenraster, Sprossenteilung, Etagenzonierung) und eine suprematistische, also der ungegenständlichen Kunst entlehnte und somit eine *reiner Erkenntnis* verpflichtete Formensprache. Die Nutzung als moderne Kunstgalerie wird nicht verleugnet oder geschönt – sie wird inszeniert und, mit Venezianischrot und Grau, frisch behauptet. Die Autonomie der zeitgenössischen Kunst findet ihre Entsprechung hier in einem für sie geschaffenen Kunst-Haus.

Max Hetzler Gallery and Residence 1986
Cologne

This building is consciously interpreted as a tower set on an almost square plan (10.6m x 12m). It takes into account the height of the neighbouring buildings but otherwise acts completely independently of the surrounding built environment, with its arbitrary architectural forms. Rather than make concessions to the existing context, it practically forms the context anew, with the result that all the other buildings now seem insincere towards it. The gallery creates the necessary space for *art* on its own.

The individual storeys (five for gallery space, one for residential accommodation) are accessed by a stairwell set towards the rear of the building. Each floor is left as practically a square, or cut in two along either axis. This dry, pragmatic approach is expressed with equal self-assurance on the exterior, where there are three zones, with both fine and larger-scale grids articulated by the inscribed render, the division of the glazing, and the zoning of the various storeys. The formal vocabulary is inspired by Suprematism, the non-objective art indebted to the principles of *pure perception*. The building's function as a gallery of modern art is neither denied nor clarified – but staged and reiterated with Venetian red and grey. The autonomy of contemporary art is matched by the art gallery created to house it.

Blick in einen Ausstellungsraum / Grundriß Normalgeschoß / Rechte Seite: Ansicht von der Straße.

View of an exhibition space / Typical floor plan / Opposite page: View from street.

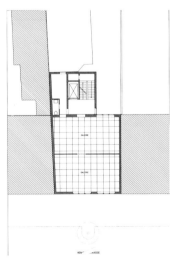

Kunstpalast 1986 und 1988
Wettbewerb; Düsseldorf

Bei diesem Wettbewerb gab es zwei Stufen. Ungers versuchte zunächst, auf der Grundlage des Erhalts und der Restaurierung eines historischen Arkadenhofes, eine notwendig erscheinende Neuordnung der gesamten städtebaulichen Situation. Um den Arkadenhof werden dabei fünf gleich große Gebäudeteile zu einem zentralen Körper gruppiert. Dieser wird auf einem Raster organisiert, dem das Modul des Hofes zugrundeliegt. Die räumliche Kontinuität und der Übergang zur Platzrandbebauung wird jeweils mit Einzelbaukörpern erreicht, die den Seitenwänden vorgestellt und geometrisch unterschiedlich durchgeformt werden.

In der zweiten Stufe wird dieser Vermittlungsversuch zur Platzwandbebauung aufgegeben. Nunmehr wird ein hermetischer Baukörper entworfen, der an das bestehende alte Gebäude angebaut ist. Vorrangig war jetzt die Neuordnung der Binnenräume. Nach außen sollte ein geschlossener, eher *klassischer* Effekt erzielt werden: Ungers spricht bewußt von Anklängen an den Museumstyp des 19. Jh., z.B. an Klenzes Münchner Pinakothek. Als inneres Ordnungsprinzip wird eine Sequenz von Oberlichtsälen gewählt, die parallel von einer Reihe von Seitenlichtkabinetten begleitet wird, die nach außen wiederum als monotone, rhythmisch durchbrochene, ruhige Wand erscheint.

Art Museum 1986 and 1988
Competition, Düsseldorf

This competition for a new art museum seemed to call for a reordering of the whole urban planning situation. In the first stage of the project, Ungers attempted to preserve and restore an existing arcaded courtyard. He placed five building elements of equal size around the courtyard to form a central body, which was based on the same module as the courtyard. Spatial continuity and the passage to the buildings on the edge of the square were secured by individual building masses with different geometrical forms.

In the second stage of the competition Ungers gave up this attempt to address directly the buildings on the edge of the square. He proceeded to develop a self-contained building mass which he attached to the side of the existing old building. His prime consideration was the reorganization of the internal spaces. On the exterior he aimed for a closed, rather *classical* effect, consciously evoking the typology of 19th-century museums such as Klenze's Pinakothek in Munich. To organize the internal plan he chose a sequence of top-lit rooms, accompanied by a parallel row of side-lit galleries, which appear on the exterior as a monotonous, rhythmically punctuated calm wall.

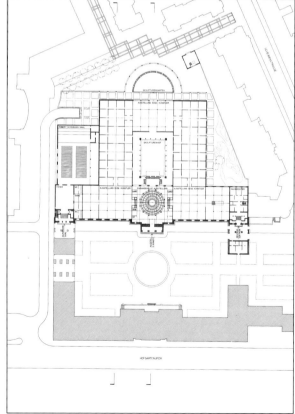

Modellfoto der 1.Stufe (1986) / Grundriß Erdgeschoß, 2. Stufe (1988) / Linke Seite: Ansicht
von Westen, 2. Stufe (1988).

Model of 1st stage scheme (1986) / Plan of ground
floor, 2nd stage (1988) / Opposite page: West
elevation, 2nd stage (1988).

Wohnbebauung 1987

Köthener-/Bernburger Straße, Berlin

Das Gebäude entstand in der Folge der 1981 für die Internationale Bauausstellung durchgeführten Untersuchung zur Südlichen Friedrichvorstadt, die unter dem Motto «Wohnen in der Innenstadt» durchgeführt wurde. Für den Stadtraum wurden die Rekonstruktion des Stadtgrundrisses, die Wiederherstellung der alten Stadtkante und eine Bebauungsstruktur angestrebt, die in der Lage ist, die *Dichte von Innenstadt* widerzuspiegeln. Ungers transformiert den Hofhaustyp der alten Berliner Blockstruktur hier ebenso, wie er es schafft, den «Torhaus»-Gedanken mit dem des städtischen Mietshauses zu verbinden.

Die fast kalte Rationalität, die einfache Konstruktion und die klare Geometrie des Hauses zeigen, daß es möglich ist, Tradition *und* Moderne in einem Kontext zu beleben, der durch die Kriegseinwirkungen und die Nachkriegsplanungen schwer beschädigt worden ist. Man kann ebenso Einzelhäuser erkennen, auf die ein Kranz als Gebäudestruktur gelegt ist, wie man auch eine Großkörper-Figur ausmachen kann, in die große Tore als Erschließung für den Binnenbereich geschnitten sind. Die modulare Durcharbeitung bzw. das streng angewandte quadratische Raster erlaubt zusätzlich die einfache Kombination dieser Einzelkörper untereinander. 45 Sozialwohnungen, auch sehr große für kinderreiche Familien, werden auf sinnfällige Weise zu dieser Großstadtfigur zusammengeschweißt.

Durch die Rücknahme um die halbe Wohnungstiefe im Dachgeschoß erscheint das Haus vom halböffentlichen Binnenraum des Hofes aus als fünfgeschossiges, im Stadtraum aber als sechsgeschossiges Haus. Die durchgängige rotbraune Klinkerverkleidung und die großflächigen Öffnungen mit ihren dominanten Fensterkreuzen rhythmisieren die Straße und das Haus – sie schaffen zugleich die klare und ruhige Kraft, die von dieser Kippfigur Block-Einzelgebäude ausgeht.

Housing 1987

Köthener/Bernburger Straße, Berlin

This building resulted from the planning study of Southern Friedrichstadt that Ungers undertook in 1981 for the International Building Exhibition (IBA) on the theme of 'living in the inner city'. The aim was to reconstruct the urban plan of the area, to re-establish the city's original defining edge, and to achieve a structure capable of reflecting the *density of the inner city*. To do this, Ungers transformed the typical courtyard housing of Berlin and combined the concepts of the 'gatehouse' and the urban apartment block.

The almost cold rationality, simple construction and clear geometry of the building show once more that it is possible to breathe life into a context much damaged by the war and postwar planning. The scheme appears to consist of separate blocks crowned by a larger, continuous structure. But it also creates the impression of a single, grand object penetrated by large openings or gates which give entry to an internal area. The modular form and strictly applied square grid allow these individual masses to be combined in a simple manner. The building presents itself as a truly metropolitan figure, tying together 45 public housing units, some of them for large families. It is set back to half its depth at the top, so that it appears as five storeys from the semiprivate internal area and as six from the surrounding urban space. The uniform red-brown rough brick, the large openings, and the pronounced window mullions give rhythm to the building and the street – and at the same time give the equal-sided block a clear, calm strength.

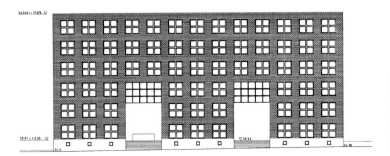

Fassadenansicht / Rechte Seite:
Blockansicht über Eck / Erdgeschoßebene und -grundriß.

Elevation / Opposite page:
Oblique view of block / Ground floor plan.

172

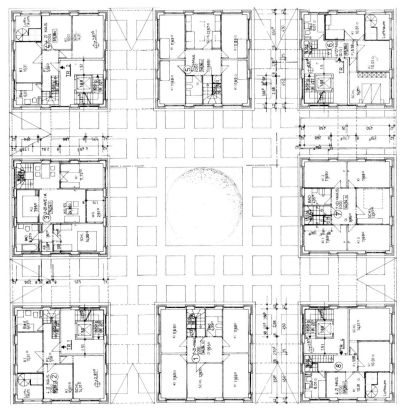

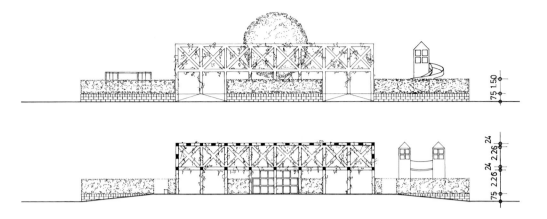

Zeichnungen zur Gartenanlage / Rechte Seite: Blick in den Binnenhof / Grundriß 4. Obergeschoß.

Drawings of garden complex / Opposite page: View into internal court / Plan of 4th floor.

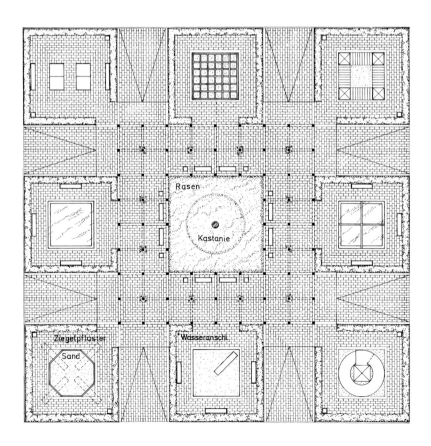

Media-Park 1987

Wettbewerb; Köln

Mit diesem Wettbewerbsbeitrag knüpft Ungers an seine schon in den 60er und 70er Jahren entwickelten Versuche an, Stadträume nach einem thematischen Konzept weiterzubauen, zu transformieren und neu zu ordnen. Am Rande der Innenstadt und in unmittelbarer Nachbarschaft zum Volkspark wird sowohl ein Stück Stadt als auch ein Stück Naturraum, in Form eines *urbanen Gartens*, neugewonnen.

Zum wiederholten Male, aber wieder durchaus zwingend, werden die vorhandenen städtischen und naturräumlichen Gegebenheiten wie selbstverständlich wahrgenommen und gewandelt. Der städtische Straßenraum wird z.B. mit Hilfe einer Folge von unterschiedlichen Baukörpern gebildet: Variationen und Transformationen des Blockes, der Kammbebauung, des Einzelhauses, der Villa. Diese Typologie folgt der Idee der Unterscheidbarkeit innerhalb des Ensembles. Darüber hinaus schlägt Ungers als signifikante Wiedererkennungsfigur des «Media-Parks» ein Hochhaus vor, das im Knick der Straße, von dieser aber zurückgesetzt plaziert wird.

In einer späteren Überarbeitungsphase operiert Ungers dann mit einer Folge von Plätzen, Galerien und Passagen, die nun in ein Blocksystem eingebunden werden. Er versteht diese als Stadt- und zugleich als «Erlebnisräume».

Media Park 1987

Competition, Cologne

This competition entry builds on Ungers' work of the 1960s and 1970s in that it attempts to extend, transform and reorder urban space by means of a thematic concept. It reclaims, as an urban garden, an area on the edge of the inner city directly adjacent to the Volkspark containing both buildings and open spaces.

Again, the existing urban and natural conditions are easily and convincingly identified and altered. The urban streetscape is formed by means of a series of differing building masses: variations and transformations of the housing block, the comb-shaped building, the individual house and the urban villa. This typology follows the notion of differentiated totalities. Ungers also proposes a highrise as a landmark for the 'media park'; a tower set back from a bend in the road. In later phases of the development Ungers worked with a series of squares, galleries and passages, which he conceived of as both urban and 'experiential' spaces and incorporated into a block system.

Studien zur Block-, Hauskörper- und Platztypologie / Rechte Seite: Darstellung des Gesamtareals / Lageplan des Entwurfes.

Figure-ground studies of blocks, housing and open spaces / Opposite page: Representation of area as a whole / Site plan of scheme.

QUADRAT

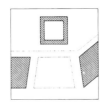

TRAPEZ

HALBRUND

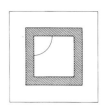

PLATZ IM HOCHHAUS

BLOCK ALS "KAMM"

KOMPAKTER BLOCK

"AUSGEHÖHLTER" BLOCK

"ZERSCHNITTENER" BLOCK

"AUFGELÖSTER" BLOCK

KIRCHE ST. ALBAN

FERNMELDETURM

FERNMELDEAMT

HOCHHAUS P 5

WOHNBEBAUUNG

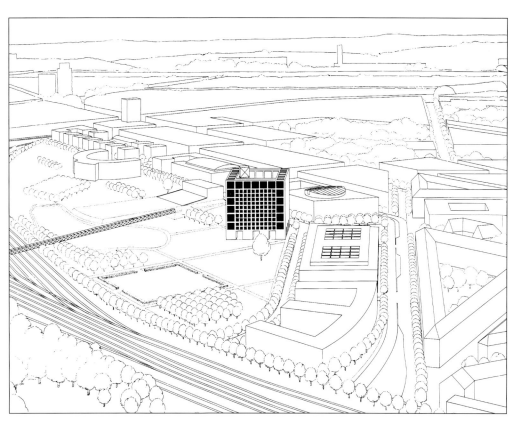

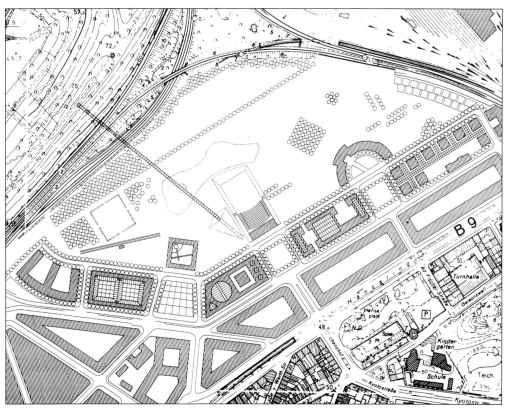

177

Messepalast Wien 1987

Entwurf; Wien

Für den rückwärtigen Bereich des am Messeplatz stehenden Baues von Fischer von Erlach sollte eine baulich-räumliche Neuordnung erfolgen. Ungers schlägt zwei klar voneinander geschiedene, sich aber aufeinander beziehende kubische Baukörper vor. Sie nehmen den abgeräumten Raum innerhalb des Gebäuderinges ein und zwar in der Folge: Platz, Kubus, Platz, Kubus, Platz. Die Abmessung der beiden Gebäude beträgt je 60 x 60 m in der Fläche und 30 m in der Höhe. In einem sollte die Kunsthalle mit einer multifunktionalen Halle, im anderen das Museum für moderne Kunst untergebracht werden.

Sowohl im äußeren Erscheinungsbild als auch was die innere Organisation betrifft, unterscheiden sich diese beiden Körper. Die Kunsthalle wird eher als innenliegender Aktionsraum interpretiert. Die architektonische Hülle bleibt dagegen verhalten-stumm, geschlossen und wird mit einem nur reduzierten Spiel von Fensteröffnungen überzogen. Das Museum für moderne Kunst hat im Kern zwei gegeneinander verdrehte Treppen als Erschließungseinheit, um die herum sich die Ausstellungsräume gruppieren. Deren Fenster wiederum sind gleichmäßig, in Reihe, angeordnet, dafür aber tief eingeschnitten, um direktes Tageslicht auf die Bilder zu vermeiden. Städtebaulich ergibt sich – von der Hofburg her gesehen – über den Maria-Theresienplatz hinweg ein strenges Architekturspiel, in dem die beiden Körper räumlich ordnend wirken sollten.

Vienna Messepalast 1987

Design project, Vienna

It was proposed to reorganize the area to the rear of Fischer von Erlach's building at Messeplatz. Ungers put forward a plan for two related but clearly differentiated cubic building forms which effectively define a new spatial sequence of open space, cube, open space, cube, open space. Both buildings are 60m x 60m at base, and 30m high. One is a multifunctional hall to house exhibitions, the other is a museum of modern art.

The buildings differ both in their external appearance and their internal organization. The exhibition hall is conceived as an internalized active space. Its exterior remains reserved, mute, closed, with only a simple play of fenestration. The museum of modern art is focused around a circulation core which consists of two stairs set opposite each other. Its windows are again ordered regularly – in a row – but are deeply incised, so that no direct daylight falls on the paintings. In urban planning terms the two buildings give spatial order to an architectural drama that is played out from the Hofburg to the Maria-Theresienplatz.

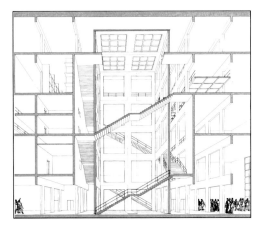

Innenraumperspektive / Rechte Seite: Lageplan des Planungsgebietes in der Stadt / Ansicht vom Messeplatz / Schnitt / Ansicht Ovalhof.

Interior perspective / Opposite page: Site plan showing planning area in the context of the city / Messeplatz elevation / Section / Elevation of oval courtyard.

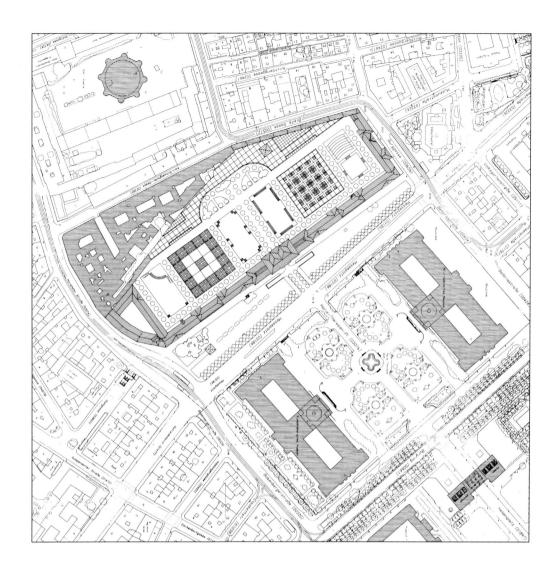

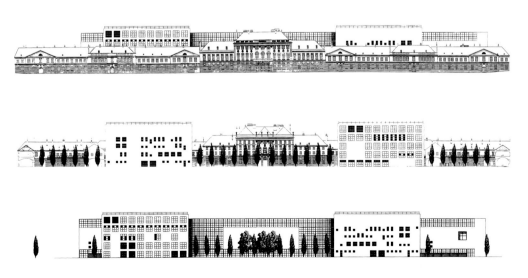

Deutsches Historisches Museum 1988
Wettbewerb; Berlin

Das Ergebnis dieses seinerzeit sehr umstrittenen Wettbewerbs ist durch die Wiedervereinigung und die Verlegung des Museums in das alte Zeughaus in der Straße Unter den Linden obsolet geworden. Ungers, der für den angrenzenden Stadtbereich (Tiergartenviertel) schon des öfteren Planungen vorgelegt hat, beließ es nicht bei der pragmatischen Programm-Erfüllung, sondern schlug darüber hinaus eine Reihe von Maßnahmen vor, die in der Lage waren, «Deutsche Geschichte» zu symbolisieren und deutlich zu machen. Bezüge im Stadtgrundriß und die Lage an der Spree waren der Anlaß, auch die unmittelbaren Verbindungen, Wege und naturräumlichen Gegebenheiten zu berücksichtigen und in das Entwurfs-Konzept einzubinden. Gerade die Entwicklung des Spreeufers als einer künftigen *urbanen Zone* wird bei diesem Entwurf berücksichtigt – ja, hier erstmals ernsthaft thematisiert. Von hier aus nämlich, und nicht von der Tiergartenseite her, erschließt Ungers sein Museum.

Er gliedert den Gesamtkörper in zwei Teile, die sich in mehreren Baustufen realisieren lassen. Dabei wird die Hülle, das äußere Erscheinungsbild, gleich im 1. Bauabschnitt fertiggestellt; die nächsten Stufen werden in High-Tech-Manier mehr oder weniger in dafür vorgesehene Innenhöfe eingestellt. Der traditionelle Steinbau – Ungers thematisiert architektonisch erneut die *Wand* – wird bei diesem Verfahren einmal lesbar als Berliner Block in einem vorhandenen und vorgeschriebenen Straßenraster, ein anderes mal als Solitär, so, wie es auch das Tiergarten-Ensemble mit Reichstag, Kongreßhalle, Philharmonie und Schloß Bellevue tut.

German Historical Museum 1988
Competition, Berlin

The results of this competition, which was very controversial in its time, have been rendered obsolete by the reunification of Germany and the museum's relocation in the former arsenal on Unter den Linden. Having already prepared a number of plans for the adjoining area (the Tiergarten), Ungers did not confine himself to fulfilling the pragmatic requirements of the programme but proposed an additional series of measures designed to illustrate and symbolize 'German history'. References arising from the plan of the surrounding city and the presence of the river Spree were incorporated into the scheme to provide links with existing connections, paths and natural conditions. The design takes into account – and for the first time seriously attempts to order – the future *urbanization* of the banks of the Spree. The main access to the museum is placed along the river edge, and not the side facing the Tiergarten.

Ungers organizes the building as a whole into two parts, allowing for it to be constructed in several phases. The shell, the external treatment of the outer elevation, is completed in the first phase. Later elements are inserted in a high-tech manner into purpose-built inner courtyards. Once again Ungers makes the *wall* an architectural theme: the traditional stone building can be read either as a Berlin block in an existing, prescribed street grid, or as a solitary figure in the manner of the Tiergarten configuration of the Reichstag, Congress Hall, Philharmonie and Schloß Bellevue.

Perspektivische Zeichnung des Entwurfes / Rechte Seite: Ansicht Süd / Ansicht West / Querschnitt / Ansicht Nord / Längsschnitt / Ansicht Ost.

Perspective drawing of design / Opposite page: South elevation / West elevation / Cross-section / North elevation / Longitudinal section / East elevation.

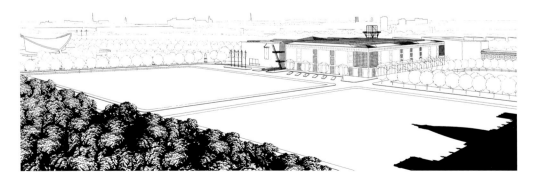

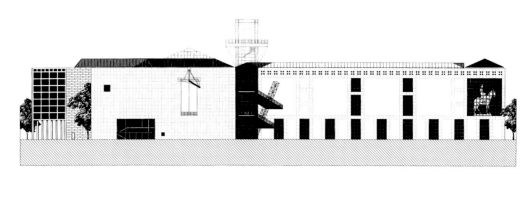

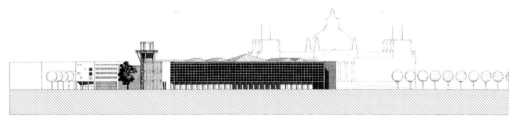

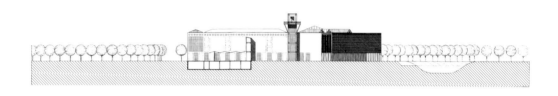

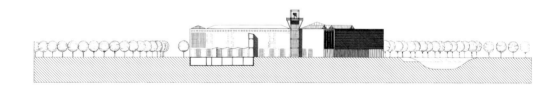

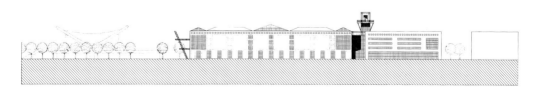

Viehmarktplatz und Thermenmuseum 1988
Trier

Als man bei Ausschachtungsarbeiten im Bereich des Viehmarktplatzes 1988 auf keltische und römische Ruinenreste stieß, und im weiteren auf guterhaltene Fundamente, Böden und Mauern der größten römischen Thermenanlage nördlich der Alpen, enstchied man sich für die Sicherung dieses einmaligen, stadthistorisch wertvollen Fundes. Ungers nun ausgeführtes Gutachten sieht verschiedene Maßnahmen vor: 1. Die Sicherung und Bewahrung der Reste unter einer sich neigenden Stahlbetondecke, die gleichzeitig das Platzniveau bildet. 2. Das sogenannte «Thermenmuseum» als gläserner Kubus, oder wie Ungers es nennt, als «Vitrine» mit Austellungsstücken, die die Geschichte (die historischen Schichten und somit die morphologische Verwandlung) der Stadt beherbergt. 3. Ein den Eingang markierender Betontreppenturm als Zugang zum Museum und zugleich als angehobene Aussichtsplattform.

Gerade die Schichtung, die Möglichkeit also der Offen- und Darlegung der Geschichte einer Stadt im Maßstab 1:1, mußte Ungers, der mit diesem Thema immer wieder umging, reizen. Er schlägt hier sogar vor, das alte römische Straßennetz nicht nur auf dem Viehmarktplatz, sondern in der ganzen Stadt, jedenfalls dort, wo es möglich ist, sichtbar zu machen, es also offenzulegen und jeweils (gläsern) abzudecken. Die Stadt als Museum, das Leben als ständige Konfrontation mit der materiellen Geschichte – dies ist die eigentliche Idee. Dabei wird die wesentliche Baulichkeit, das Thermenmuseum, als filigrane Stützen-Glas-Konstruktion durchgebildet, was den Vitrinencharakter unterstreicht. Diese – begehbare – Vitrine ist auch eine zwingende städtebauliche Lösung, verhindert sie doch das optische Zustellen des Platzes und somit einen zu starken Eingriff in dessen Charakter.

Viehmarktplatz and Roman Baths Museum 1988
Trier

In 1988, excavation work around the Viehmarktplatz in Trier uncovered a number of Celtic and Roman remains, including the well-preserved foundations, floors and walls of the largest Roman baths complex north of the Alps. The city recognized the find as being of unique historical significance and made the decision to preserve it. Ungers' report, now executed, proposed to: 1. Secure the remains by placing them under a concrete slab, which would also serve as the open square above; 2. Make the Roman Baths Museum in the form of a glass cube or, as Ungers called it, a 'show case', to display objects which contained the history of the city (presented as morphological changes, as historical layers); 3. Mark the entrance to the museum with a concrete tower, which would also serve as a raised viewing platform.

Undoubtedly the idea of layering – the possibility of setting out the history of a city at the scale of 1:1 – was most appealing to Ungers, for it was a theme that he had concerned himself with many times previously. In this project, he went one step further and proposed to make visible the old Roman street patterns not only around the Viehmarktplatz but, wherever possible, around the city as a whole, exposing the streets and in some cases glazing them over. The city as museum, life as a constant confrontation with material history – these were the essential ideas. To play up its showcase character, the Roman Baths Museum was conceived as a lightweight column and glass construction. This (walk-in) showcase has also proved to be a compelling urban planning solution, for it has prevented the new building from blocking views into the square and thus becoming too strong an intervention into its character.

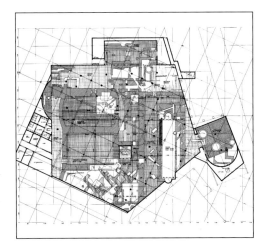

Plan des Geländes des Viehmarktplatzes / Rechte Seite: Modellansicht des Thermenmuseums / Schnitte durch das Gelände und das Thermenmuseum.

Plan of Viehmarktplatz area / Opposite page: Model of Roman Baths Museum / Section through site and museum.

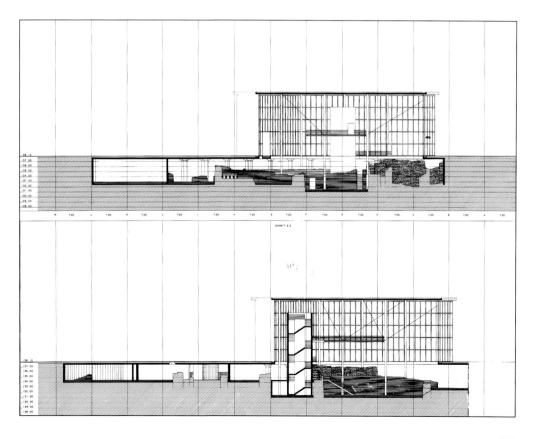

Heizkraftwerk GEW 1988

Köln

Das Problem bei diesem Industriebau bestand darin, ein bereits vorhandenes Ensemble von Maschinen mit Architektur zu verkleiden. Die experimentelle Anlage selbst dient der Gewinnung von Heizwärme und Energie mit Hilfe des Kohlezerstäubungsverfahrens, bei dem Kohlestaub mit Sand vermischt und unter hohem Druck verwirbelt und verbrannt wird. Erst sehr spät wurde der Architekt herangezogen, um die gestalterischen Probleme zu lösen. Ungers geht methodisch vor, indem er die technische Groß- und rein funktionale Unform als gigantische *Treppe* interpretiert. Auf der obersten Stufe läßt er nun, um die Treppe in ihrer Regelmäßigkeit nicht zu stören, die Aggregate herausschauen. Funktion und architektonische Gestaltung kommen so je zu ihrer eigenen Wirkung.

Die Bindung der Gesamtanlage an ein einheitliches, quadratisches Modul ist sein zweites Anliegen. Dazu dient ihm eine Stahlskelettkonstruktion, die auf der Oberfläche durch grüne Blechprofile gezeigt wird und als Grobraster den Bau geometrisierend überzieht. Die Ausfachung wird nach einem Baukastensystem mit wiederum quadratischen, intarsienartig ausgekleideten Klinkerflächen bewältigt; diese bilden das Feinraster. Die Gesamtproportion folgt nicht genau den Abmessungen der verborgenen Maschinen, sondern ist der architektonischen Idee verpflichtet. Damit knüpft Ungers an die Tradition der im Ruhrgebiet geschaffenen Industrieanlagen, z.B. von Schupp und Kremmer, an, die als Prototypen dort überall anzutreffen sind.

GEW Power Station 1988

Cologne

This industrial building is an experimental complex which generates both heat and power by burning a high-pressure vortex of coal dust with sand. The problem for Ungers was to create an architectural enclosure around existing machinery, as he was asked to consider the design only at a very late stage. He proceeded methodically, interpreting the technical, purely functional machine-housing as a gigantic *stair*. In order not to disturb the regularity of the stair, he allowed the machines to emerge from the enclosure on the topmost step. In this way, both function and architectural form achieve their own effect. Ungers second concern was to unite the complex as a whole utilizing a unifying, square module. A steel frame construction, expressed on the facade by green metal profiles, is drawn over the building as a bare geometric grid. The subdivision of the facade is achieved by means of a modular construction system with square clinker brick panels laid out like marquetry to form a smaller-scale grid. The overall proportions do not follow the dimensions of the machines housed within, but are determined by the architectural concept. In this respect the work relates to the tradition of industrial complexes throughout the Ruhr region, in particular to the prototypes of Schupp and Kremmer.

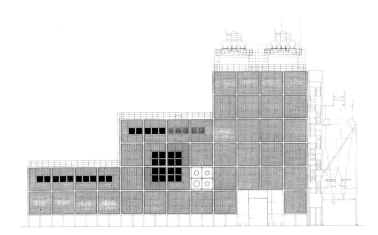

Ansicht der «Treppe» / Rechte Seite: Ansichten der Anlage.

'Stair' elevation / Opposite page: Views of complex.

Geschäftshaus der Bayerischen Hypotheken- und Wechselbank 1988

Umbau; Düsseldorf

Dieses Projekt bezieht seine Kraft aus dem unbedingten Zusammenspiel von Architektur und Kunst. Zunächst galt es, ein bestehendes Bankhaus umzubauen: es sollte in einen Innenhof hinein vergrößert, dann aufgestockt, umstrukturiert und den veränderten Erfordernissen angepaßt werden. Die Achsabstände und Stützenpositionen des Neubaus waren also durch den Altbau vorgegeben. Ungers erweitert das Haus um ein weiteres, die Idee vom *Haus im Haus* transformierend. Durch die systematisch aufgebrochenen Wände – als Arkadenhof, offene Galerien oder Raumfolgen – und die fast durchgängig weiße Farbe wird ein hoher Grad an *Immaterialität* erzeugt. Alles wirkt in diesen Räumen leicht, bald immaginär, illusionistisch und gar völlig aufgelöst.

Unterstrichen, ergänzt und gleichsam geadelt wird das architektonische Programm durch die künstlerisch-konzeptionellen Eingriffe von Gerhard Richter und Sol Le Witt. Richter arbeitet in der Vorhalle mit stark farbig akzentuierten Farbflächen, die als Wandfries erscheinen. In den Raumfolgen selbst inszeniert er mit Hilfe von von hinten grau gestrichenen Glasflächen beinahe nachdenkliche Bildmomente: Sie erscheinen bald als Spiegel (des wechselnden Bankgeschehens), bald als Flächen, die im Nichts verschwinden, irgendwo also aufhören (nur wo?). Sol Le Witt setzt seine *Idee von Geometrie* ein, um einen Störungsfaktor in das Ordnungssystem der Architektur einzubringen, die erst so in ihrer ganzen Stringenz und Intellektualität deutlich wird. Alle drei Künstler verbindet ja der konzeptionelle Ansatz ihrer jeweiligen Arbeit – d.h. nicht abbildend der Welt beizukommen, sondern ihr einen Sinn, eine Idee abzuringen bzw. diese zu ihrem Sein beizusteuern. Hier, in diesem Bankgebäude, werden drei Konzepte, drei Ideen sichtbar gemacht – ihnen wird eine Wirklichkeit verliehen, die Ungers selbst einmal als «Szenen eines großen Lebenstheaters» bezeichnet hat.

Offices for the Bayerische Hypotheken- und Wechselbank 1988

Refurbishment, Düsseldorf

The strength of this project comes from an unrestrained interplay of architecture and art. The basic task was to convert an existing bank building: to create an inner courtyard, build on an additional storey, and re-plan the existing spaces to accommodate the client's changed requirements. The spacing and location of the columns in the new building were therefore determined by the old building. The extension is a transformation of the idea of a *house within a house*, like some of Ungers' previous projects. A high degree of *openness* is created by the systematic breaking up of the walls – to form an arcaded court, open galleries or spatial sequences – and by the almost universal application of white. All of this gives the spaces a light, almost illusionary effect. The architectural concept is reinforced, completed and 'ennobled' by the conceptual art works of Gerhard Richter and Sol Le Witt. In the entrance hall, Richter created a frieze of strongly accentuated blocks of colour. In the sequence of various spaces, he set up thought-provoking installations of back-painted grey glass which sometimes act as mirrors reflecting the changing activities of the bank, and sometimes as surfaces which disappear into nothing, seemingly without end. Sol Le Witt applied his *conception of geometry* to create an element of disruption within the overall order of the architecture; the resulting work brings out the full stringency and intellectuality of the design. Artists and architect are united in their conceptual approach to their work. They do not deal with the world in a pictorial manner, but attempt to extract from it, and express, an idea that will give it meaning. In this bank building, three concepts are made visible, creating what Ungers himself once described as 'scenes from the great theatre of life'.

Rechte Seite: Perspektive des Innenhofes / Grundriß und Isometrie des Innenhofes mit der Bodenarbeit von Sol Le Witt.

Opposite page: Perspective of internal courtyard / Plan and isometric of internal courtyard with installation by Sol Le Witt.

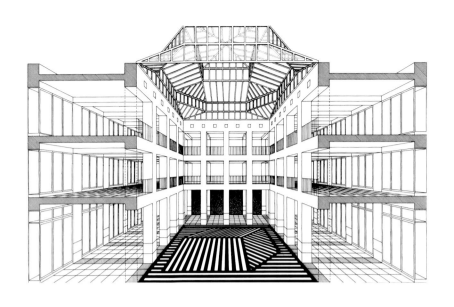

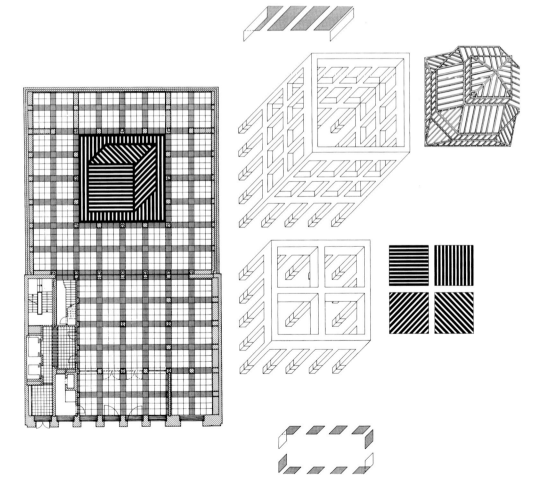

Blick gegen das Dach im Innenhof / Blick in die Eingangshalle / Rechte Seite: Blick vom Innenhof zum Eingangsbereich.

View looking up to roof of internal courtyard / View of entrance hall / Opposite page: View of entrance area from internal courtyard.

BIBA 1988

Bremer Institut für angewandte Betriebswissenschaft, Bremen

Das Gebäude verdankt sich der konsequenten Anwendung geometrischer Ordnungsprinzipien und einer additiven Logik. Hinzu kommt die Einplanung einer möglichen Erweiterung des Gebäudes in naher Zukunft. Das Konzept geht von einer quadratischen Grundfigur aus, die als eine Art schützende Mauer, in der Front aufgelöst in eine Reihe Pilaster mit aufrecht gestellten Fensteröffnungen, eine innere Werkhalle umschließt. Diese Halle ist als reine Stahl-Glas-Konstruktion in das hineingeschnittene Rund gestellt, es wird dem Steinhaus mehr oder weniger hinzugefügt. In dem jetzt fertiggestellten ersten Bauabschnitt ist das Gesamtvolumen halbiert worden. Dem Konzept tut das aber keinen Abbruch: Die Teilung legt die Entwurfslogik nur um so besser offen. Das Rechteck des Baues und auch die «halbierte Tonne» ergäben in der Ergänzung um ihre je andere Hälfte ein Quadrat und eine ganze Tonne. In der äußeren Zone sind Büros und kleinere Arbeitsräume untergebracht, in der nun nach Norden offenen Halle befindet sich der Werkstattbereich. Dieser wird bis zur möglichen Erweiterung einmal über die große Glasfront, aber auch durch die im Dach befindlichen Oberlichter mit Tageslicht versorgt. Bei einer Duplizierung der Baufigur würde das Tageslicht ausschließlich durch die Oberlichter geführt werden. In diesem Büro- und Werkstattkomplex werden zwei Bauauffassungen auf angenehme Weise miteinander verbunden, ja versöhnt. Die äußere Schale ist eine transformierte Steinhaus-Figur, die mit den Pilasterreihen aber wiederum auf die Tradition im Fabrikbau verweist. Die innere Halle – als Kerngehäuse – ist dagegen eher eine Art High-Tech-Struktur, die den funktionalen Ansprüchen, die an diesen Gebäudeteil gestellt werden, gerecht wird. Damit wird ein zentraler Gedanke des Architekten erfüllt: In der Versöhnung von Tradition und Moderne trotzdem den Gedanken an die «reine Form» zu bewahren und diesen in Architektur umzusetzen. So wird dieses Gebäude – nicht zuletzt auch dank der Unaufgeregtheit und Selbstverständlichkeit, mit der es erscheint –, zu einem programmatischen Teil in Ungers Œuvre der 90er Jahre.

BIBA 1988

Bremen Institute for Applied Management Studies

This building is based on a consistent application of geometrical ordering principles and a logic of repetition. It also provides for possible growth in the near future. The concept is based on a primary geometric form, the square, which wraps around an internal study hall. The outer, protective wall dissolves towards the front into a row of columns which define vertical fenestration. The study hall is an uncompromised steel and glass construction inserted into the incised, circular centre: it appears more or less an addition to the stone building. In the first phase of development, now complete, the overall volume has been halved. But this is not detrimental to the concept: on the contrary, the division only makes the design logic clearer. Both the rectangle and the 'semi-circular cylinder' can doubled up to give a square and a whole 'cylinder'.

The outer zone contains offices and smaller work rooms: the hall, which is presently open to the north, contains the study area. At present daylight enters through not only the large glass facade but also the rooflights. When the building mass is doubled, however, the rooflights will be the only source of daylight.

In this complex two building concepts are combined in a pleasing way. The outer shell is a reworking of a figurative stone structure which refers, with its colonnades, to the German tradition of industrial building. The inner hall – the core – is in contrast a rather high-tech kind of structure, in keeping with the functional requirements of this part of the building. In this way a guiding principle of the architect is fulfilled: tradition and modernity are reconciled, while the idea of the 'pure form' is preserved and translated into architecture. Radiating calm and self-assurance, this building has become a recurring programmatic solution in Ungers' work of recent years.

Rechte Seite: Ansicht / Grundriß Erdgeschoß

Opposite page: View / Plan of ground floor

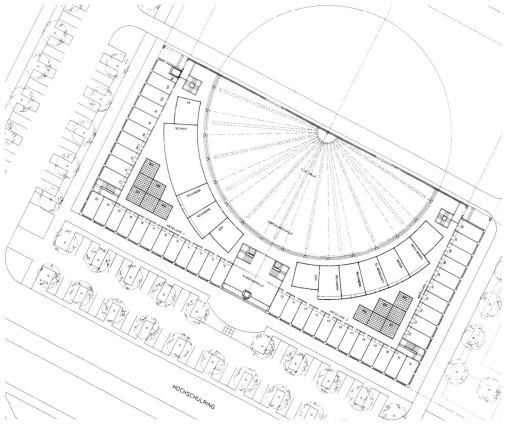

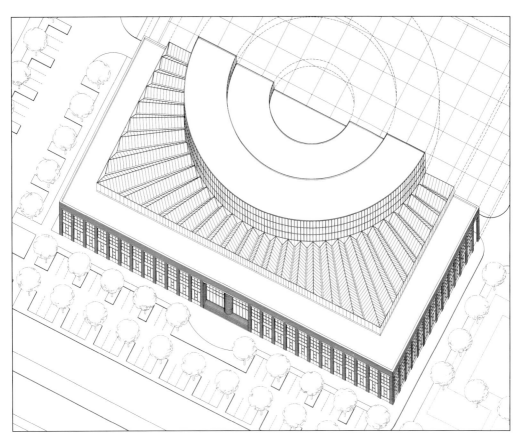

Isometrie des Gebäudes / Ansicht / Rechte Seite: Werkhalle /
Durchsicht im Flurbereich.

Isometric of building / Elevation / Opposite page: Study hall /
View through the circulation area.

Familiengericht 1989–94
Berlin

Das Baugrundstück gehört zu einem Untersuchungs- und Planungsgebiet, für das Ungers schon Jahre zuvor ein Konzept blockergänzender bzw. -transformierender Baufiguren vorgeschlagen hat. Bei der Erweiterung des Amtsgerichts und des Neubaues des Familiengerichts hält er sich an seine eigenen Vorgaben. Die vorhandene wertvolle Vegetation – entstanden durch die jahrzehntelange Brache – und die behutsam eingeschobenen schmalen neuen Baukörper ergänzen sich auf geeignetste Weise. Mit dieser einfachen städtebaulichen Maßnahme wird aber auch ein ruhiger Binnen- bzw. Hofbereich geschaffen, der angesichts der stark befahrenen Uferstraße unbedingt notwendig erscheint. Die Grundrißdisposition folgt dieser Block-Logik, indem die Anlage einhüftig organisiert wird, mit großen Tür- und Fensteröffnungen zum Hof hin. Die im Straßenraum erscheinenden Außen-Fassaden dagegen haben eher den für Berlin typischen blockhaften Charakter mit dem Spiel Wand/Öffnung. Die Bauten werden in einer verputzen Betonkonstruktion errichtet.

Mittig der uferseitigen Hauptfassade wird diese einmal, zwecks Hierarchisierung der Architektur und zur Erschließung des Neubaues, unterbrochen. Dabei wird ein auf quadratischem Grundriß stehender Baukörper eingedreht in diese Mitte gestellt, womit erreicht wird, daß das neu-alte Block-Konzept nicht zu harmonisierend – im Sinne traditioneller Figurierung – wirkt. Dieser Kunstgriff und auch die verschiedenartige Ausbildung der Lochfassade, als Wand, Gitter oder Raster, zeugt von der unbedingten Zeitgenossenschaft und Modernität dieses Komplexes: ruhig, klar, unaufgeregt und der Situation und der Nutzung angemessen. Ein Stück Ergänzung der Friedrichstadt – die Ungers fordert und einlöst.

Family Court 1989–94
Berlin

In an earlier planning study for this site, Ungers proposed a building form to complete and transform the block. This scheme, for an extension to the District Court and new Family Court, keeps to his own pre-established guidelines. The narrow new building is carefully inserted into the mature plant life, established over the decades when the site was vacant. Building and vegetation combine to create a calm inner courtyard area, a much-needed contrast to the heavy traffic on Uferstraße. The organization of the ground plan follows this massing, with the complex arranged as a single elbow block. Large entries and windows face onto the courtyard, while the street facades demonstrate the interplay of solid and void that is typical of the Berlin block. The buildings are of rendered concrete construction.

The main facade along the river road is interrupted at its centre, to create a visual focus and a point of entry. This hierarchical element – a square building mass – ensures that the new and the old parts of the block are clearly distinguishable and so contributes to the unreservedly contemporary character of the complex. This modernity is reinforced by the differentiated composition of the facade, which is articulated as a wall, framework, or grid. This is a calm, clear building, specific to its location and use – a positive addition to Friedrichstadt.

Ansicht vom Landwehrkanal / Schnitt durch das Gebäudeensemble / Rechte Seite: Modellansicht von oben / Lageplan.

Elevation to the Landwehrkanal / Section through the building complex / Opposite page: Top view of model / Site plan.

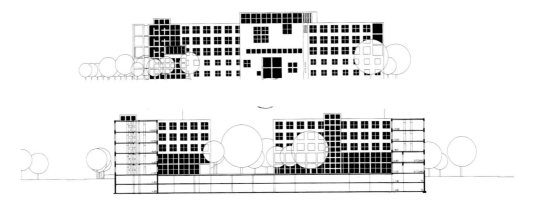

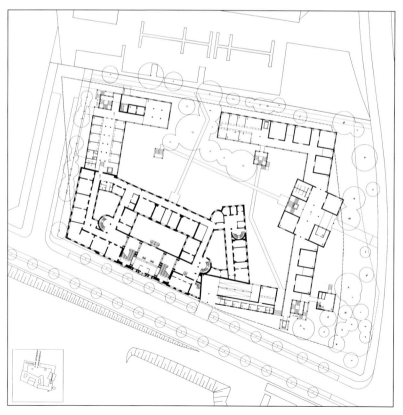

Messegelände und Messehallen 1990
Berlin

Nach einem Gutachten (1989) und einem Wettbewerb (1990) wurden Ungers und Walter Noebel mit der weiteren Bearbeitung der Erweiterung des bestehenden Messegeländes beauftragt. Der Baukomplex hat im Laufe der Jahre, seit seiner Entstehung in den 20er Jahren, verschiedene Änderungen der Planung durchlaufen. Der weit in die Zukunft greifende Plan der Architekten sieht jetzt vor, eine möglichst homogene Anlage zu schaffen, die der Idealplanung der 20er Jahre nahekommt: eine geometrische Figur (quadratisch) in Verlängerung des «Sommergartens», eine halbkreisförmige Erweiterungsfigur Richtung Westen und eine Anbindung, mittels einer Sporthalle, an einen großen S-Bahnhof (Westkreuz).

Die Erweiterungen sind in mehreren Bauabschnitten geplant und realisierbar. Eine mittlerweile verworfene Variante sah vor, Reste einer Eichenallee in einem Glashaus zu inkorporieren und somit zum zentralen Element des Lustwandelns und Sich-Treffens auf dem Messegelände zu machen. Nunmehr werden in einem ersten Bauabschnitt die Hallen 1–6 gebaut – als additives System von 30 m breiten Hallenelementen. Dieses additive Prinzip findet seine Entsprechung in der Erscheinung der Anlage: offene, gerasterte Fassadenelemente mit geschlossenen dazwischengesetzten Erschließungsteilen. Das Verkleidungsmaterial der vorgehängten Fertigteilplatten besteht aus Spaltklinker sowie Majolika. Das Äußere entspricht damit dem gewünschten Zweck, rational, funktional und technisch zugleich zu sein. Andererseits wird mit dem rötlich-braunen Klinkermaterial eine Annäherung an das dem Messegelände gegenüberliegende «Haus des Rundfunks» von Hans Poelzig aus den 20er Jahren versucht.

Expansion of Trade Fair 1990
Berlin

Following a report (in 1989) and competition process (in 1990), O.M. Ungers and W. Noebel were commissioned to work on the further expansion of Berlin's existing trade fair complex. The complex has been the subject of various planning exercises since it was founded in the 1920s. This long-term plan is intended to create as homogenous a complex as possible, in keeping with the original plan of the 1920s. It envisages a geometric figure, a square, extending from the 'summer garden', a semicircular extension to the west, and a sports hall forming a point of connection with the large railway station (Westkreuz). The expansion is intended to be carried out in several phases. One proposal, since rejected, incorporated what was left of an avenue of oak trees within a glass building, to form a focal meeting point and a place for relaxation within the trade fair. In the first phase of development six new halls are to be built – as a repetitive arrangement of 30m-wide hall elements. This principle of repetition is reflected in the appearance of the complex: open gridded facade elements with covered access parts set between them. The prefabricated cladding panels consist of split clinker brick and glazed tile. The exterior thus corresponds to the desired architectural aim of being simultaneously rational, functional and technical. As an added gesture, the red-brown brick attempts to respond to Hans Poelzig's 'Broadcasting House', which was built opposite the trade fair in the 1920s.

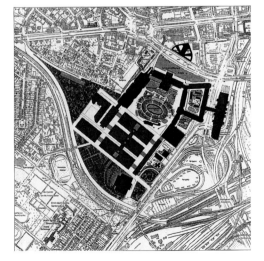

Lageplan des Messegeländes / Rechte Seite: Isometrien / Fassadenaufrisse.

Site plan of Trade Fair / Opposite page: Isometrics / Elevations.

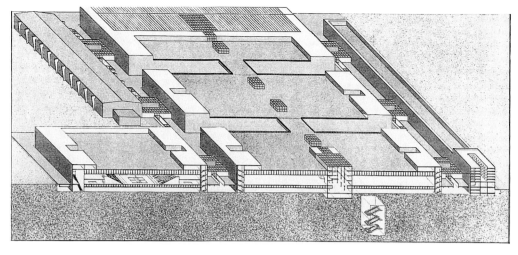

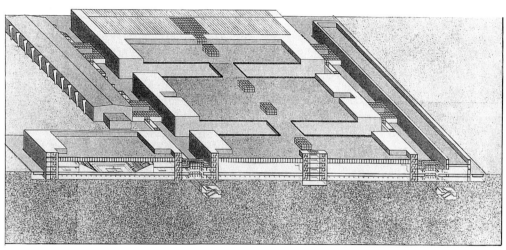

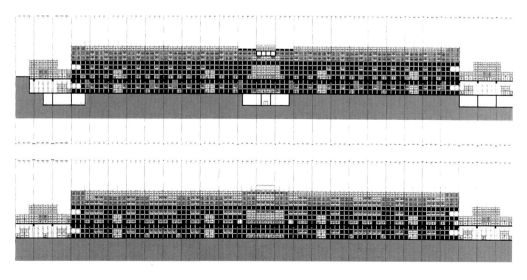

197

Haus Jeromin 1989–92
Königswinter

Das Haus eines Ehepaares, das abstrakte Kunst sammelt und so auch die Ungers-Architektur schätzt, steht außerhalb von Königswinter an einem über der Stadt liegenden Hang. Die Nachbarbebauung besteht hauptsächlich aus Villen, die aus der Jahrhundertwende und teilweise auch aus den letzten Jahren stammen. Innerhalb dieses Umfeldes besticht die Villa durch ihre klar ausformulierte abstrakte Intellektualität. Das Unprätentiöse der Architektur kommt dabei der Liebhaberei und der Lebensweise der Bewohner sehr entgegen – Schlichtheit, die kaum überflüssige Repräsentation erlaubt, klar gegliederte Raumfolgen und eine gewisse Künstlichkeit, die den hier versammelten Bildern einen adäquaten Rahmen bietet.

Der zentrale Raum reicht über zwei Geschosse. Ihm angegliedert ist ein Musik- bzw. Leseraum. Im unteren Geschoß sind Arbeitsräume, die obere Etage birgt die privaten Zimmer. Der rationale Geist und die konsequente Durchhaltung des Moduls von 30 x 30 cm sind in diesem Hause so zwingend, daß man nirgends auf etwas anderes stößt. Diese modulare Ordnung – Ungers' eigentlicher Passion neben der einer «thematischen Architektur», die sich einer reinen Idee verdankt – ist hier erstmals innen und außen deckungsgleich wahrnehmbar. Alle tektonischen Elemente, Bauteile und Details passen sich auf bald wundersame Weise diesem Gedanken an. Dem Hause fehlen jegliche Dekorationselemente, sowohl außen als auch innen. Einzig die scharfkantig eingeschnittenen Fenster- und Türöffnungen im weißen Putz gliedern diesen Kubus. Diese fast unterkühlte, doch freundliche Noblesse und die intellektuell-abstrakte Atmosphäre – mit hervorgerufen und gesteigert durch die Perfektion der Ausführung – wird im Innern durch die karge Möblierung und die Bilder fortgesetzt, so daß man fast von idealen Bewohnern eines Ungers-Hauses sprechen möchte.

Jeromin House 1989–92
Königswinter

This house was designed for a married couple who collect abstract art. It sits on a slope overlooking the town of Königswinter, in a neighbourhood which consists mainly of villas, both turn of the century and modern. In these surroundings, the clearly formulated abstract intellectuality of Ungers' building stands out. Its unpretentious architecture is very much in keeping with its inhabitants' lifestyle and interests. Both the paintings in the collection and the architecture share certain characteristics: namely, a simplicity which allows no superfluous ceremony, a clear spatial ordering, and a certain artificiality.

The central space of the house extends over two storeys. Leading from it is a music room which also serves as a study. The lower floor contains the work rooms and the upper floor the private, family quarters. All the spaces are based on a module of 300mm x 300mm: the rational spirit in this house is compelling – and all-pervasive. The modular ordering (Ungers' true passion, along with a 'thematic architecture') is for the first time evident in both the interior and exterior. All the tectonic elements, the building parts and details, fit perfectly into this planning grid. There are no compromises. The house has no elements of decoration, either outside or in. The white rendered facade of the cube is structured only by the sharply defined, recessed doors and windows. This dignified, almost cool intellectual presence is accentuated by the quality of the construction and maintained in the interior by the sparse furnishing and abstract paintings. This couple, one is tempted to say, are the ideal inhabitants for an Ungers house.

Rechte Seite: Blick auf die Kubatur über Eck / Blick in den Eingangsbereich / Wohnhalle.

Opposite page: Oblique view of cubic massing / View of entrance area / Living room.

Kubus-Haus 1989
Köln

Um seinen enormen Bücherschatz zur Architekturge-schichte und -theorie, angesammelt in gut 40 Jahren, adäquat unterzubringen, bedurfte es Ende der 80er Jahre einer angemessenen baulich-räumlichen, aber auch philosophischen Idee. Frei von sämtlichen Forderungen, die sonst das Bauen bestimmen, konnte Ungers alle Themen, die sein Architektenleben bislang begleiteten, hier *förmlich einschmelzen, kondensieren*: sein Haus-im-Haus-Prinzip, die Stadt im kleinen, die morphologische Reihe, die totale Abstraktion und Geometrie sowie nicht zuletzt den *platonischen*, wie den festen, den spröden Raum. Der so im eigenen Garten entstandene Kubus versteht sich als komplementäre Figur zu seinem Wohnhaus aus den 50er Jahren.

Der materialisiert fast nicht in Erscheinung tretende platonische Raum besteht nur als Struktur, als den Innenraum gliederndes Würfelskelett – die Idee von Architektur. Es folgen die Bücherschichten und -galerien, in denen das Wissen der abendländischen Architektur gespeichert ist – das Universum der Architektur. Die Haut wird gebildet aus einer Schicht Basaltlava-Gestein – nunmehr also die Materialisierung der Architektur. Von außen gesehen ist der höchste denkbare Abstraktionsgrad erreicht: der schwarze Würfel, eine Art ironisches Mekka – zugleich einer Idee *und* einem Zweck dienend – des Ungersschen Beitrages zur Architektur des 20. Jahrhunderts.

Der zwischen diesem neuen und dem alten Gebäude – denn um Gebäude handelt es sich zweifelsfrei, das sei betont – entstehende Raum wird zum Patio, zum Peristylhof, zum nach oben hin offenen Wandelgang: Klosterhof, Kreuzgang und öffentlicher Platz zugleich in einem Ensemble, das durch die Verschränkung aller Bauteile und Raumfolgen, die seit den 50er Jahren entstanden sind, eben zu dieser kleinen Stadt wird, die nur sich und die Architektur ihrer Elemente zum Thema hat.

Cube House 1989
Cologne

In this project, Ungers was concerned to find an appropriate architectural and philosophical concept for a library to house the enormous collection of books on architectural history and theory that he had amassed over 40 years. Free of the constraints that usually limit a project, he was able here to *meld together*, to *condense*, all of the themes that have marked his architectural career to date: the principles of a house within a house, the city in miniature, the morphological range, total abstraction and geometry, and, not least, the finite, rigid *platonic* space. This cube, built in his own garden, can be understood as a complement to his apartment building of the 1950s. The platonic space is barely defined, existing only as a structure, a cubic skeleton organizing the inner space to represent the idea of architecture. Outside this frame are the layers and galleries of books, a storehouse of the knowledge of Western architecture. Finally the skin of the building is formed of a layer of basalt lava – and this is the point at which the architecture materializes. The exterior achieves the highest conceivable degree of abstraction: the black cube, a kind of ironic Mecca embodying Ungers' contribution to 20th-century architecture, serves both an idea and a purpose.

Between the new and old buildings Ungers has created a space that is a patio, peristyle court, promenade, monastery court, cloister and public square in one. Through the interplay of all the architectural elements and spatial sequences which have characterized his work since the 1950s, Ungers has turned this court into a small city – a city founded solely on the architecture of its elements.

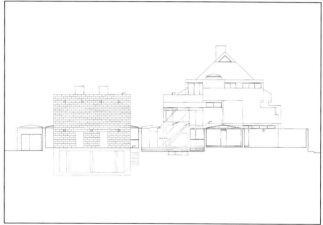

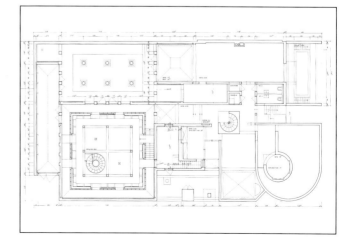

Der Kubus im Garten / Ansicht von der
Seitenstraße / Grundriß des Hauses
Belvederestraße mit Kubus.

The cube in the garden / Elevation to
side street / Plan of the Belvederestraße
house with cube.

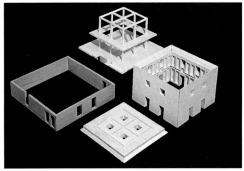

Blick von der Quadrater Straße / Elemente des Kubus / Rechte
Seite: Der Peristylhof / Die Bibliothek im Kubus.

View from Quadrater Straße / Elements of the cube / Opposite
page: Peristyle court / Library inside cube.

203

Piazza Matteotti 1989
Wettbewerb; Siena

Um einige öffentliche und Gebäude für eine Bank und die Handelskammer zu schaffen, schlägt Ungers (gemeinsam mit Walter Noebel) eine rigorose Neuordnung und -definition dieses urbanen Ortes vor. Wie ein gigantisches, gestrandetes Schiff liegt die ganze Anlage auf einem künstlich angehobenen Plateau. Stadträumlich ergeben sich, neben der neuen Gebäude-Silhouette, ein hochgelegener kleiner Platz und als primäre Erschließung, in zwei Richtungen, eine kreuzförmige Passage – als *negativer Straßenraum*. Dieser entsteht dadurch, daß vier Baukörper so zueinander gestellt werden, daß sich zwischen ihnen dieser Glasgang ergibt. Der langgestreckte Baukörper in diesem Ensemble wird von einer Allee begleitet. Es entsteht ein neues Viertel in einem alten.

Architektonisch werden zwei Haustypen transformiert: der *Typ Palazzo* mit dem flach geneigten Dach und der *Typ Turm*; hier in der für Siena neuen Variante des «Turms im Turm». Die Reihung dieser Gebäude zwischen zwei neu geschaffenen Plätzen (aus einer großen, zuvor nicht näher definierten Freifläche) und entlang der Passagen-Allee ergibt eine Enfilade in der Stadt Siena, die die vorhandenen, vielfältigen Erlebnisräume erheblich erweitert. Der Gebäude-Sockel beherbergt die öffentlichen Funktionsbereiche und übernimmt zudem die Verteilerfunktion für alle anderen Bauten. Das etwas unterkühlte, aber stringente und in sich stimmige Konzept bindet räumlich alle umgebenden neuen und alten Architekturen und Räume auf spektakuläre Weise ein.

Piazza Matteotti 1989
Competition, Siena

In order to create a public space and buildings for a bank and chamber of commerce, Ungers (in collaboration with Walter Noebel) proposed a rigorous reorganization and redefinition of this urban location. His complex of four buildings has a distinctive silhouette, lying like a gigantic, beached ship on top of an artificially raised plateau. In urban planning terms, the plateau forms a small raised square entered from two main directions, via two intersecting glazed passages. The passages form spaces between the buildings, the passage by the elongated building extending into a tree-lined avenue. All together, a new quarter is created within an old one.

In architectural terms, two housing typologies are transformed: the *palazzo type* with a shallow sloped roof, and the *tower type*, here in a new variant for Siena – the tower within the tower. These buildings are placed in a row between two new squares (created out of what was previously ill-defined open space). The new axis contributes a new sequence to the ever-changing, eventful fabric of Siena. The building plinth contains all the public functions and access to the other buildings. The somewhat cool but stringent and consistent concept ties together all the surrounding new and old buildings and spaces in a spectacular way.

Axonometrie des Ensembles in der Stadt.

Axonometric showing the urban context of the scheme.

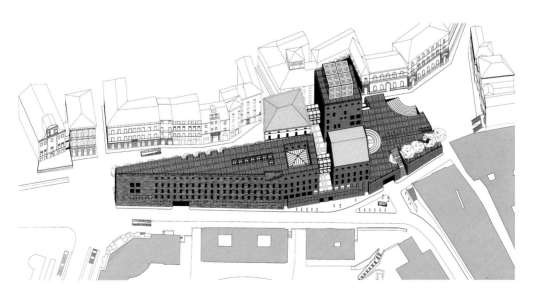

Blick von der Piazza Matteotti / Ansicht des Ensembles /
Perspektive Viale Curtatone.

View from Piazza Matteotti / View of overall scheme /
Perspective from Viale Curtatone.

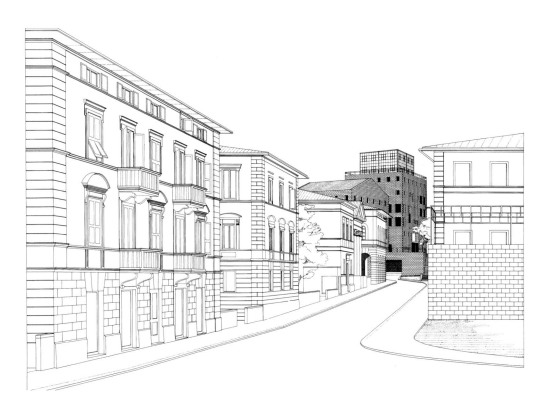

Bundesanwaltschaft 1990–94
Karlsruhe

Der jetzt gebaute Entwurf ist der dritte nach der ersten Wettbewerbsentscheidung von 1986 und einer Überarbeitungsstufe; der ursprüngliche Entwurf umfaßte noch den Bundesgerichtshof auf einem anderen, größeren Baugelände. Nunmehr handelt es sich um ein Grundstück mit einer Fläche von 100 x 105 m. Da nach dem Bebauungsplan von einer Blockrandbebauung auszugehen war und diverse Sicherheitsvorschriften eingehalten werden mußten, legte Ungers eine Art Sicherungsring um das Gebäude: eine Mauer, die nach außen als Arkade erscheint, die Fensteröffnungen, z.T. auch als Blindfenster, erhält und mit einer Spalierbepflanzung versehen ist.

Die durch diese *artifizielle Einhegung* entstehende quadratische Innenfläche wird als Park oder Garten- bzw. Hoffläche interpretiert, in die das Gebäude als *Palais-Typ* symmetrisch, geometrisch als halbiertes Quadrat, eingestellt wird. Der Hauptzugang zum Gebäude erfolgt über ein in das Rechteck eingeschnittenes Halbrund, das von einem Glasdach überdeckt wird. Innerhalb des ansonsten ganz ruhig und klar gehaltenen Körpers und der schlichten architektonischen Gestaltung bringt dieses Glaselement – verbunden mit einem zweigeschossigen Arkaden-Eingangsbereich – die einzige Hierarchie, den einzigen repräsentativen Zug in das Haus. Über eine zweigeschossige Halle betritt man das Gebäude, deren Nutzräume entlang der Fassade liegen; über alle 5 Normalgeschosse erstreckt sich vom Fahrstuhl bzw. Treppenhaus jeweils eine ziemlich großzügige, offene Lobby, in der, wie eingestellte Elemente, die Erschließungskerne, Sicherheitsräume und sonstige Funktionselemte liegen. Der Gesamtcharakter ist zurückhaltend nobel, jedoch ohne Pathos.

Federal Supreme Court Prosecutors 1990–94
Karlsruhe

The present scheme as realized was the third to follow the initial 1986 competition and development stage. The original design also incorporated the Federal Supreme Court and was conceived for a different, larger location. The final building had to be pushed to edge of a 100m x 105m block and designed to accommodate a range of security measures. To achieve this, Ungers placed a kind of security ring around the site – a wall, which appears on the outside as an arcade containing windows (some of them blind) and espalier planting.

This *artificial enclosure* creates a square inner area, a garden, into which the law courts are inserted. The building is designed on the model of the *palazzo* and is symmetrical, taking the form of a square cut in half. The main entrance is through a glass-roofed semicircular forecourt cut into the rectangle. This glass element, in tandem with the double-height entry, represents the only ceremonial or hierarchical feature within the building. The entrance hall is lined with various functional spaces. All five similar storeys have a fairly generous, open core – accessible by stair and/or lift – which contains vertical circulation, security rooms and other functional elements. The overall character is reserved and dignified, but without pathos.

Schnitt / Rechte Seite: Grundriß Erdgeschoß / Ansicht von Westen.

Section / Opposite page: Plan of ground floor / View from west.

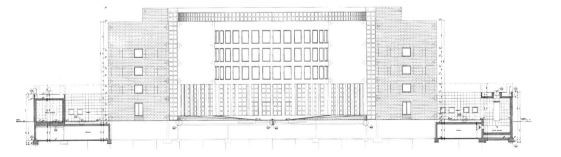

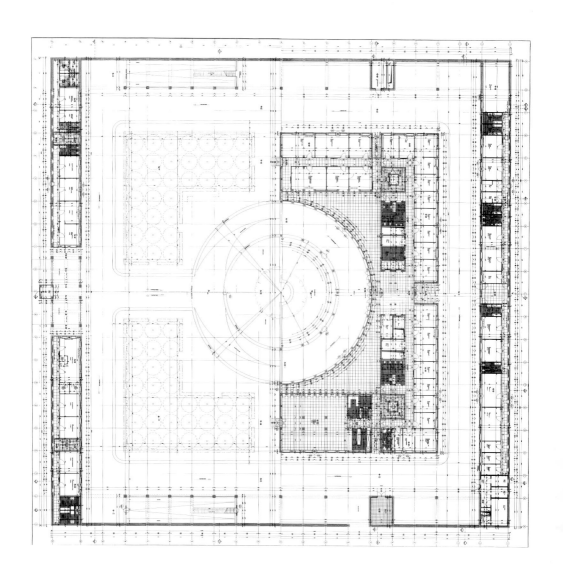

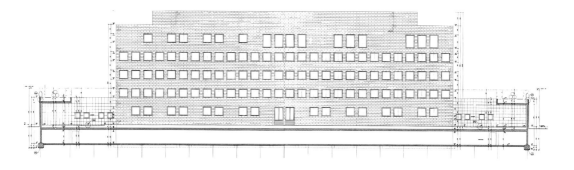

Wohn- und Geschäftshäuser 1990
Eschersheimer Landstraße, Frankfurt/Main

Bei diesem Büro- und Geschäftshaus mit intergrierten Wohnungen spielt der Architekt einerseits mit der Einbindung in die den Kontext bildende Nachbarbebauung und andererseits mit dem Thema «Sockel und Aufbau». Sowohl das viergeschossige, als auch das achtgeschossige Haus nehmen jeweils ihre benachbarte Traufhöhe auf, wobei das höhere Gebäude eine Straßenecke markiert. Der Sockel aus dem viergeschossigen Baukörper ergibt sich also aus dem Nachbarhaus. Dieser Sockel wird wiederum auf das neue Nachbarhaus übertragen – in der Höhe, wie auch in der Materialwahl und der Durchproportionierung mit großen Fenstern in der Ladengeschoßzone. Die Fassade ist hier eine großformatige Naturstein-Vorhangfassade mit versetzten Fugen. Derart werden diese beiden Häuser als zusammengehörig gekennzeichnet.

Das hohe Eckhaus schließt mit dem nun um zwei Geschosse überhöhten Sockel an die Traufhöhe der Seitenstraßenbebauung an. Diese zweite Sockelzone ist mit Ziegelsteinen verblendet und von dem darunter liegenden Sockelteil durch eine Art Kranzgesims getrennt. Als Aufbau folgen nun zwei Wohngeschosse, die wiederum in Naturstein, diesmal aber in hellem Material und mit Kreuzfugen versehen, ausgeführt sind. Als Kippfigur entsteht so einmal die Wirkung des Zusammengehörens der Gebäude, ein anderes mal wieder die Betonung des Solitärs – vor allem bei dem höheren Gebäude durch das stärkere Zurückversetzen der beiden Wohngeschosse. Zwischen beiden Gebäuden befindet sich eine Art Glashaus, das durch die quadratische, weiße Sprossenteilung in der Art der Fenster der beiden Hausfiguren zwischen diesen beiden vermittelt. Diese sehr eigenwillig-geometrischen Figuren bilden derart ein Ensemble, das in der Lage ist, diese städtische Situation ganz neu zu interpretieren, den Kontext mithin neu zu definieren.

Residential and Commercial Complex 1990
Eschersheimer Landstraße, Frankfurt/Main

This mixed-use development responds to the context of the neighbouring buildings while playing on the theme of 'plinth and superstructure'. The buildings combine offices and commercial space with residential apartments: one is four storeys high, the other eight. Both adopt the eaves-line of their respective neighbours, the higher building also marks a street corner. Similarly, the plinth of the four-storey building is based on that of its existing neighbour. This plinth is in turn related to the next new building – in its height, as well as in the choice of materials and proportioning, with large windows defining the area containing shops. Both buildings have a large natural stone enclosing facade with ashlar rustication. These shared elements characterize them as belonging together. In the taller, corner building, two further storeys are added to the four-storey plinth, thus establishing a line which relates to the eaves of the buildings in the adjoining street. This extension is faced with brick and separated from the plinth below by a kind of entablature or cornice. At the very top are two storeys of apartments, again faced in natural stone, but this time in a light material articulated as a grid. While the buildings evidently belong together, Ungers also emphasizes the individual form – especially in the higher building, where the final two floors of accommodation are strongly set back. Between the two buildings is a kind of glass house, which forms a linking element between the fenestration of square glazing bars in the two buildings. In this way, the individually defined geometric figures form an ensemble that presents an entirely new interpretation of this urban situation while at the same time redefining the existing context.

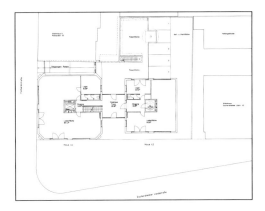

Straßenansicht / Fassadenaufriß / Linke Seite:
Lageplan-Grundriß / Hinterhofansicht.

View from the street / Elevation / Opposite
page: Site and ground floor plans / View of
rear courtyard.

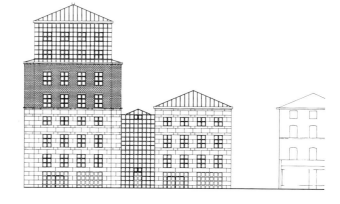

Hochhaus am Landtag 1990/91
Wettbewerb; Düsseldorf

Hier erfährt ein zentraler Gedanke von Ungers, nämlich mittels geometrisch klar bestimmter Baukörper die sie umgebende städtische Szenerie zu ordnen und signifikant zu interpretieren, eine höchst artifizielle Variante. Auf stahlverkleidete und im Raster stehende Stützen, die aus einem Verkehrs- und Eingangssockel hervorwachsen, wird ein scharfkantiger Kubus mit einer Seitenlänge von 36,5 x 36,5 m gestellt. Der Sockel ist aus Stein, die Stützen sind rot gestrichen und die Verkleidung des Kubus ist aus dunkel getöntem Glas. Durch diese Stützen und zwischen sie gestellte Glaskörper für die Vertikalerschließung wird der Kubus optisch zum Schweben gebracht und gleichsam als «magischer Würfel» sichtbar. Tagsüber erscheint dieser dunkel, fast schwarz, also eher geheimnisvoll. Des Nachts wird aus ihm – durch das herausstrahlende Licht – eine Lichtstele, ein Leuchtwürfel.

Dieser Wechsel von hell und dunkel sowie transparent und geschlossen bestimmt das Wesen dieser markanten städtebaulichen Figur, deren Charakter durch die totale Abstraktion als kantiger Würfel wesentlich gesteigert wird. Fast nirgends sonst wird Ungers' Lust an der Idee der reinen Geometrie und ihrer absoluten Gesetze deutlicher.

High-rise for the Regional Parliament 1990/91
Competition, Düsseldorf

This project represents a particularly artificial variation on Ungers' central idea of a clearly defined building mass lending order to the surrounding urban landscape. The high-rise consists of three parts: a plinth containing the circulation and entrance, which supports a grid of steel-clad columns which in turn holds up a crisply defined cube measuring 36.5m square. The plinth is of stone, the columns are painted red, and the cladding of the cube is of dark tinted glass. By means of the columns and glass-enclosed core placed between the base and the top, the cube is made to appear visually suspended – like a 'magic' cube. During the day it appears dark, almost black, rather secretive. At night it radiates light, becoming a light-stele, a light-cube.

The essence of this distinctive urban form is determined by this alternation of light and dark, of transparency and closure. And its character is reinforced by its total abstraction as a well-defined cube. This project demonstrates more clearly than almost any other Ungers' delight in the idea of pure geometry and its absolute limits.

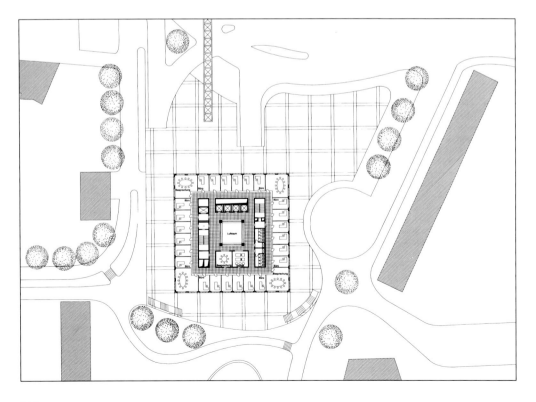

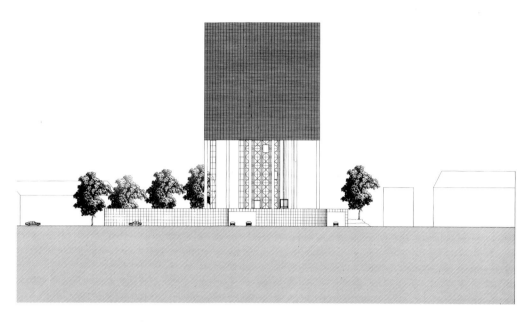

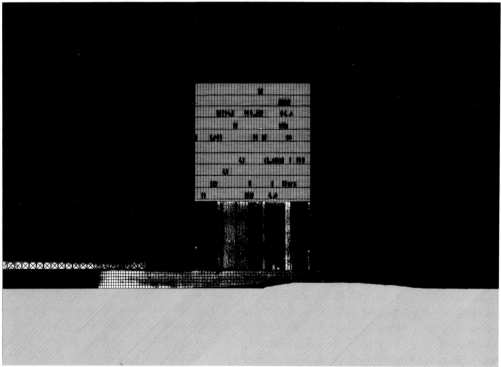

Ansicht bei Tag / Ansicht bei Nacht / Linke Seite: Lageplan
und Grundriß Normalgeschoß.

View by day / View by night / Opposite page: Site plan
and typical floor plan.

Palazzo del Cinema 1990

Wettbewerb; Lido di Venezia

Zu planen war ein neuer Kinopalast, der auch als Kongreßzentrum und Veranstaltungsstätte dienen kann. Der Palast liegt an der Meerseite des der Stadt Venedig vorgelagerten Lido, dessen Silhouette geprägt wird von Grandhotels des 19. Jahrhunderts. In unmittelbarer Nachbarschaft befindet sich auch eine Reihe von Villen, in große Gärten eingebettet. Ungers entschied sich für einen Bau mit einer eindeutigen Hierarchie zur Schau- und Meerseite, die als kompakter fester Körper formuliert wird; die Rückseite hingegen – zu einer Art Binnenhafen – wird als eine technischer Bau, als *Schiffswerft* interpretiert.

Auf einer quadratischen Grundfläche von 75 x 75 m wird ein steinerner Bau entworfen, dessen Grundriß die Figur des Buchstaben E bildet und der in seiner Dimension und Körperlichkeit das *Palazzo-Motiv* Venedigs widerspiegelt. Dies geschieht aber nicht anbiedernd-traditionell, sondern in einer für Ungers typischen Rigorosität: Steinhaus, Rasterfassade und ordnende Geometrie. Die als Kubus gedachte, alle Geschosse durchstoßende und über das Dach hinausragende zentrale Eingangshalle ist primäres Funktionselement: Von hier aus wird, in einer klaren räumlichen Folge, die gesamte Funktionsebene mit Kinosälen, Büros und Ausstellungsflächen erschlossen. Für die *technische* Rückseite schlägt der Architekt noch eine Alternativlösung vor: bewegliche und in der Höhe hydraulisch regulierbare Podeste, mit deren Hilfe aus den zwei leicht ansteigenden Kinosälen eine große ebene Fläche gewonnen werden könnte.

Palazzo del Cinema 1990

Competition, Venice Lido

This competition called for a new picture palace that could also serve as a congress centre and function hall. The palace is on the Lido, on the side facing the sea, rather than the city of Venice. The island skyline characterized by 19th-century grand hotels, though the scheme's immediate neighbours are a series of villas set in large gardens. Ungers decided on a building unequivocally oriented towards the sea. The front elevation is formulated as a compact, hierarchical mass; the rear elevation, which looks onto a kind of internal harbour, is interpreted as an industrial construction, a *shipyard*.

Set on a square footprint of 75m x 75m, the building forms the letter E in plan and reflects, in its size and presence, the *palazzo motif* of Venice. This is achieved not in a traditional, subservient manner, but with a rigour typical of Ungers, using stone for the material of the building, a grid facade and an ordering geometry. The primary functional element is the central entrance hall, which forms a cube that rises through all the floors, pushing up above the roof. The cube provides access, in a clear spatial sequence, to all the functional levels containing the cinema auditoria, offices and exhibition spaces. The architect also proposed an alternative solution for the rear of the building: platforms that could be raised or lowered hydraulically to create a single, level surface out of the two slightly inclined cinema auditoria.

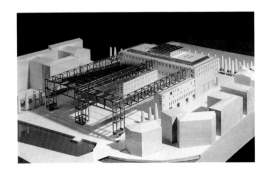
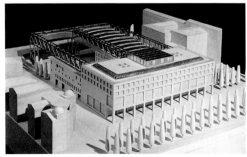

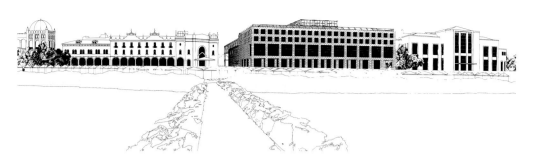

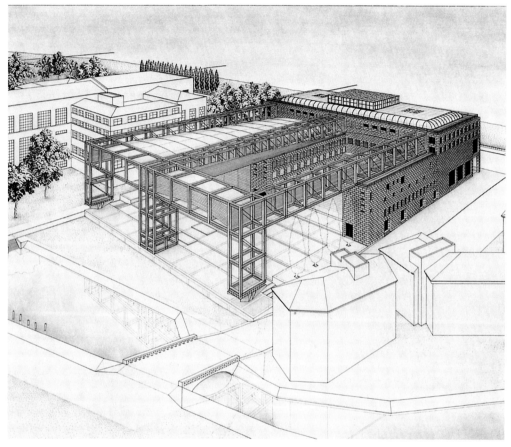

Ansicht vom Lido / Perspektivische Ansicht von Westen /
Linke Seite: Zwei Modellstudien.

View from Lido / Perspective view from west / Opposite page:
Two model studies.

Potsdamer/Leipziger Platz 1991

Wettbewerb; Berlin

Mit keiner Stadt ist Ungers so vertraut wie mit Berlin: ihre Strukturen und Typologien hat er mehrfach untersucht, transformiert und durchkonjugiert. Die Möglichkeit, für einen der zentralsten Orte der Stadt eine neue Identität zu schaffen, ein neues, modernes Stadtbild zu entwerfen, stellte natürlich eine Herausforderung für ihn dar.

Seine Idee, sein Konzept ist einfach – aber zwingend. Ausgehend von der Rasterung des heutigen Straßenverlaufs und jener der Friedrichstadt ergeben sich zwei gegeneinander verschobene, aber von Ungers subtil übereinander projizierte Schichten. In das erste Raster plaziert er eine enorme Variationsbreite seiner für diesen Ort speziell erarbeiteten Blocktypologie. Die Schnittpunkte des zweiten Rasters besetzt er dann mit Hochhäusern einer ebenfalls breiten typologischen Vielfalt: Hochhaus aus dem Blockrand wachsend, frei in den Block gestellt, diesen verdreht schneidend usw. Diese heterogene, unbedingt großstädtische Mischung an Bauformen, die die unterschiedlichsten Raumqualitäten und -erlebnisse ermöglichen könnte, ließe auch die ausdrücklich gewünschte, gar geforderte hohe Nutzungsmischung zu.

Das Hochhaus und der mehrgeschossige, dichte Block, diese beiden ureigensten urbanen Formen, werden auf raffinierteste Weise in Beziehung zueinander gesetzt, wobei das Hochhaus hier einmal nicht als Restflächenverwertung städtischen Grund und Bodens und nicht als Zufallsprodukt erscheinen würde – sondern als Markierung eines städtebaulichen Eingriffes, der eine originäre Erfindung von Ungers ist. Diese Schichtung und deren Kenntlichmachung durch Besetzung der Schnittstellen zweier unsichtbarer historischer Raster ist in sich aber auch ein hochflexibles System, dessen nicht nur die Stadt Berlin – besonders an dieser Stelle – bedarf. Dieses Ordnungs- und Planungssystem könnte gut auf die sich schnell ändernden Bedürfnisse und Erfordernisse, die an städtischen Raum gestellt werden, reagieren.

Potsdamer/Leipziger Platz 1991

Competition, Berlin

Ungers knows Berlin better than any other city, having studied, transformed and developed its structures and typologies on many different occasions. In this project, he naturally responded to the challenge of creating a new identity, a new, modern urban setting – for one of the focal points of the city. His concept was simple, but compelling. Following the dissimilar grids of the current street pattern and of Friedrichstadt he created two different ordering systems that he pushed against each other, and subtly overlaid. Within the first grid, he placed an enormous range of variations on the block typology that he had developed especially for the city. At the point of intersection of the second grid, he placed an equally broad typological range of high-rises: one growing out of the edge of the block; one freely situated within the block; one freely situated but skewed, and so on. This heterogeneous, unreservedly metropolitan mix of building forms created a broad range of spatial qualities and experiences and accommodated the variety of uses expressly required by the competition brief.

The distinctive urban forms of the high-rise and the multi-storey, dense block were placed in relation to each other in a refined way, so that the high-rise never appeared to be simply a device to maximize use of vacant urban land, or a randomly chosen form. Instead, it is a marker for an urban planning intervention – an original invention of Ungers. The effect of layering, expressed by the occupation of the point of intersection of two historic, but invisible grids, presents itself as a highly flexible system capable of adapting to the fast-changing demands made not only on this site and on not only on Berlin, but on urban space everywhere.

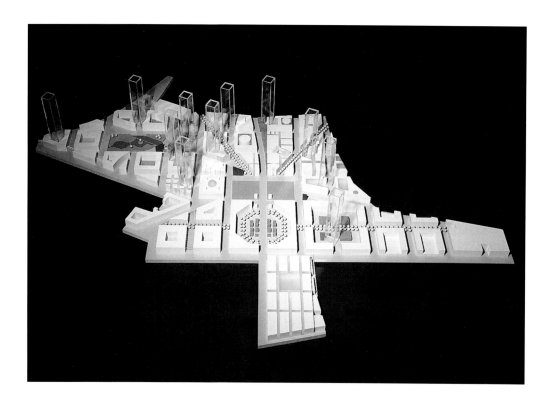

Modellstudie des Gesamtareals / Lageplan des Wettbewerbs-
gebietes im Stadtgrundriß.

Study model of area / Site plan showing location of competition area within the city.

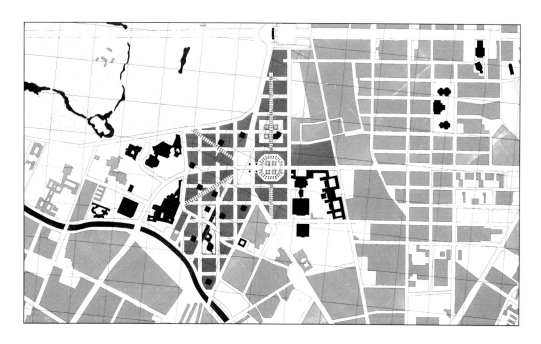

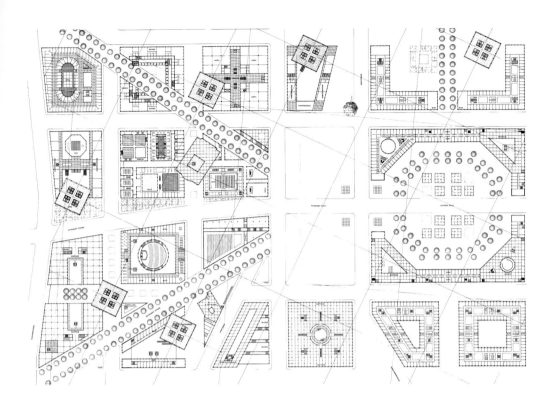

Lageplan-Grundriß von Leipziger und Potsdamer Platz mit
verschobenem Raster / Rechte Seite: Die Analyse der Stadt und
ihrer Muster, Raster und Typologien.

Site and ground floor plans of Leipziger and Potsdamer Platz
with shifted grid / Opposite page: Analysis of the city and its
models, grids and typologies.

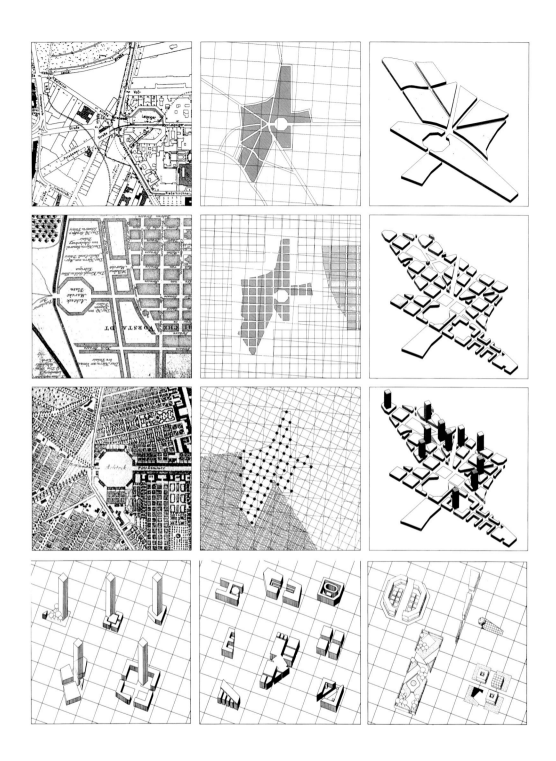

Stadtportalhäuser 1991/92

Wettbewerb; Frankfurt/Main.

Im Bereich der Einfahrt in das westliche Frankfurt und des Eingangs zur Messe sollen links und rechts einer breiten Straße zwei Hochhäuser gebaut werden, die einerseits gemeinsam die Funktion eines *Stadt-Portals* übernehmen, andererseits aber unterschiedliche gestalterisch-formale Merkmale aufweisen sollen: ein Messehochhaus und eines für die Firma Bosch, wobei für dieses besondere Gestaltungsmerkmale gefordert waren. Ungers' Entwurf ist das Ergebnis einer Reihe von typologischen Versuchen für den Ort und für das *Bürohaus als Hochhaus*. Gemeinsame Merkmale sind: gleiche prismatische Figur auf gleicher quadratischer Grundfläche, gleiche Höhe sowie die quadratische Rasterung der Fassaden.

Hier aber fangen die Unterschiede an. Das Messehochhaus ist «aus einem Guß», und es ist mit einer speziellen Klimahülle versehen, die über alle Geschosse reicht. Das Bosch-Haus hingegen arbeitet mit der klassischen, aber formal transformierten Dreiteilung: Steinsockelhaus; Zwischenbereich als Steinskeletthaus; obenliegendes, filigranes Stahlhaus. Dabei werden diese unterschiedlichen Konstruktionsarten zwar kenntlich gemacht, aber so fein ausgearbeitet, daß sie als zusammengehörend erscheinen. Das Bosch-Haus ist eingebettet in ein Grundriß-Raster, in dem die Form des Hochhauses sechs Mal abgebildet wird. Für jede dieser Rasterflächen wird ein kubischer Hauskörper vorgeschlagen; so soll das Hochhaus eingebunden und ergänzt werden. Diese sechs Felder liegen an einer Allee, von der aus die einzelnen Häuser erschlossen werden. Die *Nichtzufälligkeit* des Standortes und der «Figur Hochhaus» soll derart betont werden.

Gateway to the City Towers 1991/92

Competition, Frankfurt/Main

This proposal is for two high-rises set either side of a broad highway leading into the west of Frankfurt and the trade fair. One building is for the trade fair, the other for the Bosch corporation. Together, they function as a kind of *city gate*. Ungers' design is the result of a series of typological experiments investigating both the location and the design of the office building as a high-rise. The buildings share certain formal characteristics: they are both prismatic figures on a square footprint, they are of the same height, and have the same square gridding of the facade. From this point, however, the differences begin. The high-rise for the trade fair is a single, homogenous mass covered on all floors by a special climatic cladding. The Bosch building, in contrast, has a formally transformed classical tripartite division consisting of a stone base, a skeletal stone intermediate structure, and a filigree steel element placed on top. The different construction methods are fully evident, but at the same time so finely detailed that they appear to belong together. The building is also imbedded in a planning grid in which the form of the high-rise is expressed a total of six times. Each one of the grid squares contains a cubic building mass, so the high-rise appears to be completed through its incorporation into a larger scheme. A tree-lined avenue provides access to the individual buildings. Thus, the *'intentional nature'* of the place and the figurative natures of the two high-rises are emphasized.

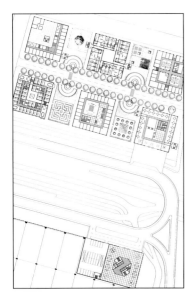

Lageplan / Rechte Seite: Das «Bosch»-Haus / Das Messehaus / Die «Tor»-Situation.

Site plan / Opposite page: 'Bosch' building / Trade Fair building / 'Gateway' situation.

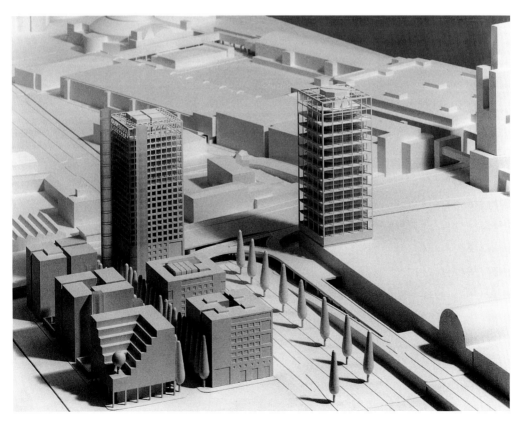

Hochhausprojekt 1991
Neuss

Dieses Projekt gehört zu einer Folge von Hochhaus-Typologien, die der Architekt für einen Bauherrn in Neuss entworfen hat. Es handelte sich für Ungers darum, drei unterschiedliche Baukörper zu entwerfen, die sich auf historische Gebäudetypologien beziehen: Castrum, Campanile und Tor. Es ist der Versuch, diese Bautypen in transformierter und überdimensionierter Form im Stadtbild auftreten zu lassen, um weithin sichtbar Bilder zu evozieren, die sich mit der Silhouette verbinden. Wie schon beim Messehochhaus in Frankfurt ist er der Überzeugung, daß dieses Verfahren der «Vergrößerung» von den technischen Möglichkeiten her legitimiert werden und sich aus der Nutzung eines Hochhauses ergeben kann. Er legt dem potentiellen Hochhaus ein Thema zugrunde, das er durchkonjugiert. Hier treibt Ungers den Torhausgedanken auf die Spitze: die Abstraktion ist lesbar als ein urarchitektonisches Thema, nämlich das des «Balkens auf zwei Stützen»; mithin «Tragen und Lasten» bzw. «Stehen und Liegen». Dabei wird – als weitere Abstraktion – in der Dimensionierung und in der sich ergebenden Öffnung ein gigantisches quadratisches Modul zugrundegelegt. In der Vertikalen kommt eine letzte Abstraktion hinzu: die sich zu den oberen Geschossen hin verjüngenden Joche zwischen den Fenstern, mithin die langsame Auflösung der schweren Wand (als Lochfassade) zu einer Art Gitterstruktur. Das Gliederungsthema kann gelesen werden als transformatorische Verwandlung eines Rasters, das aus der Verschiebung einer positiven zu einer negativen Komplementärform gebildet wird.

High-rise Project 1991
Neuss

This project is one of a series of high-rise typologies designed by the architect for a client in Neuss. Ungers focused on three different forms derived from three historical building types: castrum, campanile, and gateway. The use of the high-rise model gave rise to a process of 'enlargement': the building types were overscaled, then placed into the urban landscape in an effort to evoke visible images related to the silhouette of the city. As with his tower for Frankfurt Trade Fair, Ungers insisted that this enlargement was legitimized by current technology and entirely apt for the function of a high-rise. This high-rise is the end-product of conjugating an idea, a theme. In this case, he pushed the idea of the gatehouse to its limits. The resulting abstraction can be read as a fundamental architectural theme, namely that of the 'post and beam' – 'bearing and load', or 'supporting and spanning'. A gigantic square module (a further abstraction) was used as the basis of the external articulation and resultant openings. A final abstraction appears in the vertical organization: the cladding between the windows tapers as it rises upwards, gradually dissolving the heavy perforated facade of the base into a kind of framework structure in the upper floors.

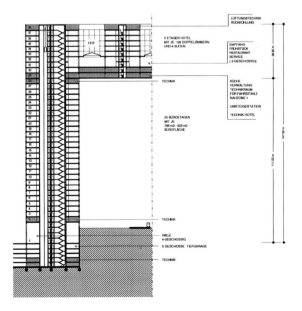

Schnitt / Rechte Seite: Modellaufnahme / Fassadenaufriß.

Section / Opposite page: Photograph of model / Elevation.

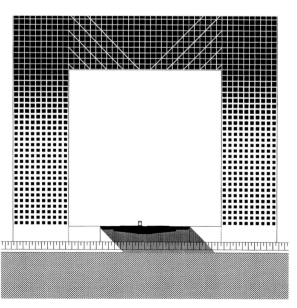

Verwaltungsbau «Johannishaus» 1991–94
Köln

Dies ist der erste große Direktauftrag, den Ungers von der Stadt Köln bekommen hat. Hier werden das Sozial-, das Jugend- und das Wohnungsamt untergebracht. Der Neubau wurde notwendig, nachdem sich herausgestellt hatte, daß das alte Gebäude aus den 50er Jahren nicht mehr zu sanieren war. Auch hier beweist Ungers seine Fähigkeit, innerhalb des tradierten, vorgegebenen Blockrasters modern bauen zu können. Die Konzeption ergibt sich aus der Lage an zwei parallel zueinander verlaufenden Straßen mit einem Blockinnenbereich. Hof und Block werden im Kern zu einer Art Arena geformt, die durch ihre klare Geometrie und durch ihre Materialien besticht. Die Fassadenelemente sind hier aus eingetöntem Glas und fast bündig mit den Fensterflächen. Zusammen mit den in einer ähnlichen Farbe gehaltenen und geschliffenen Fußbodenbelagplatten dieses Platzes entsteht ein hochgradig artifizieller Gesamteindruck.

Die Schauseiten zur Straße hin sind als Lochfassaden mit rötlichen Klinkern ausgebildet. Sie verweisen – durch das strenge Raster und den dichten Rhythmus von Wand und Öffnung – auf den blockhaften Charakter des ganzen Ensembles. In den beiden oberen Geschossen wird der Baukörper abgestaffelt. Das Ganze ist ein unbedingt großstädtisches Stück Architektur, das an die Traditionen des öffentlichen Hochbaus in den 20er und 30er Jahren anknüpft, sich dabei aber trotzdem – in seiner Rationalität – der zeitgenössischen Moderne verpflichtet.

'Johannishaus' Administrative Building 1991–94
Cologne

This building for the department of social and youth services and housing was the first direct commission that Ungers received from the city of Cologne. The new structure was to replace an existing 1950s building that was beyond refurbishment. Here Ungers once again demonstrated his ability to build in a modern manner while keeping to a predetermined overall pattern of urban blocks. The concept for the design was determined by the site, which consists of an internal block area lying between two parallel streets. The courtyard and the block are formed so as to create a kind of 'arena' distinguished by its clear geometry and its materials. The elements of the facade are created out a single type of tinted glass with the minimum of reveals and projections. In combination with the polished paving stones, which are of a similar colour, this treatment gives the arena a strong, artificial abstract feel.

The facades to the street are formed as punctured walls of reddish clinker brick. The strong grid and the dense rhythm of wall to opening emphasizes the block-like character of the complex. The upper two storeys of the building are set back. The overall impression is of a thoroughly metropolitan piece of architecture which relates not only to the tradition of public high-rise building during the 1920s and 1930s but also, through its rationality, to contemporary Modernism.

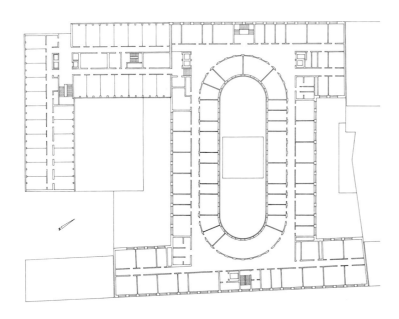

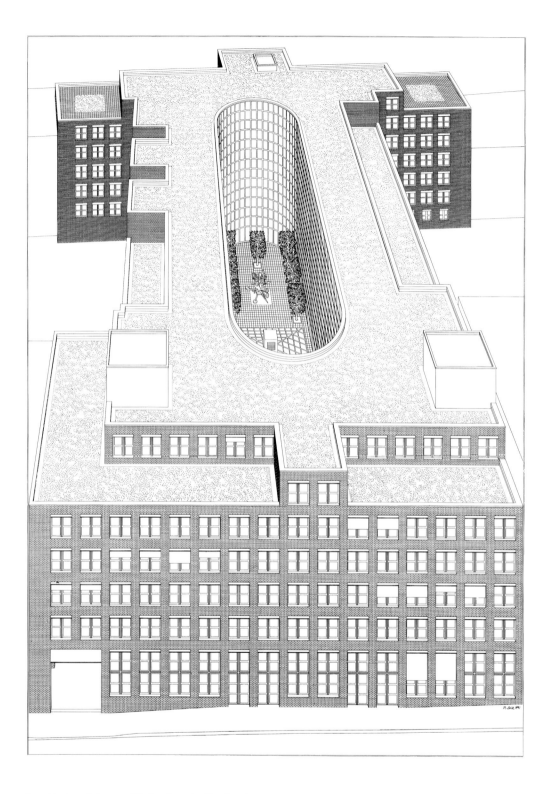

Isometrie der zwischen zwei Straßen liegenden Hausfigur /
Linke Seite: Grundriß.

Isometric showing building's location between two streets /
Opposite page: Plan.

Straßenansicht / Flursystem / Rechte Seite: Der Hof als
«Arena».

Street elevation / Circulation system / Opposite page: 'Arena'
courtyard.

Olympia–Arena 1991/92
Wettbewerb; Berlin

Im Rahmen der Bewerbung Berlins für die Olympischen Sommerspiele 2000 war in einem heterogen bebauten Stadtviertel eine große olympische Mehrzweckarena mit 15'000 Sitzplätzen und eine zusätzliche Bebauungsmischung für Wohnen und Gewerbe zu planen. Diese Heterogenität des Geländes ordnet Ungers erst einmal radikal, um sich dann um so besser in diese Ordnung mit seinem Stadion einfügen zu können. Er schafft fünf neue Blöcke mit unterschiedlichen Nutzungen durch die Ergänzung und Neuordnung des Straßenrasters. Aus dieser Differenzierung ergeben sich dann wieder je typische Strukturen und Stadt-Gestalten. Im ersten Block, mit einem bestehenden Museum, werden die Blockränder ergänzt. Im zweiten befindet sich zentral gelegen das Stadion. Der dritte Block wird zeilenartig bebaut mit dazwischen angelegten Grünbereichen. Der vierte Block, mit einem Krankenhaus, wird ergänzt durch Instituts-, Büro- und Wohnhausbauten. Der fünfte Blok setzt sich aus Einzelfiguren zusammen und einem bestehenden Eisstadion.

Das neue Stadion selbst wird in einen teilweise schon vorhandenen und im Konzept ergänzten Erdwall eingebettet, was ökologisch und aus Schallschutzgründen sinnvoll erscheint. Gleichzeitig wird durch die Nutzung des Walles als Allee und Jogging-Strecke ein zusätzlicher Park in diesem Stadtteil geschaffen. Das Wasserbett eines zugeschütteten Baches wird wieder freigelegt und der so entstehende Grün- und Wasserzug, als «klassischer oder manierierter» Garten, neu hinzugewonnen.

Olympic Stadium 1991/92
Competition, Berlin

As part of Berlin's bid to host the 2000 Summer Olympics, a competition was held to design a 15,000-seat multipurpose Olympic stadium with additional housing and commercial facilities in a heterogeneously developed area of the city. Ungers' first step was to establish a framework into which the stadium could be inserted. He did this by bringing radical order to the site, completing and restructuring the urban grid to create five new blocks with various uses. This functional differentiation gave rise in turn to a variety of typical structures and urban forms. In the first block, which contained an existing museum, development was pushed to the edge of the block. The stadium was placed in the centre of the second block. The third block was built as a series of terraces with green spaces in between. The fourth block, containing a hospital, was completed by institutions, office buildings and housing. The fifth block consisted of individual building forms and an existing ice rink.

For ecological and acoustic reasons, the new stadium was imbedded in a partially pre-existing embankment of earth. The embankment was lined with trees and provided with a jogging path to create a new neighbourhood park. The course of a hidden stream was uncovered to create a water feature, a new 'classical or mannered' garden.

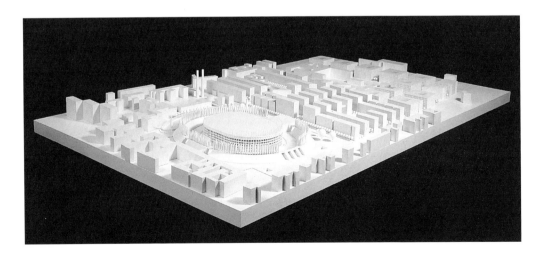

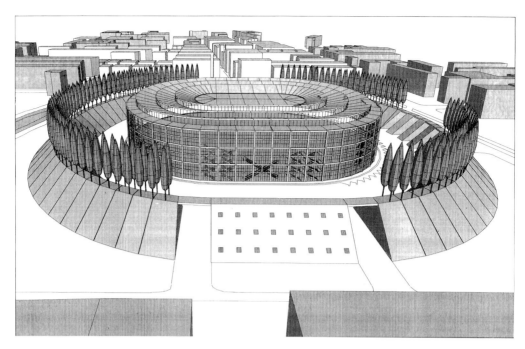

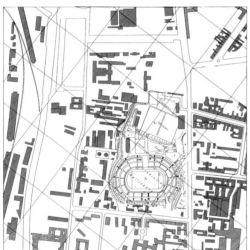

Perspektivische Aufsicht der Anlage / Lageplan Ist-Zustand /
Lageplan Soll-Zustand / Linke Seite: Modellansicht.

Perspective view of complex / Actual site plan / New site plan /
Opposite page: View of model.

Büro- und Geschäftshaus VKU 1992
Köln

Bei diesem Projekt ging es um die Erweiterung bzw. Ergänzung des Gebäudes des «Verbandes Kommunaler Unternehmen» (VKU) aus den 70er Jahren. Ungers nimmt die Kubatur und die Traufhöhe des bestehenden Hauses auf und spiegelt bzw. verdoppelt dieses. Als Achse und Bindeglied dient ihm ein zwischen beide Teile gestelltes Glashaus, das zugleich den neuen Eingang markiert. Die Gliederung der Außenfassade hat mit der Hierarchie der inneren Organisation zu tun: Das untere Geschoß übernimmt dienende Funktionen, hat einen eher repräsentativen Charakter (Eingangshalle) und einen öffentlichen (Versammlungssaal und Kantine). Dieses Erdgeschoß ist also höher, die Sprossenteilung der Fenster (2/4) gibt das an. Die Normalgeschosse mit den Büros sind etwas niedriger (1. OG: Sprossen 2/3; 2. OG: Sprossen 2/2). Die Fassade ist in ihrer gänzlichen Zurückhaltung, die spröde, ja fast angenehm dürftig scheint, nur durch den horizontalen und vertikalen Rhythmus gekennzeichnet – kein Sockel, kein Dach, keine Traufe, kein Gesims. Verklinkerte Lochfassade pur.

Das Gegenüber von Alt und Neu erhält durch diese fast klassische Durchformung und die gänzlich fehlenden Gestaltungsmerkmale eine eigene Dynamik: hier die Ruhe des «liegenden Kubus», dort der jetzt wie beigestellt wirkende Bau aus den 70er Jahren. Einzig die Symmetrie und die Glashalle bewirken den Eindruck, daß diese beiden Teile zusammengehören

VKU (Verband Kommunaler Unternehmen) Office Block 1992
Cologne

In this extension and completion of VKU's headquarters, Ungers adopted the cubic form and profile of the existing 1970s building and doubled it. The two mirrored parts are linked by a glass house which marks the primary axis and the new entrance. The ordering of the external facade reflects the hierarchy of the internal organization. The lower part of the building provides service functions, combining the character of entry with the public gesture of assembly hall and canteen. The ground floor is consequently high, as indicated by the division of the glazing bars in the windows, a rank of four rows. The regular office floors are lower, with three rows of glazing on the first floor above ground and two rows on the second floor. The facade is totally reserved. It appears almost aloof but at the same time pleasantly sparse, distinguished only by horizontal and vertical rhythms. There is no plinth here, no roof, no eaves, no cornice, but simply a pure perforated brick facade.

The juxtaposition of old and new is given a singular dynamic by this almost classical assembly and total lack of characteristic articulation. On the one hand you have the calm, 'recumbent cube', and on the other you have the 1970s building, which now appears to be an appendage. Only the symmetry and the glass hall give the impression that the two parts belong together.

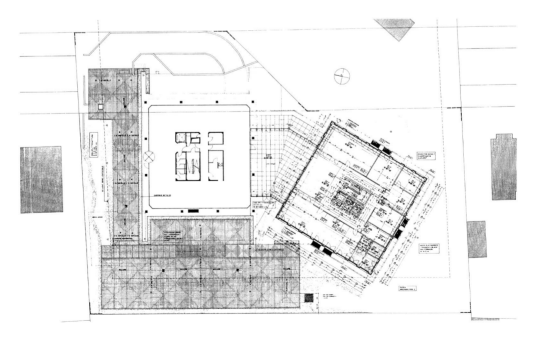

Ansicht vom Eingangsbereich / Eingangshalle / Linke Seite:
Lageplan-Grundriß.

View from entrance area / Entrance hall / Opposite page:
Site and ground floor plans.

Euroforum «KHD» 1992

Köln

Neben einem Verkehrskonzept war ein Vorschlag zu entwickeln, wie das «Euroforum-Köln» genannte Gelände nahe Rhein und Messe zukünftig bebaut werden kann. Ungers entschließt sich einmal mehr für eine *Neuschaffung und -definition* von Stadt an diesem Ort, und eben nicht für die hilflose Anbindung an ein bislang chaotisch definiertes und zufällig gewachsenes Stadtbild. Die das Gelände schneidende Autobahn etwa ist ihm Anlaß, ein «Tor nach Köln» in Form eines durchfahrbaren Hochhauses vorzuschlagen. Von dieser Mitte aus entwickelt er eine strenge Blockrasterung mit einer Standardgröße von 41 x 41 m. Je nach Gegebenheiten oder Notwendigkeiten wird diese Größe angepaßt und variiert. Das Raster selbst erlaubt nun eine Vielfalt von Konjugationen, diesen *städtischen Block* betreffend: Scheiben-, U- und Trenn-Block, Perimeter-, Winkel- und Hallenblock; oder z.B. ein Block mit eingestellten Elementen. Diese Vielfalt reagiert teilweise auf noch vorhandene Gebäude innerhalb des Quartiers. Die übergeordnete Idee prägt also in diesem Spiel wiederum die Einzelformen.

Das Blockraster selbst wird noch einmal in seiner unterschiedlichen Ausprägung unterstrichen durch die Verschiedenartigkeit der angelegten Straßen, die das Gebiet jetzt ordnend durchkreuzen: Boulevards, Alleen und gedeckte Straßen wechseln sich ab und definieren derart auch stadträumliche Hierarchien: dort Büros, hier Wohnungen, dort Zentrum, hier Peripherie. Die Konsequenz, mit der hier Grün-, Verkehrs- und Blockkonzept in einem einfachen Rhythmus miteinander verknüpft und bis an die Grenzen des *Ideengebiets* geführt werden, bringt ein hohes Maß an Identität für diesen neuen *Stadt-Teil*, die sich jeglicher städtebaulichen Beliebigkeit widersetzt.

Euroforum 'KHD' 1992

Cologne

In addition to a traffic plan, this scheme considered possibilities for the future development of a site near the Rhine and Cologne's trade fair called the 'Euroforum'. Once again Ungers decided to *restructure* and *redefine* a part of the city rather than helplessly adhere to an randomly developed and chaotically defined urban picture. He saw the highway cutting through the site as an opportunity to propose a 'Gateway to the City' in the form of a high-rise that could be driven through. Working outwards from this focal point, he developed a strong block grid with a standard module of 41m x 41m, which could be varied when required. The grid itself permitted a variety of conjugations: long, thin block, U-shaped block, dividing block, perimeter or corner block, shed block, block with elements inserted into it. This variety was in part a reaction to the existing buildings in the area. In an interplay of old and new, individual forms took shape.

The different forms of the block grid are in turn accentuated by the different types of adjoining streets. An alternation of boulevards, avenues and covered streets gives order to the area, defining hierarchies of urban space: commercial versus residential, centre versus periphery. The different elements – green space, traffic route and block – are tied together with a simple rhythm which extends to the very edges of the planning area. The end result is a high degree of identity in a relatively new quarter of the city, which contrasts starkly with the arbitrariness of some urban planning.

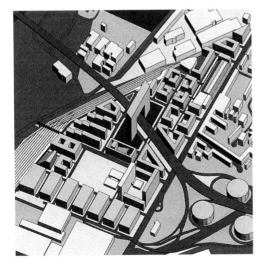

Ansichtszeichnung mit dem «Tor» / Lageplan im Kontext der
Stadt / Linke Seite: Isometrie des Planungseingriffes.

View with 'gateway' / Site plan in the context of the city /
Opposite page: Isometric of planning intervention.

Friedrichstadt–Passagen 1992–96
Friedrichstraße, Berlin

Die Bebauung von drei Blöcken in der Friedrichstraße, direkt hinter dem berühmten Gendarmenmarkt mit Schinkels Schauspielhaus, soll die Friedrichstadt wiederbeleben. Als Baumaßnahmen sind Einkaufspassagen, Kaufhäuser, Büros, hochwertige Einzelgeschäfte und sonstige Einrichtungen vorgesehen. Neben Ungers bauen hier Nouvel und Pei je einen Block.

Ungers Gebäudekomplex nimmt die alte Stadtkante, die Straßenfluchten und die in der Friedrichstraße vorherrschende Traufkante wieder auf. In den oberen Geschossen wird das Gebäude abgestuft. Durch die Auflösung der Gesamtvolumen in mehrere große kubische Körper, die sich durchdringen und eine gestaffelte Baumasse ergeben, wird ein insgesamt sehr großstädtisches Ensemble angeboten. Es ist eine Art Kippfigur zwischen tradiert-modernem Industrie- bzw. Bürogebäude und dem klassischen Berliner Straßenblock. Die Steinmassen dieses Blockes werden durch regelmäßige und im quadratischen Raster angeordnete Fensterreihen durchbrochen, wobei die klassische Dreiteilung – Sockel, aufgehendes Geschoß und Attikageschoß – transformiert wird. In jedem Quadratraster stehen je zwei Fenster aufrecht. In den unteren Geschossen sind Läden und eine Passage, darüber Büros und in den Obergeschossen Wohnungen. Die Blockhaftigkeit und Volumisierung aller Bauteile wird noch dadurch unterstrichen, daß die Ecken nicht besonders betont werden – die *gleichartigen* und durchrationalisierten Natursteinfassaden werden vielmehr auch *gleichwertig* um den ganzen Block herumgeführt. Ungers arbeitet somit in tradiertpreußischer Art und Weise, was bei der unmittelbaren Nachbarschaft und in Sichtweite zum Schauspielhaus eine bewußte Geste ist und als Reverenz an Schinkel interpretiert werden kann.

Friedrichstadt Passages 1992–96
Friedrichstraße, Berlin

The development of three blocks in Friedrichstraße, directly behind the Gendarmen market and Schinkel's Schauspielhaus, is intended to bring new life to the whole surrounding area. The scheme contains shopping arcades, department stores, offices, luxury boutiques and other facilities. In addition to Ungers, Jean Nouvel and Pei are each designing a block.

Ungers' complex of buildings takes up the old city edge, the existing street alignments, and the eaves lines of Friedrichstraße. By breaking up the overall volume into several large interpenetrating cubic forms, which step back as they rise, he creates a very metropolitan ensemble – a balance between the typical modern office building and the traditional Berlin street block. Square-gridded, regular bands of fenestration pierce the stone masses of the block and transform the classical tripartite division of base, shaft and attic floor. The lower floors contain shops and a passage, with offices above and apartments on the topmost floors. The massing and block-like nature of all parts of the building are reinforced by the fact that the corners are not especially emphasized: instead, the natural stone facades are rationalized and carried *consistently* around the block. Ungers works in the traditional Prussian manner, perhaps – given the complex's immediate surroundings and its proximity to the Schauspielhaus – as a deliberate gesture of homage to Schinkel.

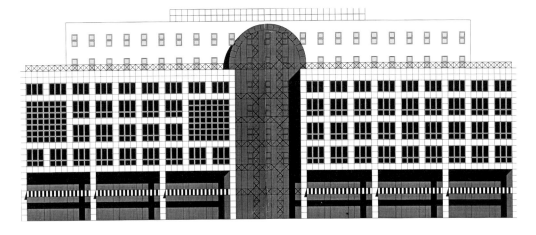

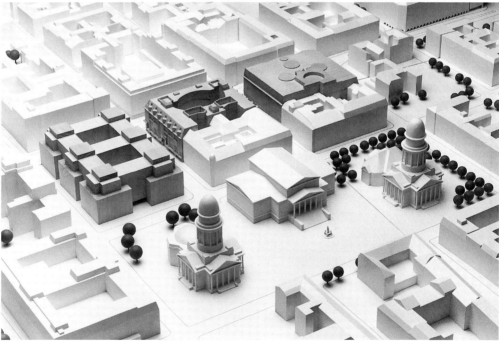

Blick vom Gendarmenmarkt / Modellansicht mit dem Gendarmenmarkt und Schinkels Schauspielhaus; v.l.n.r.: Block Ungers, Block Pei, Block Nouvel / Linke Seite: Fassadenstudie aus dem Wettbewerbsverfahren.

View from Gendarmenmarkt / View of model showing Gendarmenmarkt and Schinkel's Schauspielhaus and, from l. to r., blocks by Ungers, Pei and Nouvel / Opposite page: Facade study, competition stage.

Büro- und Gewerbekomplex «Oskar–Jäger–Straße» 1992

Ideenwettbewerb; Köln-Ehrenfeld

Für ein Gebiet zwischen Gewerbe-, Büro- und Wohnungsbauten in einem Vorort Kölns sollte eine städtebauliche Idee entwickelt werden. Ungers findet bei seiner Untersuchung zwei unterschiedliche Teilgebiete vor, deren inhaltliche und formale Eigenheiten er im anschließenden Entwurf zu unterstreichen bzw. zu transformieren sucht. Das erste Quartier wird, seiner Lage und seiner vorhandenen Bau-Typologie wegen, nur weitergedacht, die vorhandene Teil-Bebauung soll also bloß ergänzt werden.

Das andere Teilgebiet fällt schon wegen seiner Flächenform auf: eingezwängt zwischen unterschiedlich geprägten Quartieren bildet es eine Art Parallelogramm. Diese Form überhöht Ungers nun derart, daß er ein stark verzogenes Raster und somit eine signifikante Figur erhält. Da dieses Teilgebiet undefiniert innerhalb einer großen Bandbreite von Haustypen steht, verlangt es förmlich nach einer solchen Maßnahme. Für die Bürobauten auf diesen Rauten wird deshalb eine Typologie vorgeschlagen, die sich aus verschieden großen und kleinen Nutzungseinheiten ergibt; diese wiederum sind in sich wieder sehr flexibel ausgelegt. Diese neu geschaffene Stadtfigur dient aber der angestrebten Identitätsbildung insofern doppelt, als daß der Architekt die zwischen den Hausfiguren gewonnenen Freiflächen als kleine *Kunstparke* definiert – mit jeweils verschiedenartiger Bepflanzung und «Erdplastiken». Ein Hochhaus zentriert diesen Ort zusätzlich: mit seiner geneigten Dachfläche – ein Pultdach – verweist es einmal mehr auf den *verzogenen* Grund.

Oskar–Jägerstraße Office and Commercial Complex 1992

Ideas competition, Cologne-Ehrenfeld

This competition called for an urban planning concept for a suburban area of Cologne set between commercial buildings and housing. Ungers' initial investigation defined two separate sub-areas, each with different contents and formal characteristics. In the subsequent design, the first area was only theoretically developed because of its location and existing building typology. Its fabric was simply completed. The second area, however, was the subject of a more intensive process of transformation. Squeezed between different parts of the city, this site had a distinctive shape, a kind of parallelogram. Ungers adopted and accentuated this form by overlaying it with a strong grid – a necessary formal measure in an undefined fragment of the city surrounded by a large range of building types. For the office buildings, he proposed a typology derived from functional units, both large and small, arranged in a highly flexible manner. The open spaces between the buildings are defined as pocket *parks for art*, each with different landscaping and 'earth sculptures'. In this way, Ungers built up an identity for the place. An additional focus was provided by a high-rise with a sloping tent roof, which referred once more to the oblique footprint.

Isometrie der Planung / Rechte Seite: Ansicht mit dem zentrierten Hochhaus / Lageplan.

Isometric of planning / Opposite page: View of centred high-rise / Site plan.

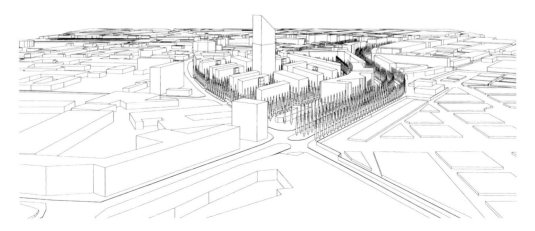

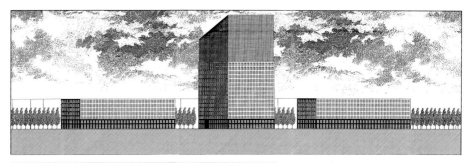

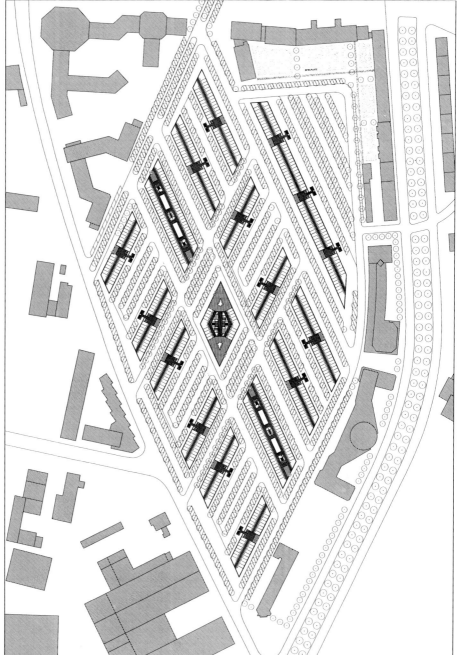

Bebauung Potsdamer Platz, Berlin 1992
Wettbewerb von Debis/Daimler Benz; Berlin
Wie schon beim ersten Städtebauentwurf für dieses historisch wertvolle Gebiet, bietet Ungers ein vielfältiges, ungemein reiches Spektrum von typologischen Varianten innerstädtischer Block-, Bau- und Freiräume an. Dabei hält er sich konsequent an den von den Architekten Hilmer & Sattler vorgegebenen Strukturplan. Ungers gliedert das Areal erst einmal systematisch: Am Potsdamer Platz steht eine Folge von Hochhausfiguren, die diesen umstellen. Dann folgen, entlang der Potsdamer Straße, ein Areal mit verschiedenen Blocks, die durch Passagen erschlossen werden und auf der anderen Seite der Straße ein «Musical Theater» und ein «Grand Hotel». Die Konzernzentrale von Debis wird als großer Berliner Block interpretiert, der aber wieder aus vier weiteren Blocks gebildet wird. Die Wohnnutzungen verlegt er an den Landwehrkanal, wo sich die Blockstruktur in eine kammartige Bebauung auflöst. Damit werden die geforderten unterschiedlichen Nutzungen stadträumlich geordnet.
Eine weitere Differenzierung und Fortführung des Gedankens der *Transformation großstädtischer Räume* und Figuren geschieht jeweils innnerhalb der einzelnen Blöcke: Sockel und Glasaufsatz bei den Turmhäusern, geschlossene und aufgeschnittene Blocks, Dachgärten und hängende Gärten, Torhaus-, Raster- und Lochfassaden, kompakte oder nach oben abgestaffelte Körper. In dieses Konzept gehört auch die Einbindung des angrenzenden Areals der Staatsbibliothek von Scharoun – die Ungers als *amorphes Gebirge* kenntlich macht – und der Staatsgalerie von Mies van der Rohe, der er eine zentrale Rolle in seinem eigenen ernsten Spiel der ordnenden Geometrisierung zukommen läßt. Das Gesamtkonzept ist von dem Willen durchpulst, ein wirkliches, kompromißloses *Stück Großstadt* mit differenzierten Räumen und Nutzungen zu schaffen.

Potsdamer Platz, Berlin 1992
Debis/Daimler Benz competition, Berlin
Like Ungers' previous proposal for this historically significant site, this scheme offers a varied, uncommonly rich spectrum of typological variants of inner city blocks, buildings and open spaces. At the same time, it adheres closely to the structural plan set out by the architects Hilmer & Sattler. Ungers systematically organizes the area, giving the Potsdamer Platz a new order by means of a series of high-rise forms. Next to the square, along the Potsdamer Straße, is an area with a variety of different blocks fronted by passages on one side and a 'musical theatre' and 'grand hotel' on the other. The headquarters of the Debis corporation take the form of a large Berlin block, consisting of four different elements. The housing is placed along the Landwehrkanal, where the block structure breaks up into a comb-like building. In this way, the variety of uses are given an urban planning order.
The differentiation and *transformation of urban spaces* is carried through to the design of the individual blocks: there are tower blocks with separate base and glazed upper area, closed and permeable blocks, roof gardens and hanging gardens, gatehouse, grid and punctured facades, compact and set back masses. The scheme also embraces the adjoining area with Scharoun's State Library (which Ungers distinguishes as an *amorphous mountain range*) and Mies van der Rohe's Staatsgalerie (which he assigns a central role in his own earnest exercise in geometric order). The overall concept is charged with the desire to create a true, uncompromising *metropolitan quarter* containing a variety of spaces and functions.

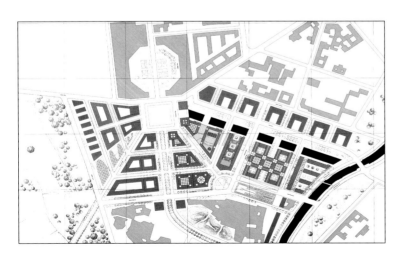

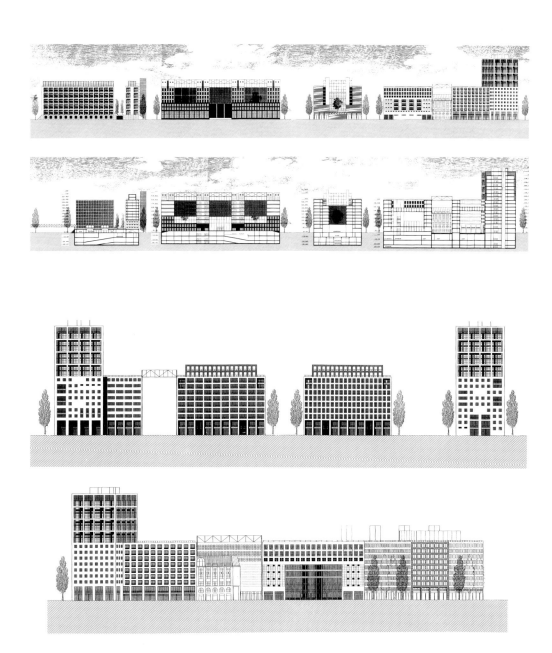

Ansicht Linkstraße /Schnitt Linkstraße / Ansicht Neue
Potsdamer Straße / Ansicht Alte Potsdamer Straße / Linke Seite:
Lageplan mit Potsdamer und Leipziger Platz.

Elevation to Linkstraße / Section from Linkstraße / Elevation
to Neue Potsdamer Straße / Elevation to Alte Potsdamer
Straße / Opposite page: Site plan with Potsdamer and Leipziger Platz.

O.M. Ungers – Architekt 1994

Ausstellung in der Hamburger Kunsthalle

Quasi als *opening* des Hamburger Architektursommers 1994 wurde Oswald Mathias Ungers Gelegenheit geboten, in der Rotunde der Hamburger Kunsthalle eine Ausstellung programmatischen Charakters zu veranstalten. Die Kunsthalle selbst ist Teil der Museumsinsel, die gegenwärtig von Ungers komplettiert wird. Auch diese Tatsache mag den Architekten auf den Gedanken gebracht haben, nicht etwa eine klassische Werkschau, sondern Ideen bzw. zur Form gebrachte Abstraktionen von architektonischen Ideen zu inszenieren.

Die Ausstellung ist eine Reduktion. Sie faßt zwölf Ideen bzw. artifiziell gedachte Hochhausprojekte zusammen, die in den letzten zehn Jahren entstanden sind: im Zusammenhang mit Wettbewerben und Direktaufträgen oder als architektonisches Konzept. Allen Projekten eigen ist ihre Durchrhythmisierung nach auf Zahlenreihen basierenden Maßen und Proportionen. Die Entwürfe wurden je in ein Modell des Maßstabes 1:200 übertragen und in Alabastergips ausgeführt. Die Ausstellung versammelt dieses Dutzend Abstraktionen auf einem umlaufenden Podest. Hinter jedem Modell ist eine Zeichnung an der Wand zu sehen, die einen weiteren Eindruck von der jeweiligen Idee des Gebäudes vermittelt.

Sowohl durch die strenge Auswahl der Projekte, als auch durch die Ausstellung bzw. Inszenierung der Exponate, entstand derart ein von der Architektur unabhängiges, eigenständiges Projekt, das nur für die Dauer der Ausstellung existierte. Als Konzept läßt es sich vielleicht einzig vergleichen mit einer stummen Installation, wie in der bildenden Kunst üblich – oder eben mit dem Ergebnis eines Denkens, das sich auf das Wesen der «concept art» beruft. Daß die Konnotationen, die mit einem solchen Projekt einhergehen, sehr vielfältig sind, zeigt schon der dem Katalog beigegebene Essay von Ungers, der mit «Maß. Zahl. Proportion» überschrieben ist und als begleitende Grundmelodie aller ausgestellten Projekte interpretiert werden kann. Es ist eine Art Credo Ungersscher Suche – im letzten Dezennium – nach der reinen Form der Architektur.

O.M. Ungers – Architect 1994

Exhibition in the Kunsthalle, Hamburg

To launch Hamburg's 1994 'Summer of Architecture', Oswald Mathias Ungers was given the opportunity to organize an exhibition of his own work in the rotunda of Hamburg's Kunsthalle. The Kunsthalle is itself part of another work of Ungers, the Museum Island, now nearing completion. This may have given the architect the idea to install not a show of works in the classical sense, but rather a show of architectural ideas/abstractions and their realization in physical form.

The exhibition is a distillation of work. It brings together twelve ideas and conceptual studies for high-rise projects that have been undertaken over the last decade, either in connection with competitions or as direct commissions. All of the projects are united by a pervasive rhythm arising from the numerical bases of the masses and proportions. All of the designs are represented at the scale of 1:200 in alabaster gypsum models. These dozen abstractions are placed on a rostrum that surrounds the space. On the wall behind each model is a drawing which expresses again the concept of the building.

The strong selection of the projects and the manner of presentation combine to create what is itself a unique project, independent of the architecture, which will exist only for the duration of the exhibition. As a concept, it can perhaps be compared only to the silent installations that you find in the fine arts, particularly in 'conceptual art'. The variety of connotations evoked by such an approach is revealed in the essay that Ungers has contributed to the accompanying catalogue; 'Mass. Number. Proportion.' These elements can be interpreted as a melodic accompaniment to all the projects on show. They are also a kind of credo for Ungers' search, over the last decade, for pure form in architecture.

Rechte Seite: Ausstellungsraum / Eins der vier Segmente.

Opposite page: Exhibition hall / One of four segments.

Biographische Daten

Biographical Details

12. 7. 1926
Oswald Mathias Ungers wird in Kaisersesch/Eifel geboren.

1932–1947
Volksschule und Realgymnasium in Mayen/Eifel, Abitur.

1945–1946
Militärdienst, Kriegsgefangenschaft.

1947–1950
Studium der Architektur an der Technischen Hochschule Karlsruhe; Diplom bei Prof. Egon Eiermann.

1950
Eröffnung eines Architekturbüros in Köln.

1956
Heirat mit Liselotte Ungers, geb. Gabler (3 Kinder).

1963
Berufung als Ordinarius an die Technische Universität Berlin.

1964
Eröffnung eines Architekturbüros in Berlin.

1965–1967
Dekan der Fakultät für Architektur an der TU Berlin.

1965 und 1967
Visiting Critic an der Cornell University/Ithaca, N.Y.

1968
Übersiedlung mit der Familie in die USA.

1969–1975
Chairman of the Department of Architecture an der Cornell University/Ithaca.

1970
Licensed Architect in New York State, Eröffnung eines Architekturbüros in Ithaca/N.Y.

1926
Born in Kaisersesch, Eifel, on 12 July.

1932–1947
Attended school in Mayen, Eifel.

1945–1946
Military service; prisoner of war.

1947–1950
Studied architecture at the Technische Hochschule, Karlsruhe. Diploma under Professor Egon Eiermann.

1950
Opened architectural office in Cologne.

1956
Married Liselotte Ungers, née Gabler (three children).

1963
Appointed Professor at the Technische Universität (TU), Berlin.

1964
Opened architectural office in Berlin.

1965–1967
Dean of the Faculty of Architecture at the TU, Berlin.

1965 and 1967
Visiting Critic at Cornell University, Ithaca, New York.

1968
Moved with family to New York.

1969–1975
Chairman of the Department of Architecture at Cornell University.

1970
Licensed Architect in New York State; opened architectural office in Ithaca, New York.

1971
Member of the American Institute of Architects.

1973 und 1978
Professor of Architecture an der Harvard University/Boston.

1974 und 1975
Professor of Architecture an der University of California, Los Angeles.

1975–1986
Professor of Architecture an der Cornell University/Ithaca (emeritiert).

1976
Eröffnung eines Architekturbüros in Frankfurt/Main.

1979/1980
Gastprofessor an der Hochschule für angewandte Kunst in Wien.

1982
Mitglied der Accademia di San Luca, Rom.

1983
Eröffnung eines Architekturbüros in Karlsruhe.

1986–1990
Professor an der Kunstakademie in Düsseldorf (emeritiert).

1987
Großer BDA-Preis.
Mitglied der Akademie der Wissenschaften in Berlin.

1988
Ehrenmitglied des BDA Berlin.

1989
Prix Rhenan, Strasbourg.

1992
Member of the Moscow Branch of the International Academy of Architects.

1971
Member of the American Institute of Architects.

1973 and 1978
Professor of Architecture at Harvard University, Boston.

1974 and 1975
Professor of Architecture at the University of California, Los Angeles.

1975–1986
Professor of Architecture (emeritus) at Cornell University.

1976
Opened architectural office in Frankfurt/Main.

1979/1980
Visiting Professor at the Hochschule für angewandte Kunst, Vienna.

1982
Fellow of the Accademia di San Luca, Rome.

1983
Opened architectural office in Karlsruhe.

1986–1990
Professor (emeritus) at the Kunstakademie, Düsseldorf.

1987
Society of German Architects (BDA) Grand Prize.
Fellow of the Academy of Sciences in Berlin.

1988
Honorary Fellow of the Society of German Architects, Berlin.

1989
Rhenan Prize, Strasbourg.

1992
Member of the Moscow Branch of the International Academy of Architects.

Werkverzeichnis

List of Works

Die Jahreszahlen beziehen sich auf die im Werkverzeichnis im «Ungers-Archiv für Architekturwissenschaft» angegebenen Jahreszahlen des Bau- beziehungsweise Planungsbeginns.

The dates refer to the commencement of the building or planning, as given in the list of works in the 'Ungers Archive for Architectural Science'.

1951
Einfamilienhaus, Köln.
Mehrfamilienhaus, Köln.
Kleiderfabrik und Wohnhaus, Köln.

1951
Single-family home, Cologne.
Apartment building, Cologne.
Clothes factory and apartment building, Cologne.

1953
Tanzschule Dreesen, Köln.
Barbetrieb «Moulin Rouge», Köln.
Oberhausener Institut zur Erlangung der Hochschulreife, Oberhausen.

1953
Dreesen dance school, Cologne.
'Moulin Rouge' bar, Cologne.
Preparatory school, Oberhausen.

1955
Mehrfamilienhaus, Köln.
Mehrfamilienhäuser, Köln.

1955
Apartment building, Cologne.
Apartment complex, Cologne.

1956
Studentenwohnheim, Köln.
Mehrfamilienhäuser, Köln.

1956
Student hall of residence, Cologne.
Apartment complex, Cologne.

1957
Zweifamilienhaus, Köln.
Mehrfamilienhäuser, Köln.

1957
Two-family house, Cologne.
Apartment complex, Cologne

1958
Mehrfamilienhaus, Köln.
Wohnbebauung, Köln.
Mehrfamilienhaus, Köln.

1958
Apartment building, Cologne.
Housing, Cologne.
Apartment building, Cologne.

1959
Mehrfamilien- und Geschäftshaus, Köln.
Mehrfamilienhaus, Wuppertal.
Wohnbebauung, Köln.

1959
Residential and commercial building, Cologne.
Apartment building, Wuppertal.
Housing, Cologne.

1960
Wettbewerb Römisch-Germanisches Museum, Köln.
Wettbewerb Kunsthalle, Düsseldorf.

1960
Romano-German Museum, Cologne (competition).
Art Museum, Düsseldorf (competition).

Einfamilienhaus, Overath.
Verlagsgebäude und Druckerei, Köln.

1961
Wettbewerb Erzbischöfliches Gymnasium, Bonn.
Wettbewerb Studentenheim Schmalenbachhaus, Köln.
Wohnhaus Wokan, Bad Homburg.
Einfamilienhaus, Hennef-Sieg.
Wettbewerb Neue Stadt, Köln–Chorweiler.

1962
Wettbewerb Grünzug Süd, Köln.
Wohnhäuser Märkisches Viertel, Berlin.

1964
Wettbewerb Studentenheim TH Twente, Enschede/Niederlande.

1965
Wettbewerb Schulzentrum, Mayen/Eifel.
Wettbewerb Deutsche Botschaft beim Heiligen Stuhl, Rom.
Wettbewerb Museum Preußischer Kulturbesitz, Berlin.
Städtebaulicher Entwurf Wohnbebauung Ruhwald, Berlin.
Städtebaulicher Entwurf Wohnbebauung Rupenhorn, Berlin.

1966
Wettbewerb Erweiterung Flughafen Tegel, Berlin.

1972
Wettbewerb Wohnbebauung Blauer See, Rüsselsheim.

1973
Wohnhaus Betzlin, Berlin.
Wettbewerb Kuhgassenviertel, Düren-Nord.
Wettbewerb Landwehrkanal–Tiergartenviertel, Berlin.

1974
Wettbewerb Billwerde–Allermöhe, Hamburg.
Wettbewerb Lichterfelde IV. Ring, Berlin.

1975
Wettbewerb Roosevelt Island, New York, N.Y.
Wettbewerb Wallraf-Richartz-Museum, Köln.
Planung Mertenshof, Köln.

1976
Planung Wohnbebauung Ritterstraße, Marburg.
Planung Schloßpark, Braunschweig.

Single-family home, Overath.
Publishing and printing house, Cologne.

1961
Archdiocese school, Bonn (competition).
Schmalenbachhaus student hall of residence, Cologne (competition).
Wokan housing, Bad Homburg.
Single-family home, Hennef-Sieg.
'New Town' housing, Chorweiler, Cologne (competition).

1962
South green belt, Cologne (competition).
High-rise housing, Märkisch District, Berlin.

1964
Student hall of residence, TH Twente, Enschede/Netherlands (competition).

1965
School centre, Mayen/Eifel (competition).
German Embassy, Holy See/Rome (competition).
Museum of Prussian Cultural Heritage, Berlin (competition).
Urban planning concept for housing at Ruhwald, Berlin.
Urban planning concept for housing at Rupenhorn, Berlin.

1966
Extension of Berlin-Tegel airport (competition).

1972
Housing at Blauer See, Rüsselsheim (competition).

1973
Betzlin housing, Berlin.
Kuhgassen District, North Düren (competition).
Landwehrkanal-Tiergarten District, Berlin (competition).

1974
Billwerde-Allermöhe, Hamburg (competition).
IV. Ring, Lichterfelde, Berlin (competition).

1975
Roosevelt Island, New York (competition).
Wallraf-Richartz Museum, Cologne (competition).
Mertenshof plan, Cologne.

1976
Development plan for Ritterstraße housing, Marburg.
Planning report for Schloßpark, Braunschweig.

Wettbewerb Universität Ost, Bremen.
Ausstellungskonzept «City Metaphors»,
Cooper Hewitt Museum of Design, New York/USA.
Planung Um- und Neubau von Nebengebäuden des
Museums Schloß Morsbroich, Leverkusen.

1977
Wohn- und Geschäftshaus, Berlin.
Planung Südliche Friedrichstadt, Berlin.
Wettbewerb Hotel Berlin, Berlin.

1978
Wettbewerb Hotel Budapester Straße, Berlin.
Pumpwerk Tiergarten, Berlin.
Wettbewerb Severinsviertel, Köln.
Wettbewerb Kammergericht, Berlin.
Mehrfamilienhaus, Berlin.
Entwurf Kaufhaus Woolworth, Berlin.

1979
Wettbewerb Sparkasse, Berlin.
Wettbewerb Ackerhof, Braunschweig.
Wettbewerb Solarhäuser Melkerei, Landstuhl.
Wettbewerb Fachhochschule, Bremerhaven.
Wohnbebauung, Berlin.
Deutsches Architekturmuseum, Frankfurt/Main.

1980
Wettbewerb Marktplatz, Hildesheim.
Mehrfamilienhaus, Berlin.
Messehaus 9 und Galleria, Frankfurt/Main.
Alfred-Wegener-Institut für Polarforschung,
Bremerhaven.
Badische Landesbibliothek, Karlsruhe.

1981
Wettbewerb Kaufhaus Karstadt, Berlin.
Wettbewerb Barmer Ersatzkasse, Wuppertal-
Elberfeld.
Temporäres Museum Westkunst, Köln.
Planung Friedrichstadt, Berlin.
Neugestaltung Konstantinplatz, Trier.

1982
Vorschlag für die Entwicklung eines Stadtzentrums,
Gibellina/Sizilien.
Wettbewerb Deutsche Bibliothek, Frankfurt/Main.
Wettbewerb Residenz des Deutschen Botschafters,
Washington D.C./USA.
Wettbewerb Bundespostmuseum,
Frankfurt/Main.
Wettbewerb Kop van Zuid, Rotterdam.

East University, Bremen (competition).
'City Metaphors' exhibition concept,
Cooper Hewitt Museum of Design, New York.
Plan for the renovation and extension of Schloß
Morsbroich Museum, Leverkusen.

1977
Residential and commercial complex, Berlin.
Southern Friedrichstadt plan, Berlin.
Hotel Berlin, Berlin (competition).

1978
Hotel Budapester Straße, Berlin (competition).
Tiergarten pumping station, Berlin.
Severins District, Cologne (competition).
Supreme Court, Berlin (competition).
Apartment building, Berlin.
Project Woolworth store, Berlin.

1979
Sparkasse (Savings Bank), Berlin (competition).
Ackerhof, Braunschweig (competition).
Solar housing, Landstuhl (competition).
College, Bremerhaven (competition).
Housing, Berlin.
German Architecture Museum, Frankfurt/Main.

1980
Marktplatz, Hildesheim (competition).
Apartment building, Berlin.
Trade Fair Hall 9 and Galleria, Frankfurt/Main.
Alfred Wegener Institute for Polar Research,
Bremerhaven.
Baden Regional Library, Karlsruhe.

1981
Karstadt department store, Berlin (competition).
Barmer Ersatzkasse, Wuppertal-Elberfeld
(competition).
Temporary Museum of Western Art, Cologne.
Friedrichstadt planning, Berlin.
Redevelopment of Konstantinplatz, Trier.

1982
Development proposal for the town centre of Gibellina,
Sicily.
German Library, Frankfurt/Main
(competition).
German Embassy, Washington D.C.
(competition).
Postal Museum, Frankfurt/Main (competition).
Kop van Zuid competition, Rotterdam.

1983

Städtebaulicher Entwurf Neugestaltung Paulsplatz, Frankfurt/Main.
Wettbewerb Verlagshaus Gruner + Jahr AG, Hamburg.
Wettbewerb Kulturforum, Berlin.
Wettbewerb Museum für Moderne Kunst, Frankfurt/Main.
Überbauung Gleisdreieck, Frankfurt/Main.

1984

Planung Wohnbebauung Forellenweg, Salzburg.
Entwurf Brücke Albgrün, Karlsruhe.
Wettbewerb Sporthalle Silobad, Frankfurt/Main.

1985

«Cabinet Tower», Triennale di Milano.
Wettbewerb Erweiterung Bundesgerichtshof und Bundesanwaltschaft (1. Stufe), Karlsruhe.
Heizkraftwerk, Frankfurt/Main.
Gutachter-Entwurf Areal Battelle, Frankfurt/Main.
Wettbewerb Eschenheimer Tor–Schillerstraße–Börsenplatz, Frankfurt/Main.
Wettbewerb Festhalle, Frankfurt/Main.
Wettbewerb Landeshaus, Wiebaden.
Entwurf Güterbahnhof, Frankfurt/Main.
Entwurf City-West, Frankfurt/Main.
Wettbewerb Stadtpark, Salemi/Sizilien.
Neubau Universitätsklub, Bonn.

1986

Wettbewerb Ladengalerie, Frankfurt/Main.
Wettbewerb Museumsinsel, Hamburg.
Wettbewerb Historisches Museum der Pfalz, Speyer.
Wettbewerb Überbauung des Bahnhofsvorplatzes, Bonn.
Wettbewerb Württembergisches Staatstheater, Kulissengebäude, Stuttgart.
Entwurf Studio «Frog Design», Altensteig.
Wohnhaus Glashütte, Glashütte/Eifel.
Wettbewerb Deutsche Botschaft, Helsinki.
Wettbewerb Erweiterung Hessische Landesbibliothek, Fulda.
Gutachter-Entwurf Transferzentrum, Dortmund.
Wettbewerb Kultur- und Tagungsstätte, Freiburg.
Wettbewerb Innenstadt Jülich, Jülich.
Entwurf Hotel Maritim Sassenhof, Köln.
Wettbewerb Stadtsparkasse, Mönchengladbach.
Gutacher-Entwurf Stadtsparkasse Köln, Köln.
Wettbewerb Kunstpalast, Düsseldorf.
Wettbewerb Medienzentrum, Karlsruhe.

1983

Urban planning proposal for the redevelopment of Paulsplatz, Frankfurt/Main.
Gruner + Jahr AG publishing house, Hamburg (competition).
Kulturforum, Berlin (competition).
Museum of Modern Art, Frankfurt/Main (competition).
Railway junction tower, Frankfurt/Main.

1984

Plan for Forellenweg housing, Salzburg.
Project for Albgrün bridge, Karlsruhe.
Silobad sports hall, Frankfurt/Main (competition).

1985

'Cabinet Tower', Milan Triennale.
Extension to the Federal Supreme Court and Federal Supreme Court prosecutors, Karlsruhe (competition, first stage).
Power station, Frankfurt/Main.
Design report for the Battelle area, Frankfurt/Main.
Eschenheimer Tor/Schillerstraße/Börsenplatz competition, Frankfurt/Main.
Festival Hall, Frankfurt/Main (competition).
Regional Parliament, Wiesbaden (competition).
Project for railway goods station, Frankfurt/Main.
City-West project, Frankfurt/Main.
Urban park, Salemi, Sicily (competition).
University Club building, Bonn.

1986

Shopping galleria, Frankfurt/Main (competition).
Museum Island, Hamburg (competition).
Pfalz Historical Museum, Speyer (competition).
Redevelopment of the station square, Bonn (competition).
Scenery store, Württemberg State Theatre, Stuttgart (competition).
Project for 'Frog Design' studio, Altensteig.
House at Glashütte, Eifel.
German Embassy, Helsinki (competition).
Extension of Hessen State Library Fulda (competition).
Design report for a transit centre, Dortmund.
Cultural and conference centre, Freiburg (competition).
Jülich inner city competition.
Project for Hotel Maritim Sassenhof, Cologne.
Stadtsparkasse, Mönchengladbach (competition).
Design report for Stadtsparkasse Köln, Cologne.
Art Museum, Düsseldorf (competition).
Media Centre, Karlsruhe (competition).

Wettbewerb Verwaltungsgebäude der Firma Adolph
Würth GmbH, Künzelsau.
Wettbewerb Lufthansa German Center, Beijing/China.
Wettbewerb Pirelli-Bicocca, Mailand.
Galerie- und Wohnhaus Max Hetzler, Köln.

Headquarters for Adolf Würth GmbH, Künzelsau
(competition).
Lufthansa German Center, Beijing (competition).
Pirelli-Bicocca, Milan (competition).
Max Hetzler gallery and residence, Cologne.

1987
Wettbewerb Neubau Arbeitsamt, Oldenburg.
Entwurf Bundesgerichtshof, Karlsruhe.
Wettbewerb Städtische Galerie, Kornwestheim.
Entwurf Verwaltungsgebäude der Firma Horten,
Hannover.
Wohnbebauung, Berlin.
Südfoyer und Via Mobile Ost, Ausstellungs- und Messe-
gelände, Frankfurt/Main.
Entwurf Trusthouse Forte – Ritters Parkhotel, Bad
Homburg.
Entwurf Messegelände, Madrid.
Wettbewerb Fassade Verkaufshochhaus Hoechst.
Entwurf Bebauung Eschborner Landstraße,
Frankfurt/Main.
Entwurf Omega-Brücke, Messe- und Ausstellungs-
gelände, Frankfurt/Main.
Entwurf Messepalast, Wien.
Wettbewerb Deutsche Bank, Berlin.
Wettbewerb Media-Park, Köln.
Gutachter-Entwurf «Campanile», Frankfurt/Main.
Wettbewerb Deutsche Botschaft (2. Stufe), Washington
D.C./USA.
Gutachter-Entwurf Kleiner Schloßplatz,
Stuttgart.
Messestand ISH, Halle 9, Frankfurt/Main.

1987
New building for the Department of Employment,
Oldenburg (competition).
Project for the Federal Supreme Court, Karlsruhe.
Municipal Art Gallery, Kornwestheim (competition).
Project for Horten Headquarters, Hanover.
Housing, Berlin.
South entrance hall and east travelator, Trade Fair and
Exhibition Centre, Frankfurt/Main.
Project for Trusthouse Forte – Ritters Parkhotel, Bad
Homburg.
Project for Trade Fair, Madrid.
Facade Hoechst high-rise (competition).
Development proposal for Eschborner Landstraße,
Frankfurt/Main.
Project for Omega bridge, Trade Fair and Exhibition
Centre, Frankfurt/Main.
Messepalast, Vienna (design project).
Deutsche Bank, Berlin (competition).
Media Park, Cologne (competition).
'Campanile', Frankfurt/Main (design report).
German Embassy, Washington D.C. (competition,
second stage).
Design report for Kleiner Schloßplatz, Stuttgart.
ISH stand, Hall 9, Trade Fair and Exhibition Centre,
Frankfurt/Main.

1988
Wettbewerb Umgestaltung Maximilianstraße–Domplatz,
Speyer.
Wettbewerb Deutsches Historisches Museum, Berlin.
Entwurf für die Triennale di Milano: Fortezza de Basso,
Florenz.
Umbau des Geschäftshauses der Bayerischen Hypothe-
ken- und Wechselbank, Düsseldorf.
Wettbewerb Deutsche Bank, Lörrach.
Entwürfe Feuerwache, Frankfurt/Main.
Heizkraftwerk GEW, Köln.
Wettbewerb Kunsthalle (2. Stufe), Düsseldorf.
Wettbewerb Kerngebiet Universität, Frankfurt/Main.
Gutachter-Entwurf International Airport Kansai,
Osaka/Japan.
Entwurf Ikonenmuseum, Deutschordenshaus/
Kommende, Frankfurt/Main.
Wettbewerb Viehmarktplatz, Trier.
Wettbewerb Depotgebäude und Forumgelände der

1988
Redevelopment of Maximilianstraße–Domplatz, Speyer
(competition).
German Historical Museum, Berlin (competition).
Project for the Milan Triennale: Fortezza de Basso,
Florence.
Refurbishment of offices for the Bayerische Hypotheken-
und Wechselbank, Düsseldorf.
Deutsche Bank, Lörrach (competition).
Fire station projects, Frankfurt/Main.
GEW power station, Cologne.
Düsseldorf Art Museum (competition, second stage).
Central campus, University of Frankfurt/Main
(competition).
Design report for Kansai International Airport, Osaka,
Japan.
Project for an Icon Museum, Deutschordenshaus/
Kommende, Frankfurt/Main.
Viehmarktplatz, Trier (competition).

Johann-Wolfgang-Goethe-Universität, Frankfurt/Main.
Entwurf Hochhaus an der Solmstraße, Frankfurt/Main.
Gutachter-Entwurf Flughafen Terminal Ost, Frankfurt/Main.
Bremer Institut für Betriebstechnik und angewandte Arbeitswissenschaft BIBA, Bremen.

Depot building and campus for Johann Wolfgang Goethe University, Frankfurt/Main (competition).
High-rise Solmstraße, Frankfurt/Main.
Design report for the East Terminal, Frankfurt Airport.
Bremen Institute for Applied Management Studies (BIBA), Bremen.

1989

Wettbewerb Piazza Matteotti (mit Walter Noebel), Siena.
Kubus-Haus Quadrater-/Belvedere Straße, Köln.
Entwurf Lagerhalle Ost, Frankfurt/Main.
Wettbewerb Familiengericht, Berlin.
Entwurf Medienzentrum, Düsseldorf.
Entwurf Torhaus-Erweiterung (Messe- und Ausstellungs GmbH), Frankfurt/Main.
Wettbewerb Römermuseum, Haltern.
Wettbewerb Deutsche Bundesbank, Frankfurt/Main.
Wettbewerb Gerichtshof für die Menschenrechte, Straßburg.
Wettbewerb Internationaler Seegerichtshof, Hamburg.
Wettbewerb Mercedeshaus, Frankfurt/Main.
Entwurf Städtebaulicher Workshop für das ehemalige Krupp-Werksgelände/West, Essen.
Entwurf Randwyk Noord, Maastricht/Niederlande.
Entwurf Bauforum, Hamburg.
Wettbewerb Hypolux, Kirchberg.
Wettbewerb Flughafen Horum, Oslo.
Wettbewerb Hamburger Bahnhof, Berlin.
Entwurf Eumetsat, Darmstadt.
Wettbewerbsentwurf Arbeitsamt, Bremerhaven.
Gutachter-Entwurf Messe, AMK-Berlin, Berlin.
Haus Jeromin, Königswinter.

1989

Piazza Matteotti, Siena (competition, with Walter Noebel).
Cube House, Quadrater-/Belvedere Straße, Cologne.
East warehouse project, Frankfurt/Main.
Family Court, Berlin (competition).
Project media centre, Düsseldorf.
Gatehouse extension, Trade Fair and Exhibition Centre, Frankfurt/Main (competition).
Roman Museum, Haltern (competition).
Deutsche Bundesbank, Frankfurt/Main (competition).
European Court of Human Rights, Strasbourg (competition).
International Maritime Court, Hamburg (competition).
Mercedes Headquarters, Frankfurt/Main (competition).
Urban planning workshop project on the former Krupp site, Essen.
Randwyk Noord, Maastricht, Netherlands (competition).
Bauforum project, Hamburg.
Hypolux, Kirchberg (competition).
Horum Airport, Oslo (competition).
Hamburger Railway Station, Berlin (competition).
Project for Eumetsat, Darmstadt.
Department of Employment, Bremerhaven (competition design).
Design report for AMK-Berlin Trade Fair.
Jeromin house, Königswinter.

1990

Ausstellungsraum in der Galerie Hetzler, Köln.
PTS-Werkstatt, Flughafen, Frankfurt/Main.
Wohn- und Geschäftshäuser Eschersheimer Landstraße, Frankfurt/Main.
Gutachter-Entwurf Merowinger Platz, Düsseldorf.
Wettbewerbs-Entwurf Haus der Geschichte Baden-Württembergs, Stuttgart.
Entwurf ERC-Zentrale, Waterschei-Hasselt.
Wettbewerb Erweiterung der AMK (mit Walter Noebel), Berlin.
Gutachter-Entwurf Gewerbegebiet Hohenäcker, Pforzheim.
Entwurf Messepalast, Wien.
Gutachter-Entwurf Schokoladenmuseum, Köln.
Wettbewerb Palazzo del Cinema, Lido di Venezia.

1990

Exhibition space, Galerie Hetzler, Cologne.
PTS Workshop, Airport, Frankfurt/Main.
Residential and commercial building, Eschersheimer Landstraße, Frankfurt/Main.
Design report for Merowinger Platz, Düsseldorf.
Baden-Württemberg House of History, Stuttgart (competition design).
Project for ERC power station, Waterschei-Hasselt.
Extension of AMK Berlin Trade Fair (competition, with Walter Noebel).
Design report for Hohenäcker enterprise zone, Pforzheim.
Messepalast project, Vienna.
Design report for a Chocolate Museum, Cologne.
Palazzo del Cinema, Venice Lido (competition).

Wettbewerb Innovationszentrum, Karlsruhe.
Bundesanwaltschaft, Karlsruhe.
Berlin Morgen – Das Neue Berlin, Berlin.
Hertz-Center, Heidelberg.
Messegelände, Leipzig.

Innovation centre, Karlsruhe (competition).
Federal Supreme Court prosecutors, Karlsruhe.
'Berlin Morgen – Das Neue Berlin' exhibition, Berlin.
Hertz Centre, Heidelberg.
Trade Fair, Leipzig.

1991

Wettbewerb Friedrichstadtpassagen, Berlin.
Wettbewerb Potsdamer/Leipziger Platz, Berlin.
Wettbewerb Olympia-Arena, Berlin.
Wettbewerb Hochhaus am Landtag, Düsseldorf.
Wettbewerb Stadtportalhäuser (Bosch), Frankfurt/Main.
Hochhausprojekt Zwillingstürme, Hamburg.
Wettbewerb WDR, Köln.
St. Peter, Köln.
Büro- und Geschäftshaus Verband Kommunaler Unternehmen, VKU, Köln.
Johannishaus, Köln.
Magnusstraße, Köln.
Hochhaus, Neuss.

Friedrichstadt passages, Berlin (competition).
Potsdamer/Leipziger Platz, Berlin (competition).
Olympic Stadium, Berlin (competition).
High-rise for the Regional Parliament, Düsseldorf (competition).
Gateway to the City (Bosch), Frankfurt/Main (competition).
Twin towers high-rise project, Hamburg.
WDR, Cologne (competition).
St Peter's, Cologne.
VKU (Verband Kommunaler Unternehmen) office block, Cologne.
Johannishaus administrative building, Cologne.
Magnusstraße, Cologne.
High-rise, Neuss.

1992

Wettbewerb Daimler Benz, Potsdamer Platz, Berlin.
Wettbewerb Max Planck-Institut, Bremen.
Gutachten «Hotelgebäude am Saarufer», Merzig.
Gutachten Stadtplanung Heerlen.
Wettbewerb EXPO 2000, Hannover.
Wettbewerb Büro- und Gewerbekomplex Oskar-Jäger-Straße, Köln.
Wettbewerb Nord-Süd-Fahrt, Köln.
Realisierungswettbewerb Euroforum KHD, Köln.

Daimler Benz competition, Potsdamer Platz, Berlin.
Max Planck Institute, Bremen (competition).
Report for a 'hotel building on the banks of the Saar', Merzig.
Urban planning report for Heerlen.
EXPO 2000, Hanover (competition).
Oskar Jägerstraße office and commercial complex, Cologne (competition).
North-South Drive, Cologne (competition).
Euroforum KHD, Cologne (competition).

1993

Wettbewerb Baseler Versicherung, WBV, Köln.
Wettbewerb Neugestaltung Schrangen, Lübeck.
Wettbewerb Domplatz, Magdeburg.
Bebauung Potsdamer Straße, Berlin.
Wettbewerb KPM-Erweiterung, Berlin.

WBV (Baseler Versicherung), Cologne (competition).
Reshaping Schrangen, Lübeck (competition).
Domplatz, Magdeburg (competition).
Potsdamerstraße development, Berlin.
Extension to KPM, Berlin (competition).

1994

Wettbewerb Dresdner Bank, Dresden.
Wettbewerb Deutsche Bauindustrie, Berlin.
Wettbewerb Bauausstellung Kleinmachnow, Berlin.
Wettbewerb Museumsinsel, Berlin.
Wettbewerb Spreeinsel, Berlin.
Gutachten Neuss Hammfeld II und III, Neuss.
Wettbewerb Lehrter Bahnhof, Berlin.
Gutachten Münsterplatz, Bonn.
Wettbewerb Bundeskanzleramt, Berlin.

Dresdner Bank, Dresden (competition).
Deutsche Bauindustrie, Berlin (competition).
Bauausstellung Kleinmachnow, Berlin (competition).
Museum Island, Berlin (competition).
Spree Island, Berlin (competition).
Report for Neuss Hammfeld II and III, Neuss.
Railway Station Lehrter Bahnhof, Berlin (competition).
Report for Münsterplatz, Bonn.
Federal Chancellery, Berlin (competition).

Ausstellungen und Ausstellungsbeteiligungen

(Auswahl)

Selected Individual and Group Exhibitions

1980	Biennale Venedig.
1985	Triennale di Milano, «Le Affinità Elettive».
1985	Kölnischer Kunstverein.
1986	Kunstverein Bremerhaven.
1986	Galerie Denise René/Hans Mayer, Düsseldorf.
1987	Documenta 8, Kassel.
1988	Triennale die Milano, «The Imagined Cities: An Italian Voyage. Nine Projects for Nine Cities».
1988	Internationale Bauausstellung Tokio.
1990	O. M. Ungers – Kubus, Galerie Max Hetzler, Köln.
1990	Kulturforum Neuss.
1991	Biennale di Venezia.
1992	O. M. Ungers – Architekturen, Galerie Philomene Magers, Köln.
1994	O. M. Ungers – Architekt, Kunsthalle Hamburg.

1980	Venice Biennale.
1985	Milan Triennale, 'Elective Affinities'.
1985	Cologne Kunstverein.
1986	Bremerhaven Kunstverein.
1986	Galery Denise René/Hans Mayer, Düsseldorf.
1987	Documenta 8, Kassel.
1988	Milan Triennale, 'The Imagined Cities: An Italian Voyage. Nine Projects for Nine Cities'.
1988	Tokyo International Building Exhibition.
1990	'O. M. Ungers – Kubus', Galerie Max Hetzler, Cologne.
1990	Kulturforum Neuss.
1991	Venice Biennale.
1992	'O. M. Ungers – Architekturen', Galerie Philomene Magers, Cologne.
1994	'O. M. Ungers – Architekt', Kunsthalle Hamburg.

Auswahlbibliographie   Select Bibliography

Wie schon im Einleitungsessay erwähnt, gehört Oswald Mathias Ungers zu denjenigen, die ihre Ideen und Projekte immer wieder zur Diskussion stellen, indem sie sie öffentlich äußern bzw. publizieren. Deshalb umfaßt die Ungers-Bibliographie mittlerweile einige hundert Titel. An die Zusammenstellung hat sich bislang erst einer seiner Schüler herangewagt. Diese Bibliographie von Gerardo Brown-Manrique – die dieser im August 1980 begonnen (bis 1979), im Juli 1987 fortgeführt (bis 1986) und vorläufig im Frühjahr 1994 beendet hat (alle Titel bis zu diesem Zeitpunkt) – kann vom Verfasser bezogen werden: Vance Bibliographies, Post Office Box 229, Monticello, Illinois 61856 USA; Architecture Series/Bibliography; ISSN: 0194 -1356; 1980 + 1987, die Aktualisierung folgt Ende 1994.

Hier wird nur eine Auswahl-Bibliographie wiedergegeben, die selbstständige Bücher und Publikationen von und über Ungers verzeichnet. Die Angabe «Köln (plus Jahreszahl)» verweist auf Publikationen, die im Eigenverlag «Studioverlag für Architektur» bzw. «Studio Press for Architecture», Liselotte Ungers, erschienen sind. Die insgesamt 25 Hefte «Veröffentlichungen zur Architektur», herausgegeben an der TU Berlin vom Lehrstuhl Entwerfen IV, O. M. Ungers, Berlin 1965–68, sind in dieser Bibliographie nicht gesondert erfaßt.

As mentioned in the introductory essay, Ungers continually opens up his ideas and projects to discussion by means of lectures and publications. The list of his written works consequently runs to several hundred titles. A former student, Gerardo Brown-Manrique, has undertaken to compile a full bibliography – a research project in itself. This is in three volumes, covering the periods up to 1979 (published 1980), 1980–86 (published 1987), and 1987 to Spring 1994. The bibliography can be obtained by writing to the publisher: Vance Bibliographies, Post Office Box 229, Monticello, Illinois 61856 USA; Architecture Series/ Bibliography; ISSN: 0194-1356; 1980 + 1987. The latest supplement will be available at the end of 1994.

Given below is only a select bibliography, which lists the titles of individual books and publications by and on Ungers. The notation 'Cologne (plus date)' refers to works published by Ungers' own press, Studioverlag für Architektur/Studio Press for Architecture, with Liselotte Ungers. The 25 issues of 'Veröffentlichungen zur Architektur' that were published between 1965 and 1968 while Ungers was Professor of Design at the Technische Universität Berlin are not listed separately here.

Die Gläserne Kette. Visionäre Architekturen aus dem Kreis um Bruno Taut 1919–20, (Ausstellungkatalog) Leverkusen 1963 (mit Udo Kultermann).

Die Erscheinungsformen des Expressionismus in der Architektur, Köln 1963.

Optimale Wohngebietsplanung, Volume I, Wiesbaden 1969 (mit Horst Albach).

Modular Box Housing System – Study for Alcoa, Ithaca/N.Y. 1969.

Kommunen in der Neuen Welt, 1740–1970, Köln 1972 (mit Liselotte Ungers).

S-HHS: Self-help Housing System, Ithaca/N.Y. 1972 (mit Gerardo Brown-Manrique).

Städtebauliche Studie für den Bereich zwischen Schloßpark und Museumspark in Braunschweig, Köln 1976.

Vorschlag für die Bebauung des Grundstücks an der Ritterstraße in Marburg, Köln 1976.

The Urban Block and Gotham City – Metaphors and Metamorphosis – Two Concurrent Projects, Ithaca/N.Y. 1976 (mit Werner Gohner, Arthur Ovaska und Hans Kollhoff).

Braunschweiger Morphologie, Braunschweig 1977.

Die Stadt in der Stadt – Berlin, das grüne Stadtarchipel, Köln 1977.

The Urban Villa – A Multi Family Dwelling Type, Köln 1977 (mit Hans Kollhoff und Arthur Ovaska).

Planungsbeispiel Siedlung Hochlarmark Recklinghausen, Dortmund 1978.

The Urban Block, Köln 1978.

The Urban Garden – Student Projects for the Südliche Friedrichstadt Berlin, Köln 1979 (mit Hans Kollhoff und Arthur Ovaska).

Entwürfe für eine klimagerechte und energiesparende Architektur, Köln 1980.
Architettura come tema, Milano 1982.

Morphologie – City Metaphors, Köln (Walther König) 1982.

Die Thematisierung der Architektur, Stuttgart 1983.

Sieben Variationen des Raumes über die Sieben Leuchter der Baukunst von John Ruskin, Stuttgart 1985.

O. M. Ungers 1951–1984, Bauten und Projekte, Braunschweig/Wiesbaden 1985.

Quadratische Häuser, Stuttgart 1986.

Oswald Mathias Ungers, Architektur 1951–1990, Stuttgart 1991.

O. M. Ungers Architekt, Kunsthalle Hamburg 1994.

Mitarbeiter

Team List

Mitarbeiter im Büro Ungers seit 1951 an den im Buch vorgestellten Projekten. Mit * gekennzeichnete Personen waren oder sind zeitweise Projektpartner von Oswald Mathias Ungers.

The following people have worked in Ungers' office on the projects (post 1951) presented in this book. Those indicated with * have worked in partnership with Ungers on individual projects.

W. Albrecht
D. Allison
P. Allison
D. Alten
M. Bertolini
G. Bettini
K. Boje
E. Balke
A. Balzereit
R. Bandus
U. Bangert
U. Bartelt
B. Baumewerd
L. Baumewerd
H. Bausinger
A. Becker-Bergmann
R. C. v. Bennewitz
M. Biedermann
St. Böhm
O. Bosbach
St. Braden
M. Bräckerbohm
E. v. Branca
J. v. Brand
A. Brauns
T. Britz
G. Brown-Manrique
F. Bucher
L. Busert
V. Busse
S. Canton
M. Chiaramonte
J. Clark
M. Croce
S. Chung-Klatte
H. v. Dallwitz
P. Diehl

V. Diekmann
K. L. Dietzsch*
Don Dimster
M. Duchamp
Th. Duda
M. Dudler
K. Ehm
J. Erb
H. J. Ehlers
I. Eiben
V. Eich
J. Engel
J. Essig
B. Faskel
U. Fleming
J. Franzke
D. Frederick
D. Frowein
J. Geist
A. Geitner
Ch. Gensch
R. Gerber
J. Götz
B. Grimm
A. Grond
M. Gruber
E. Hadler
G. Hagemann
H. Hane
J. Happ
P. Heidenreich
K. Henning
A. Hierholzer
A. v. Hoessle
M. Hornberger
H. Jentschura
K. Junghans

M. Kalsass
I. Keil
A. Keller
L. Kiss
H. Kleine-Kraneburg
J. Klose
E. Knippschild
J. Könz
S. Kolatan
H. Kollhoff
R. Koolhaas*
H. Kramer
B. Kraus
P. Kretz
A. Krieger
R. Krier
Th. Kubisch
P. Kupferschmidt
J. de l'Or
H. Lange
B. Lehmann
J. Leitner
J. Lenschow
L. Leo
G. v. Lunteren
W. Liebender
K.-U. Lompa
R. Magritte
G. Malat
H. T. v. Malotki
A. Marchel
J. Martini
C. Meier
B. Meyer
Th. Meurer
H. Müller
M. Müller

U. Müller
K. Nagel
C. Nieländer
J. Nillesen
Ch. Nitsch
J. Nitsch
W. Noebel*
B. Operschalski
F. Oswald
A. Ovaska
S. Patschowski
B. Petri
C. Petzinka
M. Pitlach
D. Porsch
G. Priebe
M. Röhr
H. Rübsam
R. Sargiotti
V. Sayn
J. Sawade*
K. Schallhorn
H. Schmalscheidt
H. Schmetzer
P. Schmidt
M. Schmidt-Shadborg
K. H. Schmitz
J. Schonerer
J. P. Schori
J. Schoyerer
I. Schrader
U. Schröder
H. Schultheiss
K. Schulz
J. Schuster
I. Schweers
J. Sieber

D. Snellgrove
S. Sterf
A. Steudel
K. Steves
F. Stimmer
A. Stock
B. Taha
R. Thebrath
A. Tillmann
H. Timmermann
T. Traversian
B. Trühenbach
Ch. Türke
S. Ungers
S. M. Ungers
R. Vallebuona
Ph. Vernin
St. Vieths*
A. Vorwerk
J. Waack
M. Wegener
C. Waser
St. Wewerka
J. Wehberg
U. Wiegmann
K. H. Wieland
F. Wieschemann
Th. Will
K. Wimmer
K. H. Winkens*
B. Wippler
G. Wooding
Eun Young Yi
B. Zens
J. Zadora

Dank

Author's Note

Kein Buch ist möglich ohne vielseitige Inanspruchnahme fremder Dienste. Die Arbeit an diesem Buch erfreute sich allerdings einer besonders kompetenten Hilfe, Zuarbeit und einer Art des Mitdenkens, der ich mit Respekt begegne: Frau Anja Albers, Mitarbeiterin im Büro Ungers und guter Geist im «Ungers Archiv für Architekturwissenschaft», Köln, hat mir jegliche Unterstützung zukommen lassen, die zur Fertigstellung des Buches nötig war. Ihr gilt mein spezieller Dank. Was mir von Herrn Ungers, seiner Frau und seinen Mitarbeitern während meiner Aufenthalte in Köln entgegengebracht wurde an Arbeitserleichterungen, Unterstützung und atmosphärischer Dichte – auch dafür an dieser Stelle mein Dank.

Martin Kieren, Berlin im Juli 1994

No book is possible without many claims on the services of others. My work on this book has been facilitated by the especially effective help, cooperation and collaboration of Anja Albers, of O. M. Ungers' office and the 'Ungers Archive for Architectural Science'. I owe her my respect, and my special thanks, for she has given me every support in the preparation of this book. Here also I would like to thank Oswald Mathias Ungers and his wife and colleagues for their support and the atmosphere of intellectual debate which they provided during my stays in Cologne.

Martin Kieren, Berlin, July 1994

Bildnachweis

Illustration Credits